全国职业教育"十二五"规划教材

全国高等职业教育财会类规划教材——工学结合项目化系列

财务报表编制与分析
（第2版）

宁靖华　主　编

罗　娟　夏赛莲　李卫英　副主编

电子工业出版社.

Publishing House of Electronics Industry

北京·BEIJING

内 容 简 介

本书共六个项目，项目一是财务报表分析基础知识，该项目将工作任务分解，为后续各报表的分析奠定基础；项目二是资产负债表的编制与分析；项目三是利润表的编制与分析；项目四是现金流量表的编制与分析；项目五是成本报表的编制与分析；项目六是财务报表综合分析，系统、全面地解读企业的经营管理活动及财务状况的全貌，并最终形成分析成果——财务分析报告。

本书既可作为高职高专会计专业学生的学习用书，也可作为财经管理专业学生和企业管理者等非财会人员自学财务报表分析知识的参考用书。

未经许可，不得以任何方式复制或抄袭本书之部分或全部内容。
版权所有，侵权必究。

图书在版编目（CIP）数据

财务报表编制与分析/宁靖华主编. —2版. —北京：电子工业出版社，2015.2
全国高等职业教育财会类规划教材. 工学结合项目化系列
ISBN 978-7-121-25147-4

Ⅰ. ①财… Ⅱ. ①宁… Ⅲ. ①会计报表－编制－高等职业教育－教材②会计报表－会计分析－高等职业教育－教材 Ⅳ. ①F231.5

中国版本图书馆 CIP 数据核字（2014）第 295502 号

责任编辑：贾瑞敏
印　　刷：三河市鑫金马印装有限公司
装　　订：三河市鑫金马印装有限公司
出版发行：电子工业出版社
　　　　　北京市海淀区万寿路 173 信箱　邮编 100036
开　　本：787×1 092　1/16　印张：15.25　字数：390.4 千字
版　　次：2011 年 8 月第 1 版
　　　　　2015 年 2 月第 2 版
印　　次：2018 年 6 月第 5 次印刷
定　　价：34.80 元

凡所购买电子工业出版社图书有缺损问题，请向购买书店调换。若书店售缺，请与本社发行部联系，联系及邮购电话：（010）88254888，88258888。

质量投诉请发邮件至 zlts@phei.com.cn，盗版侵权举报请发邮件至 dbqq@phei.com.cn。
本书咨询联系方式：（010）88254019，jrm@phei.com.cn。

前　言

近年来，我国职业教育事业快速发展，为推进经济社会发展和促进就业做出了重要贡献。但是，当前职业教育还不能完全适应社会经济发展的需要，结构不尽合理，质量有待提高。2014年 5 月国务院印发《关于加快发展现代职业教育的决定》（国发〔2014〕19 号），提出加快构建现代职业教育体系、提高人才培养质量的要求。《决定》指出，必须深化职业教育教学改革，推进人才培养模式创新，坚持校企合作、工学结合，强化教学、学习、实训相融合的教育教学活动，在专业课程和教材建设方面进一步推行项目教学、案例教学、工作过程导向的教学模式和思路。

自《财务报表编制与分析》出版以来，深受院校好评，在征求读者意见的基础上，结合最新的现代职业教育思路，我们对教材进行了修订。本次修订主要增加了精典财务分析案例的阅读与分析，补充了综合实训题，更新了教学案例，进一步完善 PPT 等辅助教学资料。修订后的教材主要有以下特点。

1．结构合理，工学结合。本书虚拟了一个制造业企业的某一会计期间发生的生产经营活动，结合企业会计报表岗位的工作流程，分别对资产负债表、利润表、现金流量表、成本报表进行编制、阅读和分析，通过编写财务分析报告四个相互衔接的工作任务来设计内容体系，体现完整的工作过程。本书在每个项目的实训资料中提供了企业相关的财务报表，读者可参照提供的分析报告模式撰写相关的分析报告，提高技能，也便于开展工学结合的教学，具有一定的新意。

2．内容新颖，注重实用。本书针对高职高专学生，以国家财政部于 2006 年颁布和实施的新《企业会计准则》为依据，增加了会计报表编制部分，加强能力的编制会计报表训练。另外，考虑到成本分析在日常财会工作中的重要性和常用性，本教材结合企业生产经营管理的实际情况，增加了成本报表的编制与分析。

3．案例丰富，可读性强。本书以一个完整案例贯穿始终，并且，每个教学项目均先由小案例导入，最后由来源于真实经济活动的精典财务分析案例结束，学生通过阅读分析这些精典案例，激发学习兴趣，拓展知识面，提升综合职业素质。

4．辅助资料丰富。本书配有教学大纲、多媒体课件、课后练习答案，可多方位支持教学。可登录www.hxedu.com.cn注册后免费索取上述辅助资料。

本书由湖南交通职业技术学院宁靖华任主编，湖南交通职业技术学院罗娟、湖南交通职业技术学院夏赛莲、湖南交通职业技术学院李卫英任副主编。具体编写分工为：李卫英编写项目一，宁靖华负责拟定大纲和统稿，并编写项目二、项目三、各项目的习题及精典案例；夏赛莲编写项目四；罗娟编写项目五和项目六。

在编写过程中，我们参考了大量同类教材，走访了多家企业，得到了企业和其他老师的支持和帮助，特别是得到了电子工业出版社编辑老师的大力支持和帮助，在此一并表示感谢。但由于编者水平有限，加之财务报表分析的方法也在不断发展和完善中，书中难免存在疏漏和不足，恳请广大读者批评指正。

编　者

目　　录

项目一　　财务报表分析基础知识

知识目标

1. 解释财务会计报表编制的意义、财务会计报告体系和财务会计报告的概念；
2. 描述财务会计报表的分类、编制要求和财务会计报表的分析步骤；
3. 识别财务报表分析的内容与方法；
4. 描述撰写财务分析报告的方法。

技能目标

1. 能运用比较分析法、比率分析法、趋势分析法和因素分析法进行计算；
2. 能运用财务会计报表分析的常用方法进行初步分析。

项目导入

　　青年李忠做生意发了财，有意到股市试试身手。李忠在炒股的过程中慢慢地了解了一些股民赚钱的经验。诸如，张大爷善于看报纸，研究国家的经济政策，选股较好；王奶奶心不贪，赚一点就跑，积少成多；"小诸葛"靠的是信息灵通……一次偶然的机会让李忠眼界大开，那是在证券公司大户室里，一位先生告诉他要看上市公司的财务报表和审计报告，这对选股很重要。例如，若资本公积占股东权益的比例大，则有转增红股的可能；每股收益高还要结合现金流量情况才能判断是否有派发现金股利的可能；此外，还应看比较报表进行趋势分析等，有些名词他还是第一次听到，原来这里面的学问那么大，李忠不由自主地跑向书店买来一堆财务会计和财务报表分析方面的书，如饥似渴地看起来……

　　思考：哪些人需要进行财务分析（即财务报表分析的主体是谁）？为什么要分析（即财务报表分析的目的是什么）？要分析什么（即财务报表分析的内容是什么）？要怎么进行分析（即财务报表分析的方法有哪些；按照怎样的程序去分析）？

任务一　认识财务报表分析

一、财务报表分析的概念

（一）财务报表的含义

　　《企业会计准则——基本准则》（2006）第四十四条规定："财务会计报告是指企业对外提供的反映企业某一特定日期的财务状况和某一会计期间的经营成果、现金流量等会计信息的文件。财务会计报告包括财务报表及其附注和其他应当在财务会计报告中披露的相关信息和资料。"

在会计实务中，财务会计报告与财务报表这两个术语常常混合使用，但两者既有联系又有区别。

一方面，财务报表是综合反映一定时期财务状况和经营成果的文件，是财务会计报告的主要组成部分。财务报表是财务会计报告表述会计信息的主要手段，是企业对内、对外传递会计信息的主要途径。它的项目和金额来自企业日常的账簿资料，以真实、合法的原始凭证为依据，以公认会计原则为标准加以确认，其真实性和公允性应由会计师进行审计。可以说，如果没有财务报表，就谈不上财务会计报告。

另一方面，财务报表提供的财务信息的完整性必须依赖财务会计报告。财务会计报告可以采用不同的手段或形式，财务报表只是它最基本的形式，而不是唯一的形式。特别是自20世纪70年代以来，企业生产经营与投资理财活动的日益复杂、企业的相关利益集团范围的延伸以及企业经营管理责任概念的扩大，使得单靠财务报表已无法满足使用者的信息需要，要求企业扩大对外披露信息内容的呼声越来越强烈。财务报表以外的财务信息和非财务信息的披露日益受到重视，其报告形式也就有了新的发展。因此，在财务会计理论中"财务会计报告"逐渐代替了"财务报表"这个传统概念。

（二）财务报表分析的含义

财务报表分析是以企业财务会计报表和其他有关信息资料为依据和起点，利用财务分析理论及财务分析的一系列专门方法，对企业一定时期的财务状况、经营成果及未来前景进行分析，借以评价企业财务活动业绩、控制财务活动的运行、预测财务未来发展状况、促进企业提高财务管理水平和经济效益的财务管理活动。

二、财务报表分析的使用者和作用

（一）财务报表分析的使用者

不同的财务会计报表信息使用者关注的内容不同，财务会计报表分析的意义也就有所不同，财务报表分析的使用者大致可分为以下几类。

1. 投资者

投资者最关心的是企业投资回报率水平和风险程度，他们希望了解企业的短期赢利能力和长期发展潜力。财务会计报表分析提供了大量揭示企业财务目标是否能实现的信息，从而可为投资者进行决策提供重要依据。

2. 债权人

短期债权人更多地注重企业各项流动比率，而长期债权人则会更多地考虑企业的经营方针、发展方向、项目性质及潜在财务风险等。财务会计报表分析可从不同角度满足不同债权人对信息的要求。

3. 经营者

经营者通过对企业财务会计报表和其他相关资料进行分析，可以全面了解企业的生产经营状况、财务状况及经营成果，从而有助于企业经营者及各部门、各管理层结合具体情况解决经营管理中的很多重大问题，诸如经济前景预测、未来计划的编制、筹资、投资和供产销等决策，实施财务控制、经营业绩的评价考核等，从而实现企业价值最大化。

4. 政府相关部门

工商、税务、财政和审计等政府部门会利用财务会计报表分析资料来监督和检查企业在整个经营过程中是否遵守国家制定的各项经济政策、法规和有关制度等。

（二）财务报表分析的作用

1. 评价企业财务状况

财务会计报表分析应根据财务报表等综合财务资料，对企业整体及各方面财务状况进行综合、细致的分析，并根据分析的结果做出客观评价。通过财务会计报表分析，可以掌握企业资金的流动状况是否良好、资金成本和资本结构是否合理、现金流量状况是否正常及偿债能力是否充分等信息，并以此来评价企业经营风险大小，为企业投资人和经营管理者提供有用的决策信息。

2. 评价企业赢利能力

偿债能力和赢利能力是企业财务评价的两大基本指标，在偿债能力既定的情况下，企业应追求赢利能力最大化，这是企业的重要经营目标。一个企业只有具有良好的赢利能力，才能健康发展，进而促使企业保持良好的偿债能力。通过财务会计报表分析，可以从不同角度对企业赢利能力进行深入分析和全面评价，并据此预测企业经营风险和财务风险大小。

3. 评价企业资产管理水平

企业资产作为企业生产经营活动的经济资源，其管理水平的高低直接影响企业的获利能力和偿债能力，也体现了企业的综合管理水平。通过财务会计报表分析，可以对企业的资产配置、利用水平、周转状况和获利能力等做出全面的分析和评价，并据此预测其对企业长远发展的影响程度。

4. 评价企业成本费用水平

企业利润水平的高低，一方面受销售水平的影响，另一方面受成本费用水平的影响。凡是经营状况良好的企业，一般都有较强的成本费用控制能力。通过财务会计报表分析，可以对企业一定时期的成本费用耗费情况做出全面分析和评价，并对成本费用耗费的组成结构进行分析，找出成本费用增减变动的原因。

5. 评价企业未来发展能力

企业的发展能力不仅关系到企业自身的命运，而且关系到企业的投资人、债权人及经营管理者的切身利益。财务会计报表分析，可以根据企业赢利能力和偿债能力、资产管理质量和成本费用控制水平及其他资料，对企业中长期发展水平做出合理预测和客观评价，这不仅能够为企业利益关系人提供决策信息，而且能够避免因决策失误给企业造成损失。

任务二　认识财务报表分析的方法与步骤

要实现企业财务会计报表分析的目的，分析者必须掌握各种分析方法，并能在财务报表分析工作中正确地选择，有效地运用。财务报表分析的方法多种多样，其中基本方法是比较分析法和比率分析法两种，其他方法都是以这两种方法为基础的。在实际工作中应根据分析主体的具体目的和资料的实际特征进行选择和确定。无论采用哪一种分析方法都有一定的局限性，需要克服其缺陷，力求得出较为恰当的结论。

一、财务报表分析的种类

（一）横向分析与纵向分析

横向分析又称水平分析，是在财务报表中用金额、百分比的形式，对各个项目的本期或多期的金额与其基期的金额进行比较分析，以观察公司经营成果与财务状况变化趋势的方法。

纵向分析又称垂直分析，是对财务报表中某一期的各个项目，分别对其中一个作为基本金额的特定项目进行百分比分析，借以观察公司经营成果与财务状况变化趋势的方法。

（二）整体分析与局部分析

整体分析是将企业作为一个整体所做的全面分析，分析企业的整体状况，如对上市公司的股票定价进行的分析、信用评级机构进行的信用评级、我国国有资产管理部门对企业国有资产增值情况进行的考核与评价，都属于整体分析的范畴。

局部分析是就企业的一个部分、一个方面的情况所做的专题分析，如分析企业某一个组成部分的业绩，或分析企业的赢利能力，或分析企业的现金流量等都属于局部分析的范畴。

（三）内部分析与外部分析

内部分析是由企业内部管理人员进行的企业内部情况的分析。分析的目的是判断企业的经营状况是否良好，下属公司、部门完成计划的情况，企业的销售、财务管理等经营活动的真实状态，以便为企业经营者做出进一步的管理安排提供信息。

外部分析是企业外部的有关部门和人员对企业情况进行的分析。例如，投资人和潜在投资人需要了解投资的安全和收益，需要了解总资产收益率、资产保值和增值等情况，从而对该企业进行的分析。

（四）定期分析与不定期分析

从分析的时间角度来看，企业按照规定的时间所进行的分析即为定期分析，一般在年末、季末和月份终了时进行。

企业根据生产经营活动的情况临时进行的有特定目的的分析即为不定期分析，这类分析一般具有专题性质。

实际工作中，应考虑各种形式分析的特点和要求，结合企业的具体情况灵活运用各种形式的财务报表分析方法，从而更好地满足分析的要求。

二、财务报表分析的基本方法

（一）比较分析法

比较分析法通常是把两个相互联系的指标数据进行比较，从数量上展示和说明研究对象规模的大小、水平的高低、速度的快慢，以及各种关系是否协调的方法。在现实生活中，人们常常使用比较分析法，对客观事物进行比较与分析，从而认识事物的本质，掌握事物发展的规律，并对其做出正确评价与决策。

在比较分析法中，选择合适的对比标准是十分关键的，只有选择合适的对比标准，才能做出客观的评价、正确的决策；若选择的对比标准不合适，可能得出错误的结论或做出错误的决策。

1. 比较的数据

（1）绝对数比较。绝对数的比较是利用财务报表中两个或两个以上的绝对数进行比较，以实现从数量角度揭示绝对差异的目的。计算绝对数的基本公式为：

$$绝对数=对比数-基数$$

【例1-1】 A公司2014年营业收入为2 200 000元，营业利润为260 000元。经调查，同城的主要竞争对手B公司当年的营业收入和营业利润分别为2 600 000元、320 000元。现将本公司与B公司的营业利润成果进行比较，如表1-1所示。

表1-1 2014年A、B两公司的利润绝对数据比较

单位：元

项 目	A公司	B公司	差 异
营业收入	2 200 000	2 600 000	-400 000
营业利润	260 000	320 000	-60 000

表1-1说明：A公司2014年的营业收入和营业利润指标与其主要竞争对手B公司相比分别少400 000元和60 000元。

以上的结果能够较直观地看出两个比较对象的营业利润情况，仅从数量角度说明绝对值的差额。绝对数比较可以用来比较不同时期同一对象或不同对象同一时期的财务局部或总体的差异情况。但是，绝对数比较只能通过差异数来说明差异金额，并不表明变动程度，而相对数比较则可以做到这一点。

（2）相对数比较。相对数比较是利用财务报表中有关数据的相对数进行比较，以实现从数量角度揭示相对差异的目的。其方法是将绝对数换算成比率系数、倍数、成数、百分数或千分数表示，并进行对比。计算相对数的基本公式为：

$$相对数=\frac{比较数值（比数）}{基础数值（基数）}$$

【例1-2】 现有A、B两家公司2013年、2014年的营业收入、营业利润资料如下：

A公司2013年的营业收入、营业利润分别为2 200 000元、260 000元；2014年的营业收入、营业利润分别为2 400 000元、280 000元。B公司2013年的营业收入、营业利润分别为

2 600 000 元、230 000 元；2014 年的营业收入、营业利润分别为 2 750 000 元、250 000 元。现将 A、B 两公司的营业利润的发展趋势进行比较分析，如表 1-2 所示。

表 1-2　A、B 公司两年的营业利润相对数据比较

单位：元

公司	项　目	2013 年	2014 年	增加额	增长百分比（%）
A	营业收入	2 200 000	2 400 000	200 000	9.09
A	营业利润	260 000	280 000	20 000	7.69
B	营业收入	2 600 000	2 750 000	150 000	5.77
B	营业利润	230 000	250 000	20 000	8.70

从表 1-2 可以看出：按绝对数来分析，A 公司的营业收入增加额比 B 公司高 50 000 元，两公司的营业利润增加额相等；但按相对数来分析，B 公司尽管营业收入增长幅度较小（低于 A 公司约 3 个百分点），但由于能有效控制营业成本，使营业利润的增长幅度高于 A 公司（约 1 个百分点）。

对某些由多个个体指标组成的总体指标，也可以通过计算每个个体指标占总体指标的比重进行比较，分析其构成变化和趋势，即利用结构比重进行比较分析。也可以将财务报表中存在一定关系的项目数据组成比率进行对比，以揭示企业某一方面的能力，如资产周转能力、获利能力等，即利用比率进行比较分析。

在实际工作中，绝对数比较和相对数比较可以交互应用，以便通过比较做出更充分的判断和评价。

2. 比较的标准

在财务报表分析中经常使用的比较标准有以下几种。

（1）实际与计划相比。即本期实际与预定目标、计划或定额比较。这种比较可以揭示实际与目标、计划或定额之间的差异，并可以进一步分析产生差异的原因。产生差异的原因是多方面的，究竟是目标、计划或定额本身缺乏科学性，还是实际工作中的问题，应查明原因并针对不同的原因修订不同的内容。

（2）本期与上年相比。即本期实际与上年同期实际、本年实际与上年实际或历史最好水平比较，以及若干期的历史数据比较。这种比较有两方面的作用：一是揭示差异，进行差异分析，查明产生差异的原因，为企业经营管理的改进提供依据；二是通过本期实际与若干期的历史数据比较，进行趋势分析，以了解和掌握经济活动的变化趋势及其规律性，为预测提供依据。

（3）本企业与其他企业相比。即本企业实际同国内外先进水平比较，这种比较有利于找出本企业同国内先进水平、国外先进水平之间的差距，明确企业今后努力的方向。

（4）实际与标准相比。即本企业实际与评价标准值进行比较，评价标准值是权威机构根据大量数据资料进行测算而得出的，具有客观性、公正性和科学性的价值，是一个比较理性的评价标尺。通过本企业实际与评价标准值比较，与同一个或几个国内外先进企业的水平比较，能得出更为准确的评价结论。

3. 比较的方法

比较的方法通常有两种，即横向比较法和纵向比较法。

（1）横向比较法。横向比较法又称水平分析法，是指将实际达到的结果同某一标准，包括某一期或数期财务报表中的相同项目的实际数据进行比较。可以用绝对数据相比较，也可以用相对数据相比较。【例1-1】和【例1-2】均为横向比较法的应用，计算公式如下：

$$变动差额=本期金额-上期金额$$

$$变动百分比=\frac{变动差额}{上期金额}$$

通过计算变动差额和变动百分比，各类收入、费用和收益的变动情况及它们的相对增长速度便可一目了然。

（2）纵向比较法。纵向比较法又称垂直分析法，是以财务报表中的某一关键项目为基数项目，以其金额为100%，将其余项目的金额分别计算出各占关键项目金额的百分比。这个百分比就表示各个项目的比重，通过比重对各个项目做出判断和评价。这样计算出来的比率称作构成比率或者结构比率，计算公式如下：

$$结构比率=\frac{某一组成部分的数据}{总体的数据}\times100\%$$

这种仅有百分比，没有金额表示的财务报表称为共同百分比财务报表，它是纵向分析的一种重要形式。先将普通财务报表转换成共同百分比财务报表，再将同一相邻共同百分比财务报表逐项比较，分析企业的财务状况、经营成果与现金流量的方法就叫做共同百分比分析法。这些项目中有哪些变化，变化趋势如何，是哪些因素导致发生这些变化的，如果要找出发生这些变化的因素，还需从哪些方面入手取得资料等，都是后续工作。

"共同"一词意味着这些比率的计算是基于同一个项目。对于资产负债表而言，这个共同项目一般是总资产。用各类资产除以总资产，用各类负债、所有者权益的各组成项目除以总资产所得到的共同比，也是一种结构百分比，即利用部分和总体之间的相互关系，考察一个或几个项目与总体的比重及不同时期比重的变化。对于利润表而言，一般将营业收入或者销售收入作为这一共同项目，用利润表各项目除以主营业务收入或者销售收入得到共同比。对于现金流量表，一般选用经营活动现金流入作为共同项目，用其他各种现金流量与经营活动现金流入相比较算出共同比，这也是一种结构百分比。因此，共同百分比财务报表一般也称为结构百分比财务报表，共同百分比分析法同样也称为结构百分比分析方法。

【例1-3】 某电器公司2012—2014年资产负债表的部分资料如表1-3所示。

表1-3 某电器公司资产负债表（部分）

报告期	2014.12.31	2013.12.31	2012.12.31
货币资金	688 139 952.20	738 729 969.30	711 548 198.50
应收票据	1 032 740 085	417 283 977.10	462 169 611.20
应收账款	0	352 087 236.10	249 176 613.70
...	...	...	...
存货净额	2 093 274 203.68	1 771 050 491.19	79 322 279.75

报告期	2014.12.31	2013.12.31	2012.12.31
流动资产合计	4 295 584 570.00	3 302 846 554.00	2 785 374 503.00
…	…	…	…
固定资产净值	899 923 828.10	872 442 416.80	883 617 617.80
固定资产清理	10 020 124.43	10 560 214.10	10 982 106.19
…	…	…	…
固定资产合计	1 003 821 578.00	913 991 560.80	962 584 911.50
无形资产	0	131 402 758.70	131 112 157.10
长期待摊费用	71 086 832.91	31 066 825.51	30 151 509.73
无形资产及其他资产合计	71 086 832.91	162 469 584.20	161 263 666.80
资产总计	5 370 492 981.00	4 379 307 699.00	3 909 223 081.00

根据表 1-3 资料编制某电器公司共同百分比资产负债表（部分），如表 1-4 所示。

表 1-4　某电器公司共同百分比资产负债表（部分）

报告期	2014.12.31	2013.12.31	2012.12.31
货币资金	12.81%	16.87%	18.20%
应收票据	19.23%	9.53%	11.82%
应收账款	0.00%	8.04%	6.37%
…	…	…	…
存货净额	38.97%	40.44%	32.72%
流动资产合计	79.98%	75.42%	71.25%
…	…	…	…
固定资产净值	16.76%	19.92%	22.60%
固定资产清理	0.19%	0.24%	0.28%
…	…	…	…
固定资产合计	18.7%	20.87%	24.62%
无形资产	0.00%	3.00%	3.35%
长期待摊费用	1.32%	0.71%	0.77%
无形资产及其他资产合计	1.32%	3.71%	4.13%
资产总计	100%	100%	100%

通过共同百分比资产负债表的数据，可以对具体项目进行观测分析，得出各部分占总资产的比重，如 2014 年度该公司流动资产占总资产的 79.98%，初步可得出该公司资产流动性较好的结论。

（二）比率分析法

比率分析法是利用两个指标之间的某种关联关系，通过计算比率来考察、计量经济活动变动程度，揭示它们之间的关系及其经济意义，借以评价企业财务状况和经营成果的一种方法。比率分析法也是整个财务会计报告分析中最重要的方法之一，它在财务会计报告中具有特殊意义。财务比率能反映财务现象的本质特征，有更广泛的可比性。

采用比率分析法进行分析时，需要根据分析的目的和内容，先计算出相关的比率，然后在此基础上进行分析。由于分析的目的不同，比率分析法通常有下列三种形式。

1. 相关比率分析

相关比率是典型的财务比率。相关比率分析就是将两个性质不同但又相互联系的财务指标进行对比，求出比率，并据此对财务状况和经营成果进行分析。

在财务会计报告分析中，常用的相关比率很多，包括流动比率、速动比率、销售利润率、资产周转率和净资产收益率等，概括起来可以分为：反映企业偿债能力的比率，包括反映短期偿债能力和长期偿债能力的比率（其中反映短期偿债能力的比率一般称为流动性比率，反映长期偿债能力的比率一般称为负债性比率）；反映企业获利能力的比率，即反映企业投入产出效率的比率，用来衡量企业经济效益的好坏等。

2. 结构比率分析

结构比率又称构成比率，它表示某项财务指标的各构成部分分别占总体的比重，反映部分（个体）与总体的关系，探讨各个部分在结构上的变化规律，借以分析其构成内容的变化及对财务指标的影响程度。其计算公式为：

$$结构比率 = \frac{某项目财务指标的部分数值}{某项目财务指标的总体数值}$$

3. 动态比率分析

动态比率分析又称趋势比率分析，是指将不同时期的同类指标进行动态分析，以揭示企业财务状况或经营成果的变动趋势。

（三）趋势分析法

1. 趋势分析法的定义

趋势分析法是指用若干个连续期间的财务会计报告的资料进行相关指标的比较分析，以说明企业经营活动和财务状况的变化过程及发展趋向的分析方法。趋势分析法既可用文字表述，也可用图解、表格或比较报告来表述。

2. 趋势分析法的应用

采用趋势分析法进行趋势分析时，所需要数据的时间跨度至少应是 3 年，一般以 5 年左右为宜。比较计算各年相同项目的增减差异和变化幅度时，可以采用定比或环比的方法。

【例1-4】 假设甲公司2010—2014年的产品销售收入如表1-5所示。

表 1-5　甲公司 2010—2014 年的产品营业利润表

单位：万元

项　　目	2010 年	2011 年	2012 年	2013 年	2014 年
产品营业收入	1 578	1 714	1 930	2 200	2 518
减：产品营业成本	1 090	1 194	1 340	1 578	1 778
产品销售费用	26	28	58	42	56
产品营业税金	172	188	212	242	276
产品营业利润	290	304	320	338	408

由表 1-5 可知，甲公司 5 年来产品营业收入有较大幅度的增长，但产品营业利润却增长缓慢，为了更清晰地反映各年各项目的变动情况，可进一步计算趋势百分比。

（1）定基比分析。定基比方法也称定比法，是将各年的数据直接与基年对比，计算出趋势百分比。其计算公式为：

$$定基比率 = \frac{分析期数额}{固定期数额} \times 100\%$$

【例 1-5】　沿用表 1-5 的资料。采用定基比方法对甲公司产品营业利润的变化趋势进行分析，如表 1-6 所示。

表 1-6　甲公司 2010—2014 年的产品营业利润定基比分析

项　　目	2010 年	2011 年	2012 年	2013 年	2014 年
产品营业收入	100%	108.6%	122.3%	139.4%	159.6%
减：产品营业成本	100%	109.5%	122.9%	144.8%	163.1%
产品销售费用	100%	107.7%	223.1%	161.5%	215.4%
产品营业税金	100%	109.3%	123.3%	140.7%	160.5%
产品营业利润	100%	104.8%	110.3%	116.6%	140.7%

表 1-6 中百分比的形式反映了各年各项目的变化趋势，较表 1-5 中以绝对数反映的变化趋势更加直观，更能表明甲公司 5 年来营业收入的涨幅高于营业利润的涨幅。试进一步分析原因，营业税金是有规定的计算比率，会随营业收入的增加而同比增加，因此不作为分析原因的重点；在另外两项与企业自身可控制的相关内容中，营业成本的增长基本与营业收入的增长同步，比较正常；但是，销售费用的涨幅明显较大，尤其在 2012 和 2014 年，从而影响了营业利润的增长。

（2）环比分析。环比方法是将各年数据均与其前一年的数据进行比较，计算趋势百分比。其计算公式为：

$$环比比率 = \frac{分析期数额}{前期数额} \times 100\%$$

【例 1-6】　沿用表 1-5 的资料。采用环比方法对甲公司产品营业利润的变化趋势进行分析，如表 1-7 所示。

表 1-7　甲公司 2010—2014 年的产品营业利润环比分析

项　　目	2010 年	2011 年	2012 年	2013 年	2014 年
产品营业收入	100%	108.6%	112.6%	114.0%	114.5%
减：产品营业成本	100%	109.5%	112.2%	117.8%	112.7%
产品销售费用	100%	107.7%	207.1%	72.4%	133.3%
产品营业税金	100%	109.3%	112.8%	114.2%	114.0%
产品营业利润	100%	104.8%	105.3%	105.6%	120.7%

环比方法选择的比较标准和对象是前一年的同类数据，因此更易比较、观察分析对象在近期的变化方向和幅度。分析表 1-7 的数据可得到与定基比分析同样的分析结果。

（3）预测分析。趋势预测分析是指运用回归分析等方法对财务报表数据建立数学模型，并在此基础上预测其未来的发展水平。

3. 趋势分析法的注意事项

（1）基期的选择要有代表性。随意选定的数据和特殊时期的数据，不一定能够准确地说明和预测未来的情况，发生偏差的可能性会比较大，特别是当基期的某个项目为零或者为负数时，不宜使用趋势百分比法，否则计算误差更大。

（2）注意分析对象所处的政策等宏观环境的变化。例如，分析期的企业会计政策曾做过大幅度的调整，或者在此时期物价水平发生了变动，这会使不同时期的会计资料不具备可比性，因此趋势分析也就失去了意义。

（3）不能忽视绝对数据的作用。趋势分析法大范围地使用了相对数据，但这不是否定绝对数据的作用，因为当企业规模（绝对数）相差较大时，也能得到相同的百分比（相对数）。

（四）因素分析法

1. 因素分析法的含义

在经济活动中，综合性的经济指标一般会因多种因素的影响而发生变动。例如，在生产过程中，产品生产成本的变动，会受到材料和动力耗费、人力耗费、生产设备的优劣等多种因素的影响；利润的变动，会受到产品生产成本、销售数量、价格、销售费用和税金等因素的影响。在分析这类综合性经济指标时，可以从影响因素入手，分析每个值得考察的因素对指标变动的影响方向和影响程度。

因素分析法是指通过分析影响财务指标的各项因素并计算其对指标的影响程度，来说明本期实际数与计划数或基期数差异原因的一种分析方法。因素分析法适用于由多种因素构成的综合性指标的分析，如成本、利润、资产周转等方面的指标。

运用因素分析法的一般程序如下所述。

（1）确定影响指标变动的各项因素。

（2）排列各项因素的顺序（先数量后质量，先实物后价值，先主要后次要）。

（3）顺序将前面一项因素的基数替换为实际数，其余因素不变，有几项因素就替换几次。

（4）将每次替换后的计算结果与其前一次替换后的计算结果进行对比，确定因素变动的影响程度。

2. 因素分析法的应用

常用的因素分析法有连环替代法和差额计算法两种。

（1）连环替代法。连环替代法是将综合性的经济指标分解，以组成该综合性指标各个因素的实际数，按顺序替换比较的标准值，计算各个因素变动对该综合性指标的影响程度的方法。

【例1-7】 某企业2013年、2014年的有关销售资料如表1-8所示。

表1-8 某企业销售资料

项 目	2014年	2013年	差 异
产品营业收入（万元）	660.00	570.00	+90.00
销售数量（台）	1 000.00	760.00	+240.00
销售单价（万元）	0.66	0.75	-0.09

由表1-8可知，公司2014年较2013年产品营业收入增加了90万元，产品营业收入的计算公式：

$$产品营业收入=销售数量×销售单价$$

所以2013年

$$产品营业收入=760×0.75万元=570万元$$

在2013年产品营业收入570万元的基础上，采用连环替代法对其分析如下：

第一步：分析销售数量的变化对产品营业收入变动的影响。以2014年销售数量替代2013年的销售数量，则：

$$产品营业收入=1 000×0.75万元=750万元$$

因此，销售数量的变化对产品营业收入变动的影响是：

$$750万元-570万元=180万元$$

第二步：分析销售单价的变化对产品营业收入变动的影响。在第一步的基础上继续以2014年销售单价替代2013年的销售单价，则：

$$产品营业收入=1 000×0.66万元=660万元$$

因此，销售单价的变化对产品营业收入变动的影响是：

$$660万元-750万元=-90万元$$

第三步：汇总计算各因素变化对产品营业收入的总影响。

$$总影响数=销售数量影响数+销售单价影响数$$
$$=180万元+（-90万元）$$
$$=90万元$$

通过上述计算可知，2014年产品营业收入比上年增加90万元，主要原因是由于销售数量增加240台，使得营业收入增加180万元；因为销售单价2014年比上年降低了0.09万元，所以在相对2013年的单价水平上营业收入减少了90万元，故此可以考虑在增加市场份额方面是否还有空间。当然，这里不可忽视的是销售单价的降低对销售数量增加的影响。

在【例1-7】的分析中只涉及销售数量和销售单价两个影响因素，如其影响因素有三个或者更多，也可采用同样的替代方法进行计算与分析。我们将它的计算过程总结如下：

$$标准：R1 = A1×B1 × C1$$
$$实际：R2 = A2 × B2 × C2$$
$$替换 A 因素 N1 = A2 × B1 × C1$$
$$替换 B 因素 N2 = A2 × B2× C1$$
$$替换 C 因素 N3 = A2 × B2 × C2$$

（2）差额计算法。差额计算法是因素分析法在实际应用中的一种简化形式。

【例1-8】 沿用表1-8的资料。

第一步：计算各个因素的差额。

$$销售数量差额=本年销售数量-上年销售数量$$
$$=1000 台-760 台$$
$$=240 台$$
$$销售单价差额=本年销售单价-上年销售单价$$
$$=0.66 万元-0.75 万元$$
$$=-0.09 万元$$

第二步：如果影响因素是两个，即以第一个因素的差额乘以第二个因素的上年数（或计划数等其他数值），求出第一个因素的影响程度；以第二因素的差额乘以第一个因素的本年数（或实际数等其他数值），求出第二个因素的影响程度。

$$销售数量变动的影响额=销售数量差额×上年销售单价$$
$$=240×0.75 万元$$
$$=180 万元$$
$$销售单价变动的影响额=销售单价差额×本年销售数量$$
$$=（-0.09 万元）×1000$$
$$=-90 万元$$

第三步：汇总各个因素对经济性综合指标差异数的影响数。

$$产品销售收入额差异数=销售数量变动的影响额+销售单价变动的影响额$$
$$=180 万元+（-90 万元）$$
$$=90 万元$$

两种方法的计算结果相同，当分析的数据较多时，采用差额计算法要比连环替代法简便，用公式可总结如下：

$$标准：R1 = A1×B1 × C1$$
$$实际：R2 = A2 × B2 × C2$$
$$A 因素变动对总差异的影响 =（A2 – A1）× B1 × C1$$
$$B 因素变动对总差异的影响 = A2 ×（B2– B1）× C1$$
$$C 因素变动对总差异的影响 = A2 × B2 ×（C2 – C1）$$

3. 因素分析法的注意事项

（1）要按照影响因素同综合性经济指标之间的因果关系，确定合理准确的影响因素。运用因素分析法进行分析时，必须首先依据因果关系合理确定影响因素，并依据各个影响因素的依存关系确定总的计算关系，这是这种方法的使用基础。

（2）计算过程有假设的前提。在分步骤计算各个因素的影响数时，要假设本步骤得出的变化是在截至上步骤的影响因素不变的情况下得出的，这是分别计算各个因素影响数的前提条件。

（3）因素替代有先后顺序。要按照影响因素和综合性经济指标的因果关系，确定合理的替代顺序，且每次分析时，都要按照相同的替代顺序进行测算，从而保证因素影响数的可比性。确定合理的替代顺序首先要分清基本因素和从属因素，主要因素和次要因素。实际工作中，习惯把表示数量的因素放在前面，表示质量的因素放在后面；表示实物量（劳动量）的因素放在前面，表示价值的因素放在后面。例如，单位产品人工成本应该是单位产品人工工时与单位人工工资的乘积，一般将单位产品人工工时放在前面。

（4）因素分析要考虑宏观环境。因素分析法是作为基础分析中企业财务状况分析的一部分而存在的，其前提是选出关键指标、分解影响这些指标的因素和确定这些影响因素的变化率，而这三方面都需要基础分析的其他方面（如宏观分析、行业分析、企业战略分析等）作为依据。

三、财务报表分析的原则与步骤

因为分析主体、分析目的、使用数据范围以及采用的方法不同，财务报表分析并没有通用的分析程序，具体分析步骤应由分析人员根据分析的基本原则和具体情况来设计。无论出于什么分析目的，一般都应遵循以下基本原则和分析步骤。

（一）财务报表分析的原则

财务报表分析原则，主要是指各类企业财务报表使用者在进行财务分析时应遵循的一般规范，主要有以下 6 个原则。

1. 从实际出发

要从实际出发，坚持实事求是，反对主观臆断、结论先行及搞数字游戏。

2. 全面看问题

要全面看问题，坚持一分为二，反对片面地看问题。要兼顾有利因素与不利因素、主观因素与客观因素、经济问题与技术问题、外部问题与内部问题。

3. 注重事物之间的联系

要注重事物之间的联系，坚持相互联系地看问题，反对孤立地看问题。要综合考虑局部与全局的关系、偿债能力与赢利能力的关系、报酬与风险的关系。

4. 发展地看问题

要提倡发展地看问题，反对静止地看问题。要注意过去、现在和将来之间的联系。

5. 注意定性与定量分析相结合

要注意定量分析与定性分析的结合。定性分析是基础和前提，没有定性分析就难以判断本质、趋势和与其他事物的联系。定量分析是工具和手段，没有定量分析就难以判断数量界限、阶段性和特殊性。财务报表分析要透过数字看本质，没有数字就得不出结论。

6. 注重成本效益原则

注重成本效益原则，财务报告分析人员应把精力放在能产生最大收益的地方，要明确所分析的问题是否重要，值得花费的成本是多少，把握按重要性来分析所需要的精确度，使得成本与效益配比。

（二）财务报表分析的基本步骤

1. 确定分析目标，制定分析方案

各种分析都有特定的目的，是全面分析还是专题分析，是以企业经营为中心的分析还是以投资决策为中心的分析，这是分析工作的起始，也是关键。

分析过程中的各项工作都应当以目的为核心。明确目的后，就应根据目的确定分析的内容和范围，并确定分析的重点内容，制定分析工作方案。工作方案一般包括分析的目的和内容、分析人员的分工和职责、分析工作的步骤和完成各步骤的标准和时间等。周密的工作方案无疑有利于分析工作的顺利进行。

2. 收集、整理和核实信息资料

这一步是保障财务报表分析工作分析质量的基础性工作，在具体分析工作开始之前就应收集主要材料，不能资料不全就开始实施具体的分析。整理资料是根据分析的目的和人员的分工，将资料进行分类和分组，并做好登记和保管工作。资料核实的目的在于保证资料的真实、可靠和正确无误，因此要对收集的资料进行全面审阅和专项专查，如发现不正确或不具有可比性的地方，应要求删除或改正。

3. 选择分析方法，分析现状，总结分析结论

分析方法的选择恰当与否，对分析的结果和质量有重要的影响。我们可以通过深入考虑和集体研讨，做到集思广益。分析工作通常先主要后次要，由粗入细，逐步深入进行。

4. 撰写分析报告

财务报表分析报告是对企业财务报表上的有关数据资料，运用科学分析方法，对企业财务状况和经营成果进行比较、分析和评价并加以整理而撰写的报告性书面文件。分析报告要对分析目的做出明确回答，评价要客观、全面和准确，要对评价依据做必要的说明。分析报告中还应包括分析人员针对分析过程中发现的矛盾和问题，提出改进措施或建议，如果能对今后的发展提出预测性意见则会使会计分析报告具有更大的作用。

任务三　认识财务分析报告

财务分析报告是在以财务报表和其他资料为依据和起点分析的基础上，对企业过去和现在的经营成果、财务状况及其变动的总结。财务分析报告与财务报告有很大区别：财务分析报告通过对企业经营成果与历史同期、预算进行比较，对产生差异的原因进行分析说明，对企业未来的经营成果进行预测，并提出改善建议，它是供企业内部管理者使用的管理报告，是企业管理者的决策依据；财务报告是会计报表、附注、附表及财务情况说明书的综合，侧

重于对企业过去的经营情况、财务状况进行披露，供投资者、债权人等了解企业的发展，是供外部投资者使用的一个公司信息披露文件。

一、财务分析报告的分类

（一）按编写的时间划分

财务分析报告按编写的时间划分，可分为两种：一是定期分析报告，定期分析报告又可以分为每日、每周、每旬、每月、每季、每年报告，根据公司管理要求而定，有的公司还要进行特定时点分析；二是非定期分析报告，非定期分析报告是根据实际需要，应阅读者的要求而编写的。

（二）按编写的内容划分

财务分析报告按编写的内容划分，可分为三种：一是综合性分析报告，综合性分析报告是针对公司整体运营及财务状况进行的分析评价；二是专项分析报告，专项分析报告是针对公司运营的一部分，如对资金流量、成本费用变量等进行的分析；三是项目分析报告，项目分析报告是针对公司的局部或一个独立运作项目进行的分析。

（三）按报表的使用者划分

财务分析报告按报表的使用者划分，可分为两种：一是供企业外部使用者阅读的财务分析报告；二是供企业管理者进行经营决策而使用的财务分析报告。

二、财务分析报告的撰写方法

财务分析报告服务的对象不同，其包括的内容也有所侧重，但不管服务于哪类阅读者，编写财务分析报告一般都要先写出以下几个部分：报告目录，告诉阅读者本报告所分析的内容及所在页码；重要提示，针对本期报告新增的内容或必须加以重点关注的问题事先做出说明，旨在引起阅读者的重视；报告摘要，对本期报告内容的提炼，一定要言简意赅，点到为止。

通过以上三个部分的阅读，使用者可以在最短的时间内对分析企业有一个整体性认识，并了解本期报告中的重大事项。另外，无论是"重要提示"，还是"报告摘要"等内容，都应在其后标明具体分析所在的页码，以便于阅读者及时查阅相应的内容。财务分析报告在表达方式上可以采取多种手法，如可采用文字处理与图表表达相结合的方法，使其生动、形象、易懂。分析报告的行文要尽可能流畅、通顺、简明、精炼，避免口语化、冗长化。

（一）撰写供企业外部使用者阅读的财务分析报告的方法

供企业外部使用者阅读的财务分析报告，一般可以遵循公司简介、综合分析、指标分析、提出问题或评价的基本框架和思路进行撰写。由于企业外部的财务人员，没有亲自参与企业的财务管理工作，对企业的真实情况不了解，因此在撰写财务分析报告时，除了要认真研读企业的财务报表，更要仔细阅读报表附注和有关对外披露的信息，从各个方面了解企业的有关信息资料，力争为报表的使用者提供一个有价值的财务分析报告。

（二）撰写供企业内部管理者阅读的财务分析报告的方法

1. 根据具体的管理者和部门确定财务分析报告的内容

由于企业管理者的专业水平和所需了解分析报告的范围不同，财务报告的写作也不相同。例如，提供给财务部门领导的分析报告可以专业化一些；而提供给其他部门的领导尤其是对会计专业相当陌生的领导的分析报告，则应通俗一些；分析报告的范围若是某一部门或二级公司，分析的内容可以具体些；而分析的对象若是整个集团公司，则分析的内容要力求精简，不要面面俱到，而应集中抓住几个重点问题进行分析。

2. 了解企业管理者对财务信息的需求

财务分析人员要尽量多地与企业管理者沟通，充分领会他们需要的信息，否则花了很多心思做出来的分析报告，由于不能提供企业领导所需要的信息而失去意义。例如，某企业的一位业务部门经理曾深有感触地谈到："我获得的财务分析报告内容很多，写得也很长，遗憾的是我不需要的信息太多，而我真正想知道的信息却不多。"公司在不同阶段、不同月份的工作重点有所不同，所需要的财务分析重点也不同。如公司正进行新产品的投产、市场开发，则公司各阶层就需要有关对新产品的成本、回款、利润数据进行分析的财务分析报告。

3. 平时积累财务分析的日常素材

（1）建立台账和数据库。财务分析人员平时要做大量的数据统计工作，对分析的项目按性质、用途、类别、区域及责任人，按月度、季度及年度进行统计，建立台账，以便在编写财务分析报告时有据可查。

（2）关注重要事项。财务人员应对企业的经营运行、财务状况中的重大变动事项仔细做记录，记载事项发生的时间、计划、预算及发生变化的各影响因素。

（3）关注企业的经营运行，财务人员应了解生产、质量、市场、行政、投资与融资等情况，这样有利于做出准确的财务分析和评价。

（4）定期收集报表。财务人员除收集会计方面的数据外，还应收集各相关部门的可利用的报表数据，如生产部门、采购部门及市场部门等有关报表数据，并认真审阅，仔细思考。

4. 财务分析报告的格式

在做好以上几个方面的准备之后，就可以按照提要段、说明段、分析段、评价段和建议段五个方面的内容要求来撰写分析报告了。具体说明如下。

（1）提要段。提要段即概括公司综合情况，让财务分析报告接受者对财务分析说明有一个总括的认识。

（2）说明段。说明段是对公司运营及财务现状的介绍。该部分要求文字表述恰当、数据引用准确。对经济指标进行说明时可适当运用绝对数、比较数及复合指标数。特别要关注公司当前运作上的重心，对重要事项要单独反映。

（3）分析段。分析段是对公司的经营情况进行分析研究。在说明问题的同时还要分析问题，寻找问题的原因和症结，以达到解决问题的目的。财务分析一定要有理有据，要细化分解各项指标，因为有些报表的数据是比较含糊和笼统的，所以要善于运用表格、图示，突出表达分析的内容。分析问题一定要善于抓住当前要点，多反映公司经营焦点和易于忽视的问题。

（4）评价段。在做出财务说明和分析后，对于经营情况、财务状况、赢利业绩，应该从财务角度给予公正、客观的评价和预测。财务评价不能运用似是而非、可进可退、左右摇摆等不负责任的语言，评价要从正面和反面两方面进行，评价既可以单独分段进行，也可以将评价内容穿插在说明部分和分析部分。

（5）建议段。财务人员在对经营运作、投资决策进行分析并形成意见和看法后，要针对存在的问题提出改进建议。值得注意的是，财务分析报告中提出的建议不能太抽象，而要具体化，最好有一套切实可行的方案。

严格来说，企业内部财务分析报告没有固定的格式和体裁，但要反映要点、分析透彻、有实有据、观点鲜明、符合报送对象。在实际编写分析报告时还要根据具体的目的和要求有所取舍，不一定要全部囊括上述这五部分内容。

三、财务分析报告实例

××股份有限公司财务报表分析报告

（一）公司简介

公司名称：××股份有限公司

股票简称：××股份

××股份有限公司是一家在深圳证券交易所挂牌上市的公司，是全国最大的涤纶长丝生产基地之一，主要生产……

（二）综合分析

1. 资产负债表分析

（1）资产负债表趋势分析。资产负债表趋势分析如表1-9所示。

表1-9　2012—2014年资产负债表

单位：万元

项　　目	2014.12.31	2013.12.31	2012.12.31
流动资产：			
货币资金	24 737	19 006	17 164
应收票据	877	3 483	3 945
应收账款	4 212	4 799	7 336
其他应收款	3 974	7 869	8 733
预付账款	1 475	3 214	117
存货	38 520	54 997	15 157
流动资产合计	73 795	93 368	52 452
长期投资：			
长期股权投资	500	500	500
长期投资合计	500	500	500
固定资产：			
固定资产原价	238 970	226 187	217 062
减：累计折旧	107 659	97 312	85 673

续表

项　　目	2014.12.31	2013.12.31	2012.12.31
固定资产净值	131 311	128 875	131 389
减：固定资产减值准备	14 556	14 556	14 556
固定资产净额	116 755	114 319	116 833
在建工程			25
固定资产合计	116 755	114 319	116 858
无形资产	6 701	5 384	4 865
无形资产及其他资产合计	6 701	5 384	4 865
资产总计	197 751	213 571	174 675
流动负债：			
短期借款	51 404	51 580	50 631
应付票据	17 285	13 000	
应付账款	25 415	33 193	3 599
预付账款	1 656	7 307	1 423
应付职工薪酬	606	569	559
应付股利	151	151	143
应交税费	-3 442	-6 440	3 951
其他应付款	360	339	766
预计负债	2 303	1 299	99
一年内到期的长期负债	3 500	2 000	
流动负债合计	99 238	102 998	61 171
长期负债：			
长期借款	—	3 500	5 500
长期负债合计		3 500	5 500
负债合计	99 238	106 498	66 671
所有者权益：			
股本	42 115	42 115	42 115
资本公积	52 897	52 897	52 897
盈余公积	7 903	7 903	7 411
其中：公益金	2 634	2 634	2 470
未分配利润	-4 402	4 159	1 370
已宣告现金股利	—	—	4 211
所有者权益合计	98 513	107 074	108 004
负债及所有者权益合计	197 751	213 571	174 675

通过表1-9可以看出该公司的财务状况呈波动状态，下面我们进行具体分析。

① 资产变动趋势分析。

三年总资产分别为 174 675 万元、213 571 万元和 197 751 万元，2013 年的总资产规模最大，2014 年比 2013 年有所下降。总资产中固定资产所占比重最大，2012—2014 年分别为 66.9%、55.53% 和 59.04%，但其金额基本保持稳定。无形资产及其他资产合计虽然略有上升，但其所占比重较小，其变化对总资产的影响可以忽略；长期投资在最近三年没有变化，均为 500 万元；流动资产 2012—2014 年分别为 52 452 万元、93 368 万元和 73 795 万元，呈波动状态。所以，总资产的波动在很大程度上是由于流动资产的波动造成的。在流动资产中，货币资金呈现逐年上升的趋势，应收票据与应收账款呈现逐年下降的趋势，说明该公司的回款比较好，当然也有可能是该公司改变销售政策造成的，为此应进一步检查报表附注，从中了解应收账款的具体情况；存货三年来分别为 15 157 万元、54 997 万元、38 520 万元，呈波动状态，这是造成流动资产波动的主要原因。

从这三年的数据可以看出，2012 年存货所占金额及比例最少，应收款项最多，货币资金较少，这表明该公司当年的销货中赊销比例较大；2013 年，该公司存货增多，应收款项减少，这说明该公司调整了销售政策，减少了销售中的赊销比例；2014 年，存货比 2013 年有所下降，应收款项继续下降，货币资金无论从金额上还是从比重上都增长了很多，这表明该公司在继续减少赊销比例，但同时对存货的管理也加大了力度，减少了存货的库存。不过存货在资产中所占比重一直较大（2014 年占总资产的 19.48%），因此应该引起高度重视。

② 负债变动趋势分析。

2014 年比 2013 年负债规模略有下降，呈波动状态。但从 2012—2014 连续三年的资料来看，尽管 2014 年负债金额比 2013 年有所下降，但从总体来看负债规模呈现上升趋势。在负债中，长期负债于 2014 年均已到期或即将到期转入流动负债；2014 年流动负债金额比 2013 年有所下降，从这两年的数据来看，增加的幅度非常大。在流动负债中，借款虽呈现上升趋势，但增加金额不大。应付票据增加，2014 年和 2013 年分别是 17 285 万元和 13 000 万元；应付账款和其他应付款总金额逐年减少；应交税费是负值，这可能是由于该公司销售不好，存货较多，增值税的进项税额太大引起的，应引起高度重视。同时在该公司负债中，流动负债的增加已经大大超出流动资产的增加，到 2014 年，该公司的流动资产为 73 795 万元，流动负债为 99 238 万元，流动资产远远低于流动负债，公司短期偿债能力将会受到一定影响。

③ 所有者权益变动趋势分析。

在所有者权益方面，三年的连续数据显示一直呈下降的趋势。未分配利润显示出 2013 年公司处于赢利状态，2014 年则出现亏损，未分配利润出现负值。

（2）资产负债结构比较。资产负债表结构比较如表 1-10 所示。

表 1-10 2012—2014 年资产负债表结构比较

单位：%

项　　目	2014.12.31	2013.12.31	2012.12.31
流动资产：			
货币资金	12.50	8.90	9.83
应收票据	0.44	1.63	2.26
应收账款	2.13	2.25	4.20
其他应收款	2.02	3.69	4.98

项　　目	2014.12.31	2013.12.31	2012.12.31
预付账款	0.75	1.50	0.07
存货	19.48	25.75	8.68
流动资产合计	37.32	43.72	30.02
长期投资：			
长期股权投资	0.25	0.23	0.29
长期投资合计	0.25	0.23	0.29
固定资产：			
固定资产原价	120.84	105.91	124.27
减：累计折旧	54.44	45.56	49.05
固定资产净值	66.40	60.35	75.22
减：固定资产减值准备	7.36	6.82	8.33
固定资产净额	59.04	53.53	66.89
在建工程	—	—	0.01
固定资产合计	59.04	53.53	66.90
无形资产：	3.39	2.52	2.79
无形资产及其他资产合计	3.39	2.52	2.79
资产总计	100.00	100.00	100.00
流动负债：			
短期借款	25.99	24.15	28.99
应付票据	8.74	6.09	0.00
应付账款	12.85	15.54	2.06
预付账款	0.84	3.42	0.81
应付职工薪酬	0.31	0.27	0.32
应付股利	0.08	0.07	0.08
应交税费	−1.74	−3.02	2.26
其他应付款	0.18	0.16	0.44
预计负债	1.17	0.61	0.06
一年内到期的长期负债	1.76	0.94	—
流动负债合计	50.18	48.23	35.02
长期负债：			
长期借款	—	1.64	3.15
长期负债合计	—	1.64	3.15
负债合计	50.18	49.87	38.17
所有者权益：			

续表

项　　目	2014.12.31	2013.12.31	2012.12.31
股本	21.30	19.72	24.11
资本公积	26.75	24.77	30.28
盈余公积	4.00	3.70	4.24
其中：公益金	1.33	1.22	1.42
未分配利润	−2.23	1.95	0.78
已宣告现金股利			2.41
所有者权益合计	49.82	50.13	61.83
负债及所有者权益合计	100.00	100.00	100.00

　　从表 1-10 中可见，2014 年负债的比重为 50.18%，所有者权益的比重为 49.82%。该公司流动资产与流动负债的比重在 2014 年与 2013 年相差不大，但是 2014 年流动负债比流动资产的比重多了 12.86%，从不同程度上影响公司的偿还能力。

　　在流动负债中，应付账款与应付票据从 2012 年到 2014 年的比重合计分别为 2.06%（0%+2.06%）、21.63%（6.09%+15.54%）和 21.59%（8.74%+12.85%），上升的幅度很大，应交税费从 2012 年到 2014 年的比重分别为 2.26%、−3.02% 和 −1.74%，说明增值税的进项税额增长幅度很大，这很可能是由于原材料的成本增加了，如果是这样，将会影响到该公司的赢利水平。

　　2. 利润表分析

　　（1）利润表趋势分析。利润表趋势分析如表 1-11 所示。

表 1-11　2012—2014 年利润表

单位：万元

项目	2014 年	2013 年	2012 年
一、营业收入	245 550	219 654	150 807
减：营业成本	246 015	208 481	135 065
营业税金及附加	—	505	534
销售费用	1 565	504	583
管理费用	2 750	2 297	2 775
财务费用	3 771	3 067	3 585
加：投资收益	13	−2	−1 049
二、营业利润	−8 538	4 798	7 216
加：营业外收入	3	2	8
减：营业外支出	25	450	—
三、利润总额	−8 560	4 350	7 224
减：所得税	—	1 070	2 744
四、净利润	−8 560	3 280	4 480

　　从表 1-11 中可见，该公司 2012 年和 2013 年的经营情况处于赢利状态，2012 年净利润为 4 480 万元，2013 年净利润为 3 280 万元，2014 年净利润为负值，公司处于亏损状态。从 2012

—2014 年的发展趋势来看，该公司的营业收入一直处于增长的趋势，2013 年比 2012 年增加了 68 847 万元，增幅为 45.65%，2014 年比 2013 年增加了 25 896 万元，增幅为 11.79%。营业成本也处于增长的趋势，2013 年比 2012 年增加了 73 416 万元，增幅为 54.36%，2014 年比 2013 年增加了 37 534 万元，增幅为 18%。营业成本的增长快于营业收入的增长，这是 2014 年的营业利润亏损的主要原因。由于销售费用、管理费用和财务费用的支出在增加，尤其是销售费用 2014 年比 2013 年增加了 1 061 万元，增长幅度为 211%，这表明销售费用增长过快也是造成 2014 年营业利润亏损的原因之一。再看投资收益从负数转为正数，虽然收益很少，但已经开始赢利，2013 年的营业外支出较大，应具体分析其原因。

总体来说，从 2013 年开始，成本费用增长过快，该公司的净利润一直在下降，最终导致 2013 年发生亏损。成本费用的过快增长应引起高度重视。

（2）利润表结构对比分析。利润表结构对比分析如表 1-12 所示。

表 1-12　2012—2014 年利润表结构比较

单位：%

项　　目	2014 年	2013 年	2012 年
一、营业收入	100.00	100.00	100.00
减：营业成本	100.19	94.91	89.56
营业税金及附加	0.00	0.23	0.35
销售费用	0.64	0.23	0.39
管理费用	1.12	1.05	1.84
财务费用	1.54	1.40	2.38
加：投资收益	0.01	0.00	−0.70
二、营业利润	−3.48	2.18	4.78
加：营业外收入	0.00	0.00	0.01
减：营业外支出	0.01	0.20	0.00
三、利润总额	−3.49	1.98	4.79
减：所得税	0.00	0.49	1.82
四、净利润	−3.49	1.49	2.97

从表 1-12 可以进一步看出，销售费用、管理费用和财务费用尽管金额增长较多，但所占比重不大，所以不是影响利润的关键原因。而营业成本所占比重，2012 年是 89.56%，2013 年增加到 94.91%，2014 年竟达到 100.19%。

综上分析营业成本的增长率 2013 年比 2012 年增长 54.36%，2014 年比 2013 年增长 18%，超过营业收入的增长率（2013 年比 2012 年增长 45.65%，2014 年比 2013 年增长 11.79%），是造成该公司 2014 年亏损的最主要的原因。

联系到前面对资产负债表的分析，存货所占比重过大，材料的进货成本在增加，这些都是可能造成主营业务成本增加的原因，要引起重视。

3. 现金流量表分析

（1）现金流量表趋势分析。现金流量表趋势分析如表 1-13 所示。

表 1-13　2012—2014 年汇总现金流量表

单位：万元

项　目	2014 年	2013 年	2012 年
现金收入	366 177	318 687	256 275
其中：经营活动的现金收入	294 240	266 646	184 144
投资活动的现金收入	17	61	0
筹资活动的现金收入	71 920	51 980	72 131
现金支出	360 564	316 872	254 979
其中：经营活动的现金支出	268 124	248 639	150 727
投资活动的现金支出	14 246	9 821	5 888
筹资活动的现金支出	78 194	58 412	98 364
现金流量净额	5 613	1 815	1 296

　　从表 1-13 可以看出，从总体来讲，连续三年的现金收入、现金支出、现金流量净额都是呈上升的趋势。

　　（2）现金流量结构对比分析。现金流量结构对比分析如表 1-14 和表 1-15 所示。

表 1-14　2012—2014 年三年的现金收入结构表

单位：%

项　目	2014 年	2013 年	2012 年
经营活动的现金收入	80.35	83.67	71.85
投资活动的现金收入	0.00	0.02	0.00
筹资活动的现金收入	19.65	16.31	28.15
现金收入合计	100.00	100.00	100.00

　　从表 1-14 中可以看出，在该公司的现金收入中，经营活动取得的现金收入占主要比重，且该项收入在 2013 年较 2012 年上升幅度较大，达 11.82%，2014 年较 2013 年只下降了 3.32%。投资活动现金收入占的比重非常小，说明投资回报率非常低。筹资活动的现金收入 2012 年最多，占 28.15%，2013 年下降到 16.31%，2014 年有所上升，达到 19.65%。

表 1-15　2012—2014 年三年的现金支出结构表

单位：%

项　目	2014 年	2013 年	2012 年
经营活动的现金支出	74.36	78.47	59.11
投资活动的现金支出	3.95	3.10	2.31
筹资活动的现金支出	21.69	18.43	38.58
现金支出合计	100.00	100.00	100.00

　　从表 1-15 中可以看出，该公司的全部现金支出中，经营活动的现金支出占主要比重，该项支出与现金收入相对应，2013 年较 2012 年大幅上升，达 19.36%，2014 年较 2013 年下降了4.11%。投资活动的支出逐年上升，但比重很小，筹资活动的现金支出 2012 年最多，占 38.58%，2013 年下降到 18.43%，2014 年有所上升，为 21.69%。

（3）现金流量定基与环比分析。现金流量定基与环比分析如表1-16和表1-17所示。

表1-16 2012—2014年现金流量定基分析表

单位：%

项 目	2014 年	2013 年	2012 年
现金收入	142.88	124.35	100
其中：经营活动的现金收入	159.79	144.80	100
投资活动的现金收入	—	—	—
筹资活动的现金收入	99.71	72.06	100
现金支出	141.41	124.27	100
其中：经营活动的现金支出	177.89	164.96	100
投资活动的现金支出	241.95	166.80	100
筹资活动的现金支出	79.49	59.38	100
现金流量净额	433.10	140.05	100

从表 1-16 中可以看出，该公司的现金收入在不断增加，2014 年与 2012 年相比增长了 42.88%，其中，经营活动现金收入增长要快于总的现金收入增加，增长了 59.79%；投资活动现金收入太少，可以不计；筹资活动现金收入在 2013 年出现减少趋势，2014 年又恢复到 2012 年的水平。现金支出也在不断增加，2014 年比 2012 年增加了 41.41%，其中经营活动现金支出增长了 77.89%，超过了经营活动现金收入的增长速度；投资活动现金支出增长了 141.95%，说明该公司逐年加大了投资力度；筹资活动现金支出下降了 20.51%，说明用于还款的现金支出减少了。现金流量净额也在逐年上升，2014 年比 2012 年增长了 3 倍多。

表1-17 2012—2014年现金流量环比分析表

单位：%

项 目	2014 年	2013 年	2012 年
现金收入	114.90	124.35	100
其中：经营活动的现金收入	110.35	144.80	100
投资活动的现金收入	—	—	—
筹资活动的现金收入	138.36	72.06	100
现金支出	113.79	124.27	100
其中：经营活动的现金支出	107.84	164.96	100
投资活动的现金支出	145.06	166.80	100
筹资活动的现金支出	133.87	59.38	100
现金流量净额	309.26	140.05	100

从表 1-17 可以看出，该公司的现金收入在逐年递增，2013 年比 2012 年增长了 24.35%，2014 年比 2013 年增长了 14.9%。其中，经营活动的现金收入的增幅 2014 年比 2013 年下降了很多，增幅呈现起伏状态；筹资活动现金 2013 年呈现负增长，2014 年比 2013 年增长很多，起伏比较大。

该公司的现金支出也在不断增长，2014 年比 2012 年增长了 13.79%，2013 年比 2012 年增长了 24.27%。其中，经营活动、投资活动的现金支出增幅较大；筹资活动的现金支出也是波动起伏，2013 年比 2012 年下降了 40.62%，2014 年比 2013 年上涨了 33.87%。现金流量净额 2013 年比 2012 年增长了 40.05%，而 2014 年比 2013 年猛增了 2 倍多。

（三）经营能力分析

经营能力分析指标如表 1-18 和图 1-1 所示。

表 1-18　营运能力指标

指　标	2014 年	2013 年	2012 年
总资产周转率	119%	113%	80%
流动资产周转率	294%	301%	270%
应收账款周转率	5 450%	3 620%	2 021%
存货周转率	526%	594%	714%
固定资产周转率	212%	190%	170%

注：总资产周转率=营业收入÷总资产平均余额×100%

流动资产周转率=营业收入÷流动资产平均余额×100%

应收账款周转率=营业收入÷应收账款平均余额×100%

存货周转率=营业成本÷存货平均净额×100%

固定资产周转率=营业收入÷固定资产平均余额×100%

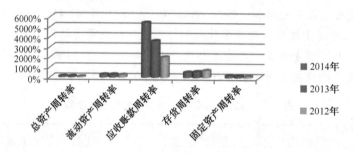

图 1-1　营运能力分析图

从表 1-18 和图 1-1 中可以看出，总资产周转率和固定资产周转率虽然不高，但三年来一直呈上升趋势，说明该公司整体资产的营运能力提高了。流动资产周转率从 2012 年到 2014 年整体来说呈上升趋势，但 2014 年比 2013 年略有下降。应收账款周转率这几年一直是上升的，说明该公司的确加强了对应收账款的控制和催收，收回的速度较快，这能增强资产的流动性，从而有利于增强短期偿债能力。但同时，应收账款周转率指标值相当高，且连续三年快速增长，因而应警惕该公司的信用政策是否过于严格，如果赊销条件过于严格，从长期来看将会影响获利水平。存货周转率从 2012 年到 2014 年一直呈下降趋势，是营运能力指标中唯一连续三年在下降的指标。存货周转率越低，表明其变现速度越慢，资产占用水平越高，成本费用也就越高。

我们注意到该公司的存货问题，由于存货在流动资产中所占比例最大，所以存货周转率直接影响了流动资产周转率，进而影响到总资产周转率的提高。建议该公司要继续注意存货管理中存在的问题，尽量降低存货水平，以减少资产的占用水平，从而提高存货投资的变现能力和获利能力。

（四）偿债能力分析

偿债能力分析如表1-19、图1-2、表1-20和图1-3所示。

表1-19 短期偿债能力指标

指　标	2014年	2013年	2012年
流动比率	74%	91%	86%
速动比率	36%	37%	61%
保守的速动比率	29%	23%	40%
现金比率	25%	18%	28%

注：流动比率=流动资产÷流动负债

速动比率=（流动资产-存货）÷流动负债

保守的速动比率=（货币资金+短期证券投资+应收账款净额）÷流动负债

现金比率=（货币资金+短期投资净额）÷流动负债

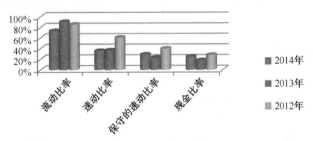

图1-2 短期偿债能力分析图

从表1-19和图1-2中可以看出，该公司的流动比率从2012年到2014年分别为0.86、0.91和0.74，2013年比2012年略有上升，2014年下降为最低，远远低于2（在会计实务工作中，一般认为企业合理的最低流动比率是2，速动比率为1）。该公司的速动比率从2012年到2014年分别为0.61、0.37和0.36，一直在下降，远远低于1，联系到前面对资产负债表的分析，这几年的营运资金（流动资产-流动负债）一直是负值，因而有理由相信，该公司的短期偿债能力不佳。

表1-20 长期偿债能力指标

指　标	2014年	2013年	2012年
资产负债率	50%	50%	38%
产权比率	101%	99%	62%
有形净值债务率	108%	105%	65%
利息偿付倍数	-1.27	2.42	3.02

注：资产负债率=负债总额÷资产总额×100%

产权比率=负债÷所有者权益总额×100%

有形净值债务率=负债总额÷（所在者权益-无形资产净值）×100%

利息偿付倍数=息税前利润÷利息费用

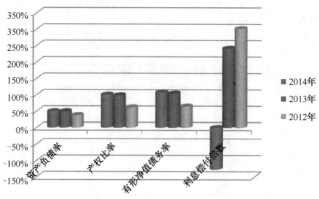

图 1-3　长期偿债能力分析图

从表 1-20 和图 1-3 中可以看出，从 2012 年到 2014 年，资产负债率、产权比率和有形净值债务率逐年上升，到 2014 年资产负债率为 50%，产权率为 101%，有形净值债务率为 108%，比率合适。利息偿付倍数逐年下降，2014 年为负值，这说明到 2014 年为止，虽然该公司负债水平尚可，但长期偿债能力开始出现问题，经营出现亏损，因此公司不宜再举债经营。

（五）赢利能力分析

赢利能力分析如表 1-21 和图 1-4 所示。

表 1-21　赢利能力指标

单位：%

指　　　标	2014 年	2013 年	2012 年
销售净利润率	-3.49	1.49	2.97
销售毛利率	-0.19	5.08	10.44
营业利润率	-3.48	2.18	4.78
总资产利润率	-4.15	2.47	4.13
净资产收益率	-8.33	3.05	4.04

注：销售净利润率=净利润÷营业收入×100%

销售毛利率=销售毛利额÷营业收入×100%

营业利润率=营业利润÷营业收入×100%

总资产利润率=利润总额÷平均资产总额×100%

净资产收益率=净利润÷平均所有者权益×100%

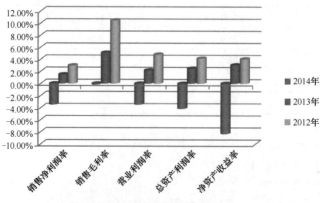

图 1-4　赢利能力分析图

从表 1-21 和图 1-4 中可以看出，该公司三年里销售净利润率、销售毛利率、营业利润率、总资产利润率和净资产收益率呈逐年下降的趋势，到 2014 年已经出现了亏损的局面。

该公司的销售毛利率在 2012 年到 2014 年分别为 10.44%、5.08% 和 -0.19%，表明其赢利能力在逐年下降，到 2014 年已转为亏损。结合前面对资产负债表、利润表的分析可以看出，该公司的主营业务收入水平一直呈上升态势，这说明在销售方面应该不存在太大问题，因此导致赢利能力下降的最主要原因可能是营业成本增长过快。

（六）问题与评价

通过对资产负债表、利润表以及现金流量表的分析可以看出，该公司主要存在如下问题。存货所占比重过大，存货周转率逐年下降；营运资金为负值，流动比率、速动比率相对较低，短期偿债能力较低；主营业务成本增长过快，其增长速度超过了销售收入的增长速度，营业利润 2014 年为负数，发生经营性亏损。

尽管如此，我们还应看到，该公司的现金流量保持高速增长状态，除存货以外的其他资产营运能力表现尚好，销售方面也不存在什么问题，这说明只要致力于成本控制，该公司还是可以转亏为盈的。

 精典案例阅读与分析

案例呈现 1

世界通信与美国电报电话公司的经营业绩比较

世界通信公司（WorldCom，简称世通）是一家美国通信公司，公司名字意为"长途话费优惠服务"。1997 年 11 月 10 日，世通与 MCI 通信公司对外宣布了价值 370 亿美元的合并计划，创出当时美国收购交易的历史纪录。1998 年 9 月 15 日，新公司 MCI 世通（MCI WorldCom）正式营业。1999 年 10 月 5 日，MCI 世通与 Sprint 公司宣布将以 1290 亿美元合并，再创纪录。合并后的公司将一举成为史上规模最大的通信公司，首次把 AT&T 从此宝座拉下。但该项交易因触犯垄断法未获美国及欧盟批准。2000 年 7 月 13 日，两家公司中止收购计划，但 MCI 世通仍在随后再次更名为世通。2003 年因会计丑闻事件破产。在 2006 年 1 月被 Verizon 以 76 亿美金收购，重组成为其属下的事业部门。目前公司已更名为 MCI 有限公司，总部位于弗吉吉尼亚州。

美国电话电报公司 AT&T（American Telephone & Telegraph Company），前身是由电话发明人贝尔于 1877 年创建的美国贝尔电话公司。1895 年，贝尔公司将其正在开发的美国全国范围的长途业务项目分割，建立了一家独立的公司，称为美国电话电报公司（AT&T）。1899 年，AT&T 整合了美国贝尔的业务和资产，成为贝尔系统的母公司。该公司一直是美国长途电话技术的先行者。1984 年，美国司法部依据《反托拉斯法》拆分 AT&T，分拆出一个继承了母公司名称的新 AT&T 公司(专营长途电话业务)和七个本地电话公司(即"贝尔七兄弟")，美国电信业从此进入了竞争时代。1995 年，又从公司中分离出了从事设备开发制造的朗讯科技和 NCR，只保留了通信服务业务。2000 年后，AT&T 又先后出售了无线通信，有线电视和宽带通信部门。

世界通信在申请破产前，业务规模仅次于美国电话电报公司，世界通信与美国电话电报公司的经营业绩比较如表 1-22 所示。

表1-22　世界通信与美国电话电报公司的经营业绩比较

单位：百万美元

公司名称	2001 年度			2002 年第一季度		
	经营收入	对外报告经营收益	剔除线路成本影响后的经营收益	经营收入	对外报告经营收益	剔除线路成本影响后的经营收益
世界通信	35 179	2 392	-642	8 120	240	-578
美国电话电报公司	52 550	-6 842	-6 842	12 023	-297	-297

请思考

（1）进行比较分析时，可选择的标准有哪些？

（2）横向比较和纵向比较各有什么作用？

（3）世界通信与美国电话电报公司的经营业绩比较的结果是什么？

（4）分析在虚增利润的同时，对现金流量产生什么影响？

【分析与启示】

（1）比较分析时，可选择的标准包括空间上的比较和时间上的比较。按比较的对象分类，可划分为历史标准、同业标准和预算标准；按比较的指标分类，可划分为总量指标、财务比率和结构指标。

（2）横向比较也称为同业比较，是将本企业的主要财务指标与同行业的平均指标或同行业中先进企业的指标对比，并据以分析判断该企业在同行业中所处的位置。同时通过与先进管理方法和先进的科学技术成就的比较，有利于吸收先进经验，克服本企业的缺点。纵向比较是将本企业分析期与前期财务报表中有关项目的金额对比，通过连续数期财务报表项目的比较，能够反映出企业的发展动态，揭示当期财务状况和经营成果的增减变化，判断引起变动的主要项目，并预测未来的发展趋势。

（3）从表中数据分析可知，2001 年世界通信对外报告的税前利润为 23.92 亿美元，通过冲销线路成本虚增税前利润高达 30.34 亿美元，实际亏损 6.42 亿美元。2002 年第一季度对外报告的税前利润为 240 亿美元，但剔除造假因素后，实际亏损 5.78 亿美元。挤去水分后，实际通信的赢利与其竞争对手美国电话电报公司大致相同。通过将经营费用调整为资本支出，世界通信歪曲了其最大的费用项目——线路成本占营业收入的比例，误导了投资者的赢利能力判断。

（4）世界通信在编制现金流量表时采用间接法。在其他条件相同的情况下，高估利润必然会加大经营活动产生现金流量。美国的现金流量表准则，在线路成本方面的支出属于经营活动产生的现金流出，而资本支出则属于投资活动的现金流出。该公司将线路成本的经营费用转作资本支出，相当于对线路成本支出进行重分类，使得本应该反映为经营活动产生的现金流出，却反映在投资活动产生的现金流出，严重误导了报表使用者对世界通信现金流量创造能力的判断。

案例呈现 2

安达信的审计失败

安达信会计师事务所是 1913 年由阿瑟·安达信教授创办的享誉全球的五大会计师事务所之一，它曾经代理着美国 2 300 家上市公司的审计业务，占美国上市公司总数的 17%。安然公司曾经是世界上最大的综合性天然气和电力公司之一，是北美地区头号天然气和电力批发销售商。自安然公司1985年成立以来，安达信就为它做审计。2000年，安达信为安然公司出具了两份审计报告，一份是无保留意见的审计报告，另一份是安然公司内部控制可靠性的评价报告。这两份报告与安然公司日后暴露出来的会计问题产生矛盾。2001年10月安然财务丑闻爆发，从1997年到2001年虚构利润5.86亿美元，并隐藏了数亿美元的债务。安然公司被迫在2001年11月向美国证监会提交了一份报告，对过去5年财务报表的利润、股东权益、资产总额和负债总额进行了重大的重新表述，并明确提醒投资者：1997—2000年经过安达信审计的财务报表不可信赖。同时也从侧面证明了安达信提供的内部控制评价报告存在问题，安达信存在严重的审计过错。

美国国会在获得的安达信电子邮件中显示，安达信资深合伙人在2001年2月就讨论过是否结束与安然公司的审计关系，可见安达信在知道安然公司会计问题的情况下没有对其进行处理，也没有向银监会报告，甚至销毁数以千计的审计工作底稿。美国监管部门的调查发现，安然公司的雇员中居然有100多位来自安达信，包括首席会计师和财务总监等高级职员，而在董事会中，有一半的董事与安达信有着直接或间接的联系。这种亲密关系让人们怀疑，安达信能保持应有的形式上的独立吗？

2001年12月安然公司宣布破产，破产清单中所列资产高达498亿美元，成为美国历史上最大的破产公司。随着安然公司的破产，已有100多年历史的安达信也随之倒闭了。

请思考

（1）审计报告的意见类型有几种？审计报告的类型对财务报表分析有何影响？

（2）为什么利用安达信的审计报告进行财务分析会失效？

【分析与启示】

（1）审计报告分为四种类型：无保留意见的审计报告；保留意见的审计报告；否定意见的审计报告；拒绝表示意见的审计报告。标准的无保留意见的审计报告，表示被审计单位的会计制度较为完善，财务报表分析人可以信赖该单位的财务报表，它可以使报表分析人直接使用报表数据开始分析工作。带说明段的无保留意见的审计报告增加注册会计师对某些事项的必要的说明，这些说明对于理解财务报表数据有着特殊的意义。保留意见的审计报告不影响财务报表的总体使用价值，但是某个重要局部的数据不具有可信性。否定意见的审计报告表明注册会计师认为被审计单位的财务报表不具有使用价值。这种财务报表不能作为财务分析的依据。注册会计师拒绝表示意见的财务报表，不能作为财务分析的依据。

（2）当高管人员提供的财务报表存在重大错报漏报(包括由于财务舞弊引起的错报漏报)，而注册会计师在鉴证过程中未能发现这些错报漏报，仍对财务报表的整体公允性发表无保留审计意见时，就出现了审计失败，审计报告对财务分析也就失去了意义。

安达信对安然审计失败的原因主要有：审计报告严重失实，安然公司经过安达信审计的财务报表并不能公允地反映其经营业绩、财务状况和现金流量；安达信对安然公司的审计至少缺乏形式上的独立性；安达信在已觉察安然公司存在会计问题的情况下，未采取必要的纠正措施；销毁审计工作底稿，妨碍司法调查；安达信未能保持应有的职业审慎和职业怀疑，过度相信安然老总及一些经验，未对安然公司作充分的检查，致使审计风险越来越大，安然公司的破产也带来了安达信的结果。

项目综合训练

【想一想】

1. 简述财务会计报表分析原则。

2. 简述财务会计报表分析步骤。

3. 为企业内部编写的财务分析报告应事先做好哪些准备工作？财务分析报告一般具备哪些内容？

【做一做】

一、单项选择题

1. 财务信息属于（ ）。

A. 经济信息范畴　　　　　　　　　　B. 会计信息范畴

C. 科学技术信息范畴　　　　　　　　D. 政治信息范畴

2. 财务报表数据一般被称为（ ）。

A. 原始数据　　　B. 加工数据　　　C. 统计数据　　　D. 会计数据

3. 共同比财务报表是（ ）的一种重要形式。

A. 纵向分析　　　B. 横向分析　　　C. 比率分析　　　D. 因素分析

4. 财务信息的生成大体分为两个阶段，但基础应是（ ）。

A. 会计核算　　　B. 会计分析　　　C. 会计监督　　　D. 会计控制

5. 下列选项中属于比较分析方法的是（ ）。

A. 连环替代法　　B. 比率分析法　　C. 差异分析法　　D. 差额计算法

6. 下列选项中，属于政府进行财务报表分析的主要目的的是（ ）。

A. 了解企业长期偿债能力　　　　　　B. 了解企业的销售信用水平

C. 分析了解企业的经营业绩　　　　　D. 确定审计重点

7. 企业财务报表的主表不包括（ ）。

A. 利润分配表　　B. 资产负债表　　C. 成本报表　　　D. 现金流量表

8. 财务信息的主要来源是（ ）。

A. 经营管理活动　B. 统计　　　　　C. 财务　　　　　D. 会计

9. 使用多期的比较分析方法是为了（ ）。

A. 了解企业财务状况的发展趋势及变化

B. 查明某些特定项目在不同年度的差异

C. 分析企业各项目相对于基期的变化趋势

D. 比较各年所有项目的变化状态

10. 某企业2012、2013、2014年的净利润分别为500 000元、70 000元和1 200 000元，按照定基的方法，2014年净利润增减差异幅度应为（ ）。

A. 40%　　　　　B. 71.4%　　　　C. 140%　　　　D. 240%

二、多项选择题

1. 财务报表分析的特征有（　　）。

A. 可充分利用财务报表所披露的信息

B. 分析过程实质上是一个计算过程

C. 分析过程实质上是一个判断过程

D. 评价标准和分析方法是分析的重要手段

E. 评价标准和分析方法具有唯一性

2. 企业财务信息的主要用户有（　　）。

A. 债权人　　　　B. 投资者　　　　C. 政府

D. 企业本身　　　E. 潜在投资者

3. 比较分析法的具体方法是（　　）。

A. 横向比较法　　B. 交叉分析法　　C. 纵向分析法

D. 静态分析法　　E. 比率分析法

4. 贷款人最关心其债权的安全，一般包括（　　）。

A. 贷款用途　　　B. 贷款的如期收回　　C. 利息的按期偿付

D. 企业的利润率　E. 外汇支付能力

5. 因素分析法的形式有（　　）。

A. 连环替代法　　B. 差量分析法　　C. 趋势分析法

D. 差额分析法　　E. 比率分析法

6. 企业的下列报表，属于对外报表的有（　　）。

A. 资产负债表　　　　　　　　　　　B. 利润表

C. 现金流量表　　　　　　　　　　　D. 主要产品单位成本表

三、判断题

1. 会计报表的纵向分析是同一时间不同项目的分析。（　　）

2. 财务活动及其结果都可以直接或间接地通过财务报表来反映。（　　）

3. 债权人通常不仅关心企业偿债能力比率，而且关心企业赢利能力比率。（　　）

4. 会计分期不同，对利润总额不会产生影响。（　　）

5. 分析时只有考察企业的诚信状况等非财务信息资料，才能得出正确结论。（　　）

6. 财务分析报告与财务会计报告所反映的内容基本相同。（　　）

7. 财务会计报告实质上就是财务报表。（　　）

8. 对企业综合能力的分析，通常应对其营运能力、赢利能力、偿债能力进行分析。（　　）

9. 在比较分析法的使用过程中，既可将本期实际与计划或定额相比，也可将计划与国内外先进水平相比。（　　）

10. 采用趋势分析法可分析说明企业经营活动和财务状况的变化过程及发展趋向。（　　）

11. 流动资产周转率指标主要是用来说明企业偿债能力的。（　　）

四、实训题

实训 1　运用趋势分析法进行财务分析

【实训资料】　某企业 2011—2014 年有关项目的定基比资料情况如表 1-23 所示。

表 1-23　某企业 2011—2014 年有关项目的定基比资料

单位：%

	2011 年	2012 年	2013 年	2014 年
销售收入	100	110.8	119.0	157.7
其中：黄酒销售	100	111.3	119.8	162.8
销货成本	100	111.9	118.4	155.9
经营及管理费用	100	112.5	130.7	176.1
净收益	100	116.0	131.6	164.3
黄酒销售桶数	100	105.2	109.4	132.2
黄酒单价（元）	56.01	59.24	61.32	68.95

【实训任务】　运用趋势分析法对该企业进行分析。

实训 2　运用因素分析法进行财务分析

【实训资料】　采用因素分析法对某公司进行分析。该企业经营 A 产品，其毛利额比上年同期减少了约 35%，严重影响了本期的利润实现，故管理者想要了解毛利变动的原因，以改善相应的管理。已知该产品最近两期的相关资料如表 1-24 所示。

表 1-24　A 产品两期资料对比

项　目	单　位	本　期	上　期
销售数量	个	30 000	44 000
销售单价	元	450	440
单位销售成本	元	315	300
单位销售毛利	元	135	140
毛利率	%	30	31.82
销售毛利额	元	4 050 000	6 160 000

【实训任务】　运用因素分析法对该公司进行分析。

实训 3　分别运用差额计算法、连环替代法进行财务分析

【实训资料】　兰华公司相关指标如表 1-25 所示。

表 1-25　兰华公司相关指标

单位：%

指　标	2014 年	2013 年
总资产产值率	80	82

续表

指　标	2014 年	2013 年
产品销售率	98	94
销售利润率	30	22
总资产报酬率	23.52	16.96

【实训任务】

（1）运用差额计算法分析各因素变动对总资产报酬率的影响程度。

（2）运用连环替代法分析各因素变动对总资产报酬率的影响程度。

（提示：总资产报酬率=总资产产值率×产品销售率×销售利润率，计算结果用百分数表示，保留两位小数）

项目二 　 资产负债表的编制与分析

知识目标

1. 掌握资产负债表的编制原理和方法；
2. 掌握资产、负债及所有者权益中主要项目的分析思路；
3. 掌握与资产负债表有关指标的计算与分析方法；
4. 掌握资产负债表分析报告的撰写方法

技能目标

1. 会编制资产负债表；
2. 会阅读资产负债表，能运用趋势分析法、结构分析法分析资产负债表；
3. 能计算与资产负债表相关的财务指标，并运用财务指标分析企业的财务状况；
4. 能撰写资产负债表分析报告

项目导入

资产负债表、利润表和现金流量表一同被称为企业的三大会计报表，它不但能够反映企业某一特定日期的财务状况，而且还能显示资产、负债和所有者权益情况的全貌。既可以将它看做一张"清单"，因为它根据资产、负债和所有者权益的相互关系，按一定的分类标准和排列顺序让各项目各就各位，表明公司的财务、经营状况；另外，也可以将它看做一张"成绩单"，公司内各个部门，如管理部门、生产部门、销售部门分工合作，其工作成果用数字表示，分类汇总，就变成了这张"成绩单"。工作效率越高，协作越有效益，分数就越高。

A公司成立于2012年7月1日，需要资金300万元，自己原有100万元，另外借款200万元。成立初期，财务首先编制了一张资产负债表。这当然是最简单的资产负债表，因为这个"大柜子"里还没有盛放更多的东西，也就是说，A公司还没有进行相关的业务往来，但从这张表里，已经可以一目了然地看出：A公司的总资产是300万元，其中，200万元是借款，100万元是公司自己的。

资产的存在形式是库存现金50万元、银行存款100万元、办公设备150万元。开业以后，A公司的各种业务相应产生，这张资产负债表的左边可能会加上应收账款、存货等项目，右边可能会加上短期借款、长期借款和应交税费等项目。随着时间的推移，资产负债表将越来越庞大，越来越充满玄机。

有人将资产负债表看做一张"体检表"，别看每个公司都说自己是"健康宝宝"，但实际上可能这个得了"脑血栓"（资金严重周转不灵），那个有"骨质疏松"（固定资产老化）和"消化不良"（坏账太多），所以企业是否健康，管理者说了不算，销售业绩说了也不算，资产负债表说了才算。

任务一　编制资产负债表

资产负债表属于静态报表，是反映企业在某一特定日期的财务状况的会计报表。它是根据资产、负债和所有者权益之间的相互关系，按照一定的分类标准和一定顺序，把企业一定日期的资产、负债和所有者权益各项目予以适当排列，并对日常工作中形成的大量数据进行相应的分类、汇总后编制而成的。它表明企业在某一特定日期所拥有或控制的经济资源、所承担的现有义务和所有者对净资产的要求权。

一、资产负债表的作用

资产负债表能够反映资产、负债和所有者权益的全貌，即资产、负债和所有者权益的数额及其构成情况。资产负债表对不同的报表使用者来说有不同的作用。具体来说，企业的经营者、管理者通过资产负债表，可以了解企业在生产经营过程中所拥有或控制的经济资源及其分布情况和应承担的责任、义务；可以了解资产、负债各项目的构成比例是否合理；通过前后期资产负债表的对比分析，还可以从资产、负债的结构变化中了解企业财务状况的变动趋势。企业的投资者通过资产负债表，可以考核企业的经营者、管理者是否有效地利用了现有的经济资源，是否使企业的资本得到了保值、增值，从而对企业的经营者、管理者的工作业绩进行考核与评价，并以此作为是否继续对企业进行投资的依据。企业的债权人，通过资产负债表可以了解企业现有的财务状况，从而分析企业的长期、短期偿债能力、企业的财务风险，并预测企业的发展前景，为以后的决策提供必要的信息。而国家政府管理部门，如财政、银行、税务等部门，通过资产负债表可以了解企业贯彻执行国家财经法规、方针、政策的情况和按期足额缴纳税款的情况，以便进行宏观调控等。资产负债表有着十分重要的作用，具体归纳如下。

（1）通过对资产负债表进行分析，可以提供企业在某一特定日期的资产的总额及其分布与结构，表明企业拥有或控制的经济资源及其分布情况，有助于分析企业的生产经营能力。

（2）通过对资产负债表进行分析，可以提供企业在某一特定日期的负债总额及其结构，表明企业未来需要用多少资产或劳务清偿债务以及清偿时间，有助于分析企业的短期偿债能力和现金支付能力。

（3）通过对资产负债表进行分析，可以反映企业所有者在某一特定日期所拥有的权益，有助于判断资本保值、增值的情况以及对负债的保障程度。

（4）通过前后两期或更多期资产负债表资料的比较，可以预测和推断企业财务状况发展的趋势。

二、资产负债表的基本结构

资产负债表是以"资产=负债+所有者权益"这一会计等式为理论依据，按照一定的分类标准和一定的排列顺序，把企业某一特定日期的资产、负债和所有者权益各要素按其流动性进行项目分类后，予以适当排列编制而成的。

资产负债表一般由表头、正表、表尾三部分组成。表头部分列示报表的名称、编制单位、编制日期、报表编号和货币计量单位等内容；正表是资产负债表的主体和核心，主要列示资产、负债和所有者权益各项目；表尾主要是对表体内容的补充说明，它提供企业和有关部门需要了解的有关指标的详细内容。

目前，国际上流行的资产负债表格式主要有报告式和账户式两种。在不同的格式下，资产负债表的结构也会有所不同。

（一）报告式资产负债表

报告式资产负债表又称垂直式资产负债表，它是将资产、负债和所有者权益项目自上而下依次垂直排列，使表格内项目按照"资产=权益"或"资产−负债=所有者权益"来平衡。在项目排列上，按上下结构排列，即上半部列示资产项目，下半部先列示负债项目，后列示所有者权益项目。报告式资产负债表的参考格式如表 2-1 所示。

表 2-1　资产负债表（报告式）

编制单位：　　　　　　　　　　　　年　月　日　　　　　　　　　　　　单位：元

项　　目	金　额	
	期　初　数	期　末　数
资产：		
流动资产		
长期投资		
固定投资		
无形资产		
其他资产		
资产小计		
负债：		
流动负债		
非流动负债		
其他负债		
负债小计		
所有者权益：		
实收资本		
留存收益		
所有者权益小计		
负债及所有者权益合计		

报告式资产负债表的优点是便于资产负债表之间的比较，因在一张资产负债表中，除列示本期的财务状况外，还可增设栏目，分别列示过去几期的财务状况。其缺点是资产和权益间的恒等关系并不能一目了然地了解到。

（二）账户式资产负债表

《企业会计准则——基本准则》规定，我国企业填报的资产负债表采用账户式，并提供年初数和期末数的比较资料，它适用于在中华人民共和国境内设立的企业，包括公司。

账户式资产负债表呈左右结构，左方列示资产项目，右方列示负债和所有者权益项目，根据"资产=负债+所有者权益"的会计等式，要求左方的资产各项目的合计数必须等于右方的负债和所有者权益各项目的合计数。一般企业资产负债表的格式如表2-2所示。

表2-2 资产负债表（账户式）

编制单位：　　　　　　　　　　　　　　年　月　日　　　　　　　　　　　　　　单位：元

资　产	行次	期 末 数	年 初 数	负债和所有者权益	行次	期 末 数	年 初 数
流动资产：				流动负债：			
货币资金				短期借款			
交易性金融资产				交易性金融负债			
应收票据				应付票据			
应收账款				应付账款			
预付账款				预收账款			
应收股利				应付职工薪酬			
应收利息				应交税费			
其他应收款				应付利息			
存货				应付股利			
其中：消耗性生物资产				其他应付款			
一年内到期的非流动资产				预计负债			
其他流动资产				一年内到期的非流动负债			
流动资产合计				其他流动负债			
				流动负债小计			
非流动资产：				非流动负债：			
可供出售金融资产				长期借款			
持有至到期投资				应付债券			
长期应收款				长期应付款			
长期股权投资				专项应付款			
投资性房地产				递延所得税负债			
固定资产				其他非流动负债			
在建工程				非流动负债小计			
工程物资				负债合计			
固定资产清理							

续表

资　产	行次	期　末　数	年　初　数	负债和所有者权益	行次	期　末　数	年　初　数
生产性生物资产				所有者权益（或股东权益）：			
油气资产				实收资本（或股本）			
无形资产				资本公积			
开发支出				减：库存股			
商誉				盈余公积			
长期待摊费用				未分配利润			
递延所得税资产				所有者权益合计			
其他非流动资产							
非流动资产合计							
资产总计				负债和所有者权益总计			

账户式资产负债表应按资产、负债和所有者权益分类分项列示，其中，资产项目按资产的流动性大小分类分项列示，流动资产项目排列在前面，非流动资产项目排列在后面；负债按债务偿还期的长短分类分项列示，流动负债项目排列在前面，非流动负债项目排列在后面；所有者权益项目按权益的永久程度分类分项列示，永久程度高的权益项目排列在前面，永久程度低的权益项目排列在后面。

1. 企业流动资产应满足的条件

企业的流动资产满足下列任一条件均可。

（1）预计在一个正常营业周期中变现、出售或耗用。

（2）主要是为交易目的而持有。

（3）预计在资产负债表日起一年内（含一年）变现。

（4）自资产负债表日起一年内，交换其他资产或清偿负债的能力不受限制的现金或现金等价物。

除流动资产外，其他资产统称为非流动资产，并应按其性质分类列示。

2. 企业流动负债应满足的条件

企业的流动负债应当满足下列任一条件。

（1）预计在一个正常营业周期中清偿。

（2）主要是为交易目的而持有。

（3）预计在资产负债表日起一年内（含一年）到期应予以清偿。

（4）企业无权自主地将清偿推迟至资产负债表日后一年以上。

除流动负债外，其他负债统称为非流动负债，并应按其性质分类列示。

对于资产负债表日起一年内到期的负债，企业预计能够自主地将清偿义务展期至资产负债表日后一年以上的，应当归类为非流动负债；不能自主地将清偿义务展期的，即使在资产负债表日后、财务会计报告批准报出日前签订了重新安排清偿计划协议，该项负债仍应归类为流动负债；企业在资产负债表日或之前违反了长期借款协议，导致贷款人可随时要求清偿的负债，应当归类为流动负债；贷款人在资产负债表日或之前同意提供在资产负债表日起一年以上的宽限期，企业能够在此期限内改正违约行为，且贷款人不能要求随时清偿，该项负债应当归为非流动负债。其他长期负债存在类似情况的，同上处理。

三、资产负债表的编制方法

企业在编制资产负债表时，应当将日常会计核算的数据加以归集、整理，并按照国家统一的会计制度规定的编制基础、编制依据、编制原则和编制方法进行。资产负债表的资料主要来源于总分类账户期末余额、各明细分类账户的期末余额。

资产负债表中设有"年初数"和"期末数"两栏。

（一）年初数的编制方法

资产负债表中"年初数"栏内各项数字，应根据上年年末资产负债表的"期末数"栏内所列数字填列。如果本年度资产负债表规定的各个项目的名称和内容同上年度不相一致，应对上年年末资产负债表各项目的名称和数字按照本年度的规定进行调整，填入本表"年初数"栏内。

（二）期末数的编制方法

资产负债表各项目"期末数"的填列方法大体有 5 种，如表 2-3 所示。

表 2-3　资产负债表的各项目具体填列方法（部分科目的举例）

填列方法	资产类科目	负债类科目	所有者权益科目
根据总账科目余额直接填列的项目	应收票据、应收股利、应收利息、工程物资、固定资产清理、长期待摊费用、递延所得税资产、商誉	短期借款、应付票据、其他应付款、应付职工薪酬、应交税费、应付股利、递延所得税负债	实收资本 资本公积 盈余公积
根据总账科目余额计算填列的项目	货币资金、交易性金融资产、持有至到期投资、长期股权投资、固定资产、其他长期资产	其他流动负债 其他长期负债	未分配利润
根据明细科目余额计算填列的项目	预付账款、可供出售金融资产、应收账款、递延所得税资产	应付账款、预收账款、递延所得税负债	
根据总账科目和明细科目余额分析计算填列的项目	一年内到期的非流动资产	一年内到期的非流动负债、如长期借款、长期应付款	
根据科目余额减去其备抵项目后的净额填列的项目	应收账款、其他应收款、存货、无形资产、在建工程、可供出售金融资产、固定资产、持有至到期投资、长期股权投资、商誉		

资产负债表各项目的具体内容和填列方法如下所示。

（1）"货币资金"项目，反映企业库存现金、银行结算户存款、外埠存款、银行汇票存款、银行本票存款、信用证保证金存款等的合计数。本项目应根据"现金"、"银行存款"、"其他货币资金"科目的期末余额合计填列。

（2）"交易性金融资产"项目，反映企业为交易目的所持有的债券投资、股票投资、基金投资等交易性金融资产的公允价值。企业持有的直接指定为以公允价值计量且其变动计入当期损益的金额资产也包括在内。本项目应根据"交易性金融资产"科目的期末余额填列。本项目期末出现贷方余额时，应在"交易性金融负债"项目内填列。

（3）"应收票据"项目，反映企业收到的未到期收款也未向银行贴现的应收票据，包括商业承兑汇票和银行承兑汇票。本项目应根据"应收票据"科目的期末余额填列。（已向银行贴现和已背书转让的应收票据不包括在本项目内，其中已贴现的商业承兑汇票应在财务报表附注中单独披露。）

（4）"应收账款"项目，反映企业因销售商品、产品和提供劳务等而应向购买单位收取的各种款项，减去已计提的坏账准备后的净额。本项目应根据"应收账款"科目所属各明细科目的期末借方余额合计，减去"坏账准备"科目中有关应收账款计提的坏账准备期末余额后的金额填列。如"应收账款"科目所属明细科目期末有贷方余额的，应在本表"预收账款"项目内填列。

（5）"预付账款"项目，反映企业预付给供应单位的款项。本项目应根据"预付账款"科目所属各明细科目的期末借方余额合计填列。如"预付账款"科目所属有关明细科目期末有贷方余额的，应在本表"应付账款"项目内填列。如"应付账款"科目所属明细科目有借方余额的，也应包括在本项目内。

（6）"应收股利"项目，反映企业因股权投资而应收取的现金股利，企业应收其他单位的利润，也包括在本项目内。本项目应根据"应收股利"科目的期末余额填列。

（7）"应收利息"项目，反映企业因债权投资而应收取的利息。企业购入到期还本付息债券应收的利息，不包括在本项目内。本项目应根据"应收利息"科目的期末余额填列。

（8）"其他应收款"项目，反映企业对其他单位和个人的应收和暂付的款项，减去已计提的坏账准备后的净额。本项目应根据"其他应收款"科目的期末余额，减去"坏账准备"科目中有关其他应收款计提的坏账准备期末余额后的金额填列。

（9）"存货"项目，反映企业期末在库、在途和在加工中的各项存货的可变现净值，包括各种材料、商品、在产品、半成品、包装物、低值易耗品、分期收款发出商品、委托代销商品、受托代销商品等。本项目应根据"在途物资"、"原材料"、"库存商品"、"发出商品"、"委托加工物资"、"低值易耗品"、"自制半成品"、"包装物"、"分期收款发出商品"、"委托代销商品"、"周转材料"、"贵金属"、"抵债资产"、"损余物资"、"融资租赁资产"、"受托代销商品"、"生产成本"等科目的期末余额合计，减去"代销商品款"、"存货跌价准备"科目期末余额后的金额填列。材料采用计划成本核算，以及库存商品采用计划成本或售价核算的企业，按考虑的材料成本差异、商品进销差价后的金额填列。

（10）"其他流动资产"项目，反映企业除以上流动资产项目外的其他流动资产，含企业期末持有的"衍生工具"、"套期工具"、"被套期项目"。本项目应根据有关科目的期末余额填列，如"其他流动资产"科目所属明细科目期末有贷方余额的，应在"其他流动负债"项目内填列。如其他流动资产价值较大的，应在财务报表附注中披露其内容和金额。

（11）"可供出售金融资产"项目，反映企业持有的可供出售金融资产的公允价值，包括划分为可供出售的股票投资、债券投资等金融资产。根据可供出售金融资产的类别与品种的期末余额以及"可供出售金融资产减值准备"科目的期末余额填列。

（12）"持有至到期投资"项目，反映企业持有至到期投资的摊余成本。根据持有至到期投资的类别与品种的期末余额以及"持有至到期投资减值准备"科目的期末余额填列。

（13）"长期应收款"项目，反映企业的长期应收款项，包括融资租赁产生的应收款项、采用递延方式具有融资租赁性质的销售商品和提供劳务等产生的应收款项等。本项目应根据"长期应收款"科目的期末余额填列。

（14）"长期股权投资"项目，反映企业不准备在一年内（含一年）变现的各种股权性质的投资的可收回金额。本项目应根据"长期股权投资"科目的期末余额，减去"长期投资减值准备"科目中有关股权投资减值准备期末余额后的金额填列。

（15）"固定资产"项目，反映企业的各种固定资产原价及累计折旧以及固定资产减值准备。融资租入的固定资产，其原价及已提折旧也包括在内。融资租入固定资产原价应在财务报表附注中另行反映。本项目应根据"固定资产"、"累计折旧"和"固定资产减值准备"科目的期末余额填列。

（16）"在建工程"项目，反映企业期末各项未完工程的实际支出，包括交付安装的设备价值，未完建筑安装工程已经耗用的材料、工资和费用支出、预付出包工程的价款、已经建筑安装完毕但尚未交付使用的工程等的可收回金额。本项目应根据"在建工程"科目的期末余额，减去"在建工程减值准备"科目期末余额后的金额填列。

（17）"工程物资"项目，反映企业各项工程尚未使用的工程物资的实际成本。本项目应根据"工程物资"科目的期末余额填列。

（18）"固定资产清理"项目，反映企业因出售、毁损、报废等原因转入清理但尚未清理完毕的固定资产的账面价值，以及固定资产清理过程中所发生的清理费用与变价收入等各项金额之间的差额。本项目应根据"固定资产清理"科目的期末借方余额填列，如"固定资产清理"科目期末为贷方余额的，以"－"号填列。

（19）"生产性生物资产"项目，反映企业（农业）持有的生产性生物资产。本项目应根据"未成熟生产性生物资产"和"成熟生产性生物资产"等科目，以及"生产性生物资产减值准备"科目的期末余额填列。

（20）"油气资产"项目，反映企业（石油天然气开采）持有的矿区权益和油气井及相关设施的价值。本项目应根据"油气资产"、"累计折耗"科目的期末余额填列。

（21）"无形资产"项目，反映企业各项无形资产的期末可收回金额。本项目应根据"无形资产"科目的期末余额，减去"累计摊销"与"无形资产减值准备"科目期末余额后的金额填列。

（22）"开发支出"项目，反映企业进行研究与开发无形资产过程中发生的支出，表示企业正在进行无形资产研究开发项目满足资本化条件的支出。本项目应根据有关明细科目计算填列。

（23）"商誉"项目，反映企业合并中形成的商誉价值。本项目应根据"商誉"与"商誉减值准备"科目的期末余额填列。

（24）"长期待摊费用"项目，反映企业已经发生但应由本期和以后各期负担的分摊期限在一年以上的各种费用。长期待摊费用中在一年内（含一年）摊销的部分，在资产负债表"一年内到期的非流动资产"项目填列。本项目应根据"长期待摊费用"科目的期末余额，减去将于一年内（含一年）摊销的数额后的金额填列。

（25）"递延所得税资产"项目，反映企业期末尚未转销的递延所得税的借方余额，是企业确认的可抵扣暂时性差异产生的递延所得税资产。本项目应根据"递延税款资产"科目的期末借方余额填列。如所属明细科目期末有贷方余额的，应在"递延所得税负债"项目反映。

（26）"其他非流动资产"项目，反映企业除以上资产以外的其他长期资产，含企业期末持有的公益性生物资产。本项目应根据有关科目的期末余额填列。如其他长期资产价值较大的，应在财务报表附注中披露其内容的金额。

（27）"短期借款"反映企业借入尚未归还的一年期限以下（含一年）的借款。本项目应根据"短期借款"科目的期末余额填列。

（28）"交易性金融负债"项目，反映企业承担的交易性金融负债的价值。本项目应根据"交易性金融负债"科目的期末余额填列。期末出现借方余额时，应在"交易性金融资产"项目反映。

（29）"应付票据"项目，反映企业为了抵付货款等而开出承兑的但尚未到期付款的票据，包括银行承兑汇票。本项目应根据"应付票据"科目的期末余额填列。

（30）"应付账款"项目，反映企业购买原材料、商品和接受劳务供应等而应付给供应单位的款项。建造承包商的"工程施工"期末余额小于"工程结算"期末余额的差额，也应在此项目中反映。本项目根据"应付账款"科目所属各有关明细科目的期末贷方余额合计填列。如"应付账款"科目所属各明细科目期末有借方余额的，应在本表"预付账款"项目内填列。

（31）"预收账款"项目，反映企业预收购买单位的账款。本项目应根据"预收账款"科目所属各有关明细科目的期末贷方余额合计填列。如"预收账款"科目所属有关明细科目期末有借方余额的，应在本表"应收账款"项目内填列。如"应收账款"科目所属明细科目期末有贷方余额的，也包括在本项目内。

（32）"应付职工薪酬"项目，反映企业应付但未付的职工工资。本项目应根据"应付职工薪酬"科目期末贷方余额填列。如"应付职工薪酬"科目期末有借方余额的，以"－"号填列。

（33）"应交税费"项目，反映企业期末未缴、多缴或未抵扣的各种税金，包括增值税、消费税、营业税、所得税、资源税、土地增值税、城市维护建设税、房产税、土地使用税、车船使用税、教育费附加、矿产资源补偿税等。本项目应根据"应交税费"科目的期末贷方余额填列；如"应交税费"科目期末为借方余额，以"－"号填列。

（34）"应付利息"项目，反映企业按照合同约定应支付的利息，包括吸收存款、分期付息到期还本的长期借款、企业债券等应支付的利息。本项目应根据"应付利息"科目的期末余额填列。

（35）"应付股利"项目，反映企业尚未支付的现金股利。本项目应根据"应付股利"科目的期末余额填列。

（36）"其他应付款"项目，反映企业应付但未付的其他应付款项，即除应付票据、应付账款、预收账款、应付职工薪酬、应付利息、应付股利、应交税费、长期应付款等以外的其他各项应付暂收的款项。项目应根据"其他应付款"科目的期末贷方余额填列。如"其他应付款"科目期末为借方余额，以"－"号填列。

（37）"预计负债"项目，反映企业预计负债的期末余额。本项目应根据"预计负债"科目的期末余额填列。

（38）"其他流动负债"项目，反映企业除以上流动负债以外的其他流动负债。本项目应根据有关科目的期末余额填列，如"待转资产价值"科目的期末余额可在本项目内反映。如其他流动负债价值较大的，应在财务报表附注中披露其内容及金额。

（39）"长期借款"项目，反映企业借入尚归还的一年期以上（不含一年）的借款本息。本项目应根据"长期借款"科目的期末余额填列。

（40）"应付债券"项目，反映企业发行的尚未偿还的各种长期债券的本息。本项目应根据"应付债券"科目的期末余额填列。

（41）"长期应付款"项目，反映企业除长期借款和应付债券以外的其他各种长期应付款。长期应付款于一年内到期的部分，在"一年内到期的非流动负债"项目反映。本项目应根据"长期应付款"科目的期末余额，减去"未确认融资费用"科目期末余额后的金额填列。

（42）"专项应付款"项目，反映企业各种专项应付款的期末余额。本项目应根据"专项应付款"科目的期末余额填列。

（43）"递延所得税负债"项目，反映企业期末尚未转销的递延所得税的贷方余额，是企业确认的应纳税暂时性差异产生的所得税负债。本项目应根据"递延所得税负债"科目的期末贷方余额填列。如所属明细科目期末有借方余额的，应在"递延所得税资产"项目反映。

（44）"其他非流动负债"项目，反映企业除了以上长期负债项目以外的其他长期负债。本项目应根据有关科目的期末余额填列。如其他长期负债价值较大的，应在财务报表附注中披露其内容和金额。

上述长期负债各项目中将于一年内（含一年）到期的长期负债，应在"一年内到期的长期负债"项目内单独反映。上述各长期负债项目均应根据有关科目期末余额减去将于一年内（含一年）到期的长期负债后的金额填列。

（45）"实收资本（或股本）"项目，反映企业各投资者实际投入的资本（或股本）总额。本项目应根据"实收资本（或股本）"科目的期末余额填列。

（46）"资本公积"项目，反映企业资本公积的期末余额。本项目应根据"资本公积"科目的期末余额填列。

（47）"盈余公积"项目，反映企业盈余公积的期末余额。本项目应根据"盈余公积"科目的期末余额填列。其中，法定公益金期末余额，应根据"盈余公积"科目所属的"法定公益金"明细科目的期末余额填列。

（48）"未分配利润"项目，反映企业尚未分配的利润。本项目应根据"本年利润"科目和"利润分配"科目的余额计算填列。未弥补的亏损，在本项目内以"-"号填列。

（49）"库存股"项目，反映企业持有的而尚未转让或注销的本公司股份金额。本项目应根据"库存股"科目的期末余额填列。

企业与同一客户在购销商品结算过程中形成的债权债务关系，应当单独列示，不应当相互抵消，即应收账款不能与预收账款相互抵消、预付账款不能与应付账款相互抵消，应付账款不能与应收账款相互抵消、预收账款不能与预付账款相互抵消。

四、资产负债表的运用

（一）案例资料

1. 企业基本情况

企业名称：湖南创建车床厂

企业类型：制造业

经营地址：长沙市远大路 588 号

经营范围：CW 型、CY 型普通车床的生产、销售

2. 2014 年财务报表资料及账簿有关资料

该公司 2014 年 12 月 31 日有关账户余额如表 2-4 所示。

表 2-4　账户余额表

单位：元

资产类账户	借方余额	贷方余额	负债和所有者权益类账户	借方余额	贷方余额
库存现金	4 067		短期借款		5 290 425
银行存款	29 405 997		应付票据		22 001 910
其他货币资金	1 591 444		应付账款		28 297 504
应收票据	870 072		预收款项		2 354 299
应收账款	32 445 815		应付职工薪酬		1 254 505
坏账准备	0	1 887 168	应交税费		-3 045 290
预付账项	7 615 188		应付利息		10 483
其他应收款	1 101 129		其他应付款		1 268 498
原材料	7 182 947		长期应付款		200 000
生产成本	5 014 902		股本		18 820 000
自制半成品	6 731 690		资本公积		55 298 943
库存商品	10 352 140		盈余公积		5 073 082
委托加工物资	3 121 425		利润分配——未分配利润		24 070 756
周转材料——包装物	491 460				
周转材料——低值易耗品	545 254				
存货跌价准备	0	96 594			
长期股权投资	5 000 000	0			
固定资产	47 197 827	0			
累计折旧	0	9 271 174			
固定资产减值准备	0	231 623			
在建工程	1 310 552	0			

续表

资产类账户	借方余额	贷方余额	负债和所有者权益类账户	借方余额	贷方余额
无形资产	11 981 254	0			
累计摊销	0	349 004			
长期待摊费用	319 583				
递延所得税资产	447 932				

有关明细科目：

"坏账准备"期初余额 1 887 168 元，其中，1 882 168 元为应收账款的坏账准备，5 000 元为其他应收款的坏账准备；

"长期股权投资"期初余额为 5 000 000 元，其中将于 3 个月内收回 100 000 元的投资。

（二）编制资产负债表的具体过程

根据上述资料，编制 2014 年湖南创建车床厂的资产负债表，如表 2-5 所示（期初数来自上年资料）。主要项目的编制过程如下：

货币资金 = 4 067 + 29 405 997 + 1 591 444 = 31 001 508（元）

应收账款 = 32 445 815 - 1 882 168 = 30 563 647（元）

其他应收款 = 1 101 129 - 5 000 = 1 096 129（元）

存货 = 7 182 947 + 5 014 902 + 6 731 690 + 10 352 140 + 3 121 425 + 491 460 + 545 254 - 96 594
= 33 343 224（元）

固定资产 = 47 197 827 - 9 271 174 - 231 623 = 37 695 030（元）

无形资产 = 11 981 254 - 349 004 = 11 632 250（元）

表 2-5 资产负债表

编制单位：湖南创建车床厂　　　　　　　　2014 年 12 月 31 日　　　　　　　　单位：元

项　目	期　末　数	期　初　数	项　目	期　末　数	期　初　数
流动资产：			流动负债：		
货币资金	31 001 508	5 859 128	短期借款	5 290 425	10 799 005
交易性金融资产	0	0	交易性金融负债	0	0
应收票据	870 072	0	应付票据	22 001 910	14 919 650
应收账款	30 563 647	22 171 670	应付账款	28 297 504	19 973 712
预付款项	7 615 188	9 678 675	预收款项	2 354 299	1 310 931
应收利息	0	0	应付职工薪酬	1 254 505	2 496 670
其他应收款	1 096 129	1 149 108	应交税费	-3 045 290	-1 762 010
存货	33 343 224	21 311 019	应付利息	10 483	19 261.4
一年内到期的非流动资产	100 000	0	其他应付款	1 268 498	750 000.1

项　目	期　末　数	期　初　数	项　目	期　末　数	期　初　数
其他流动资产	0	0	一年内到期的非流动负债	0	3 506 160
			其他流动负债	0	0
流动资产合计	104 589 768	60 169 600	流动负债合计	57 432 334	52 013 380
非流动资产：	0	0	非流动负债：	0	0
可供出售金融资产	0	0	长期借款	0	4 008 277
持有至到期投资	0	0	应付债券	0	0
长期应收款	0	0	长期应付款	200 000	200 000
长期股权投资	4 900 000	250 000	专项应付款	0	0
投资性房地产	0	0	预计负债	0	0
固定资产	37 695 030	22 467 853	递延所得税负债	0	0
在建工程	1 310 552	629 774	其他非流动负债	0	0
工程物资	0	0	非流动负债合计	200 000	4 208 277
固定资产清理	0	0	负债合计	57 632 334	56 221 657
生产性生物资产	0	0	所有者权益（或股东权益）：	0	0
油气资产	0	0	实收资本（或股本）	18 820 000	14 070 000
无形资产	11 632 250	2 030 034	资本公积	55 298 943	41 961
开发支出	0	0	减：库存股	0	0
商誉	0	0	盈余公积	5 073 082	2 300 758
长期待摊费用	319 583	0	未分配利润	24 070 756	13 302 747
递延所得税资产	447 932	389 862	外币报表折算差额	0	0
其他非流动资产	0	0			
非流动资产合计	56 305 347	25 767 523	少数股东权益	0	0
			所有者权益合计	103 262 781	29 715 466
资产合计	160 895 115	85 937 123	负债和所有者权益合计	160 895 115	85 937 123

任务二　阅读资产负债表

对于财务报表使用者来说，正确阅读并理解资产负债表，首先要了解资产负债表各主要项目的含义，然后才能对资产负债表进行正确的分析，并从中找出有用的财务信息。

一、阅读资产类项目

（一）货币资金

企业持有货币资金的目的主要是为了经营、预防和投机的需要。货币资金是变现能力最强的非营利性资产，因此持有过多货币资金，会降低企业的获利能力，持有过少的货币资金，不但不能满足上述需要还会降低企业的短期偿债能力。因此对货币资金的分析集中在其流动性和收益性的关系上。

"货币资金"项目由库存现金、银行存款、其他货币资金三部分构成，在阅读资产负债表时，其正表只提供了三者的和，而欲知各部分具体的数额，必须通过阅读资产负债表的附注。同时，应注意报表中提供的比较资料，通过比较年初与年末资料，可以知道报告年度报告企业的货币资金是增加了，还是减少了。若是增加了，对于债权人来说可能是好消息，因为他的债权收回有保障；对于投资者来说，他们可能会认为经营者目前未找到合适的投资项目，否则为何仍有如此充足的现金流？但这些判断也只能是表面的，因为我们在对货币资金进行分析时，还要结合企业所在行业的特点和业务规模，不同行业，其合理的货币资金比重会有较大的差异；同时企业规模越大，业务收支越频繁，持有的货币资金就越多。因此，需要借助相应的分析方法，进行深入细致的分析，才能得出最终结论。

【例2-1】 湖南创建车床厂资产负债表中货币资金的规模和结构变动情况如表2-6所示。

表2-6 货币资金规模和结构变动分析表

项 目	规模（元）				结构（占流动资产）（%）		
	2014 年	2013 年	增减额	增减幅度（%）	2014 年	2013 年	结构变动
货币资金	31 001 508	5 859 128	25 142 380	429.11	29.64	9.74	19.9
流动资产	104 589 768	60 169 600	44 420 168	73.82	100	100	—

【案例分析】

从表2-6中可以看出，该公司2014年度货币资金比2013年有大幅增长，且占流动资产的比重有很大增长，这虽然表明公司货币资金具有很强的流动性，但也可能是公司资金利用率低的表现。该公司货币资金的变化较大，应引起管理层的重点关注。当然，对货币资金增长的具体原因，还要通过对"现金流量表"进行分析才能进一步认清。

（二）交易性金融资产

交易性金融资产是指企业为了交易而持有的金融资产，例如，企业从二级市场上购入的股票、债券和基金等，该项目反映了企业持有的交易性金融资产的期末余额。企业持有交易性金融资产的目的主要是暂时存放闲置资金，以替代较大量的非营利的现金余额，并从中获取一定的证券投资收益。

通过阅读该项目可以知晓报告企业的流动资金的投向，能够部分反映该企业的短期变现能力，进而可以分析企业短期偿债能力。当然，我们也要通过对比年初与年末的数据变动，进而做出准确的分析和判断。在湖南创建车床厂的资产负债表中，交易性金融资产年初和年末数均为零，说明企业尚无该类投资。

（三）应收款项

"应收账款"反映了企业尚未收回的应收账款净额。该项目是根据"应收账款"和"预收账款"所属的明细科目的借方余额合计数减去"坏账准备"账户贷方余额后的净额填列的。

1. 企业产生应收账款的原因

企业产生应收账款一般有如下几点原因。

（1）销售的增加自然会引起应收账款的增加。

（2）顾客有意拖延付款造成应收账款的增加。

（3）企业采用了赊销的销售政策造成应收账款的增加。

（4）企业采用了宽松的信用政策，造成应收账款的增加。

其中，原因（1）造成的应收账款是正常的，通常企业会很快收到款项；原因（2）造成的应收账款要通过加强收账以及对客户的信用管理来予以减少；原因（3）、（4）则体现了企业主动的营销策略。

2. 分析应收款项

企业应收账款的增加可以扩大销售，减少存货的资金占用，但是企业也要付出代价，包括因资金占用应收账款而丧失的再投资收益（机会成本）、管理成本和坏账损失。因此，对企业应收账款的分析应从以下几个方面进行。

（1）分析应收账款的规模。应收账款规模的大小与企业所在行业的特点、经营方式、企业采用的信用政策和产品的市场情况有密切关系。因此，应结合这些因素判断企业应收账款的规模是否恰当。

（2）分析应收账款的流动性。可以通过计算各种反映应收账款流动性的考核指标来衡量，如应收账款周转率、周转天数和营业周期等。

（3）分析应收账款的变动趋势。可运用趋势分析法、结构分析法分析应收账款的变动情况以及在同行业中的水平。

（4）了解应收账款账龄结构。从报表附注中了解应收账款的账龄，从而准确判断企业信用政策的变化和对应收账款催收的情况。

总之，对应收账款的分析要分清其产生的原因和影响因素，才能准确了解企业的经营思路以及对应收账款的管理水平，并对其未来的经营趋势做出准确的判断。

【例2-2】 湖南创建车床厂资产负债表中应收款项的规模和结构变动情况如表2-7所示。

表2-7 应收款项的规模和结构变动分析表

项　　目	规模（元）				结构（占流动资产）(%)		
	2014 年	2013 年	增减额	增减幅度（%）	2014 年	2013 年	结构变动
应收票据	870 072	0	870 072	—	0.83	0	0.83
应收账款	30 563 647	22 171 670	8 391 977	37.85	29.22	36.85	−7.63
流动资产	104 589 768	60 169 600	44 420 168	73.82	100	100	—

【案例分析】

由表 2-7 可看出以下几点。

（1）该公司应收票据 2014 年比 2013 年增加了 870 072 元；在结构上，应收票据占流动资产的比重也有所上升，表明企业销售开始采用商业汇票结算方式。

（2）该公司应收账款 2014 年比 2013 年有所增加，但应收账款占资产总额的比重呈下降趋势，而占流动资产的比重仍然很大。应收账款略有下降与商业汇票的增加有一定的关联性，表明企业的信用政策是积极、稳妥的。

如果需要进一步了解该公司应收账款的流动性，应计算两年的应收账款周转率指标并进行对比，同时查阅报表附注中应收账款账龄结构披露表、客户类别披露表和资产减值准备披露表，从而确定应收账款规模是否合理，企业的信用管理是否得当，以及对短期偿债能力是否带来不利影响等。

（四）存货

资产负债表中的"存货"项目，反映了企业期末库存、在途和正在加工中的各项存货的实际成本。该项目是根据"原材料"、"库存商品"、"发出商品"、"周转材料"、"生产成本"及"材料采购"等科目的期末余额减去"存货跌价准备"科目的期末余额后的净额填列的。

企业存货的增加，将占用企业大量的资金，并使企业付出更大的机会成本，而且企业对存货的储存费用和管理成本也会增加，这将影响企业的获利能力。企业存货的多少与企业存货的控制方法和生产系统管理的水平有很密切的关系。因此，对企业存货的分析应从以下几个方面进行。

1. 存货的计价方法

会计准则规定存货的计价方法有先进先出法、加权平均法和个别计价法。不同的计价方法，将对期末存货价格的确认有较大的影响。因此，对存货进行分析时，要首先了解该企业存货的计价模式。

2. 存货的流动性

可以通过计算各种反映存货流动性的考核指标来衡量，如存货的周转率、周转天数和营业周期等，从而判断存货的潜在收益性和对短期债务的偿还能力。

3. 存货的变动趋势

可运用趋势分析法、结构分析法分析存货的变动情况以及在同行业中的水平，从而了解企业存货管理的变化。

4. 存货的结构和金额

通过详细阅读报表附注，了解存货的构成和所占用资金的比重，从而明确造成存货增加或减少的构成项目。

5. 存货的质量

通过详细阅读报表附注，对于高科技公司，由于其产品更新的速度很快，因此要特别关注存货的跌价情况，只要其有新产品推出，就要考虑旧规格产品的跌价情况，从而正确确定企业存货的质量。

【例2-3】 湖南创建车床厂资产负债表中存货的规模和结构变动情况如表2-8所示。

表2-8 存货规模和结构变动分析表

项 目	规模（元）				结构（占流动资产）（%）		
	2014年	2013年	增减额	增减幅度（%）	2014年	2013年	结构变动
存货	33 343 224	21 311 019	12 032 205	56.46	31.88	35.42	-3.54
流动资产	104 589 768	60 169 600	44 420 168	73.82	100	100	—

【案例分析】

由表2-8可见，该公司存货占流动资产的比重变化不大，但从规模上来看，2014年比2013年有大幅提升，说明企业加大了经营性资产项目的投入，这种上升是否合理，还要查阅报表附注，了解各类存货占存货总资产的比重，从而进一步明确存货增长的原因，进而判断这种增长是否合理。同时为了判断该公司存货的质量，还应查阅存货跌价准备的披露表。通过表2-4和表2-5可以看出，在各类存货中以库存商品所占比重最大且存在少量的存货跌价准备，因此存货问题是值得管理层重视的，并要找到解决方法，如扩大销售，加快周转等。

（五）可供出售金融资产

"可供出售金融资产"项目反映的是企业对外金融资产投资中，划分的可供出售金融资产的部分，它是介于"持有至到期投资"和"交易性金融资产"之间的债券投资，是不准备长期持有，但又不准备近期出售的股票或基金等有公允报价的有价证券投资，即未划分为交易性金融资产，它是企业的对外长期性投资资金，能够提高企业长期偿债能力。

湖南创建车床厂无此项投资。

（六）长期投资

长期投资包括"持有至到期投资"和"长期股权投资"两个项目。"持有至到期投资"反映了企业持有的到期日固定、回收金额固定或可确定，且企业有明确意图和能力持有至到期的非衍生金融资产。如购入一年期以上的公司债券并持有到期。"长期股权投资"反映了企业持有的对其子公司、合营企业及联营企业的权益性投资，以及企业持有的对被投资单位不具有控制、共同控制或重大影响，且在活跃市场中没有报价、公允价值不能可靠计量的权益性投资。这两个项目分别用"持有至到期投资"和"长期股权投资"两个科目的期末余额减去"持有至到期投资减值准备"和"长期股权投资减值准备"后的余额填列。长期投资对企业的作用和影响表现在以下几点。

1. 通过对外长期投资实施企业发展战略

企业通过对竞争对手实施兼并，扩大市场占有率；通过对上下游企业的控制或兼并，获得稳定的原料供应或产品销售渠道，因此，利用长期投资来实施战略发展，快速扩大企业的规模。

2. 通过对外长期投资实现多元化经营

多元化经营可以有效降低企业的经营风险，稳定企业的赢利能力，但也对企业的经营管理能力提出了很高的要求，因为多元化经营可能会使企业陷入极大的风险中。

3. 复杂的对外长期投资可能为某些盈余操纵行为提供空间

对被投资单位具有控制、共同控制或重大影响的长期股权投资，可以形成关联方关系，其间的许多交易有背离公允性的可能。如上市公司可以将产品以高于市场的价格售给关联企业，从而提高当期收益。

鉴于企业长期投资对企业经营结果、财务状况影响的复杂性，进行分析时，既要注意投资规模的变化，又要结合其他报表，如利润表、现金流量表，判断投资质量的高低，从而分析企业经营策略是否需调整，是否存在过度投资，是否投资质量过低，是否存在影响企业主营业务发展或人为操纵利润的情况，是否侵犯了债权人的利益等。

湖南创建车床厂长期股权投资项目由 2014 年年初的 250 000 元，增加到年末的 4 900 000 元，增幅达 1 860%，可能是企业的资本政策的改变的结果。对外投资多，说明企业资金充足，但若企业对外投资过多，可能意味着自身发展潜力的缺乏，至于该公司的投资政策是否合理，需进一步分析才能得出结论。

（七）固定资产

固定资产包括"固定资产"项目及相关的"在建工程"项目、"工程物资"项目。通过对该项目及相关的"工程物资"项目、"在建工程"项目连续几年数字的观察和对比，可以得出该企业固定资产的规模、新旧程度以及企业固定资产更新改造的情况，从而判断企业固定资产未来的赢利潜力。

"固定资产"项目核算的是企业拥有的厂房、机器、设备等可供企业长期使用的实物资产，根据"固定资产"账户的余额与"累计折旧"账户的余额、"固定资产跌价准备"账户余额的差额填列的。固定资产项目的增减变动是否合理，需根据企业的实际情况，结合未来的发展趋势做出合理的分析与判断。增加可能是企业欲扩大经营规模，减少可能是欲减小规模或缩减经营或可能转产或是其他情况。小幅变动亦属正常情况，切不能妄加评论。

"在建工程"项目核算的是企业基建、更新改造等在建工程发生的支出，该项目反映的是企业各项基础设施建设的资金的现实价值。此项目变动大小不能以金额来衡量，因为每项基础设施的建设涉及的资金都不是小数目。只要合理规划，变动大小或多少不是关键。此项目是根据"在建工程"账户的余额与"在建工程减值准备"账户的余额的差额填列的。

"工程物资"项目核算的是企业为在建工程准备的各种物资的成本，应结合在建工程项目阅读和分析。

【例 2-4】 湖南创建车床厂资产负债表中固定资产的规模和结构变动情况如表 2-9 所示。

表2-9　固定资产规模和结构变动分析表

项　目	规模（元）				结构（占总资产）（%）		
	2014年	2013年	增减额	幅度（%）	2014年	2013年	结构变动
固定资产	37 695 030	22 467 853	15 227 177	67.77	23.43	26.14	-2.71
在建工程	1 310 552	629 774	680 778	108.10	0.81	0.73	0.08
资产总额	160 895 115	85 937 123	74 957 992	87.22	100	100	—

【案例分析】

由表2-9可见，固定资产和在建工程规模呈现较大的增长趋势，占总资产的比重没有太大变化。这表明该公司采取了不断扩大资产规模、提升资产赢利潜力的发展策略，且公司固定资产的增加主要是依靠自己的建设，并在很短的时间里完成了大量工程，迅速形成了新的生产能力。

（八）总资产

总资产主要包括流动资产、长期投资、固定资产、无形资产及其他。资产越多，表明企业可以用于赚取收益的资源越多，可以用于偿还债务的资产越多，但这并不意味着资产越多就一定越好，资产不代表收益能力，有些企业资产规模很大，也有出现亏损的可能，有些企业资产规模很小，照样能赢利。一个企业的资产能否带来经济利益，是资产的质量、结构、规模和发展战略等因素共同作用的结果。因此对企业总资产的分析应从其规模、结构和质量等因素入手，并要深入洞悉企业的发展战略，才能得出恰当的分析结果。

【例2-5】　湖南创建车床厂资产负债表中总资产的规模和结构变动情况如表2-10所示。

表2-10　总资产规模和结构变动分析表

项　目	规模（元）				结构（占总资产）（%）		
	2014年	2013年	增减额	增减幅度（%）	2014年	2013年	结构变动
流动资产	104 589 768	60 169 600	44 420 168	73.82	65	70.02	-5.02
非流动资产	56 305 347	25 767 523	30 537 824	118.51	35	29.98	5.02
资产总额	160 895 115	85 937 123	74 957 992	87.22	100	100	—

【案例分析】

由表2-10可看出以下两点。

（1）2014年流动资产较2013年增加了73.82%，虽占总资产的比重有所下降，但在资产总额中还是占了很大比重，主要是存货和应收账款增加引起的，说明企业的经营成果带来的资产增加。

（2）2014年非流动资产较2013年增长了118.51%，在总资产中的比重也增长了5.02%，具体来看，主要是固定资产的增加，说明该企业采取了不断扩大资产规模、提升资产赢利潜力的发展策略，未来的收益性会有所提高，但固定资产的过多增加会加大企业的经营风险。

二、阅读负债类项目

（一）短期借款

资产负债表中"短期借款"项目核算的是企业向银行或其他金融机构等借入的期限在一年以下（含一年）的各种借款，此项目反映企业需要近期偿还金融机构的负债，也是需要付出利息代价的负债。对于投资者来说，阅读这一项目可以知晓报告企业的近期偿还债务的压力，为金融企业发放贷款提供了必要的信息。

湖南创建车床厂资产负债表显示，该项目由 2013 年的 10 799 005 元减少到 2014 年的 5 290 425 元，减少了 51%，说明企业流动资金充足，近期偿还借款较多，这是利好消息。

（二）交易性金融负债

"交易性金融负债"项目核算企业承担的交易性金融负债的公允价值，企业持有的直接指定为以公允价值计量且其变动记入当期损益的金融负债也在此项目核算。如企业发行的准备近期收回或回购的短期债券等，它也是企业的一种金融负债，一般需要支付利息，但与短期借款的区别是其计价基础是公允价值，短期借款是按面值计价。

（三）应付票据

"应付票据"项目反映的是企业购买材料、商品和接受劳务供应等开出、承兑的商业汇票，包括商业承兑汇票和银行承兑汇票，一般不带息，此项目反映的是商业汇票的面值，若为带息票据，利息通过应付利息项目反映。因为商业汇票最长期限为 6 个月，逾期转入应付账款项目，所以这一项目在阅读时，应同时关注应付账款项目的变化，如果是由于应付票据结转至应付账款，则不能说明已偿还这项短期负债。

（四）应付账款

"应付账款"项目核算的是企业因购买材料、商品和接受劳务供应等经营活动应支付的价、税等款项。它是企业的不带息流动负债，是一种信用负债，持有过多可能导致短期偿债风险，会影响企业的信誉。阅读报表时应关注其变动，适宜的变动程度应由企业的采购规模等具体情况决定。

（五）预收款项

"预收款项"项目核算的是企业按照合同预收的购货等款项，一般是在销售过程中因企业经营的商品或物资短缺、畅销等而预先收取购货款，后发货的销售行为。因此，其偿还需通过提供商品、货物或劳务来实现，此项目不宜过多，过多可能是由于企业商品供应不到位等原由，长期发展下去，可能会影响企业的信誉。但仍需具体问题具体分析，阅读时应比较多期数据和相关资料。

（六）应付职工薪酬

"应付职工薪酬"项目核算的是企业根据有关规定应付给职工的各种薪酬，包括工资、职工福利、社会保险费、住房公积金、工会经费、职工教育经费、非货币性福利、辞退福利、股份支付等内容。企业的经营活动中日常负债，一般各月变动不大，阅读时将年末与年初进行比较，若发生较大变动，应考虑企业是否有拖欠工资的情况。

湖南创建车床厂资产负债表显示企业应付职工薪酬项目2014年较2013年降低了49.75%，应结合报表附注或明细账分析，考虑职工的福利待遇是否降低，或是否有裁员。

（七）应交税费

"应交税费"项目核算的是企业按照税法等规定计算应缴纳的各种税费，包括增值税、消费税、营业税、所得税、资源税、土地增值税、城市维护建设税、房产税、土地使用税、车船使用税、教育费附加等税费，企业代扣的个人所得税也在此列反映。这项负债也是企业正常经营产生的负债，增减变动属正常现象，增加可能是销售收入的增加所致，减少也与销售等的减少有关，具体还需结合利润表及相关附表进一步分析才能知晓。

湖南创建车床厂资产负债表显示"应交税费"项目由2014年年初的−1 762 010元变为−3 045 290元，数据为负数，说明企业无应缴而未缴的税费，而是多缴了税费，即企业预缴了税费，这种情况是不常见的，我们应进一步分析具体原因和阅读其他相关资料。

（八）长期借款

"长期借款"项目核算的是企业向银行或其他金融机构借入的期限在一年以上（不含一年）的各项借款，本项目只反映实质上的长期借款，即截止报告期末偿还且期限超过一年的金融机构借款，至报告期末止偿还期限在一年以下（含一年）的借款应剔除，在流动负债中的"一年内到期的非流动负债"项目列示。该项目可能因企业长期资产的增减而增减变动，但不一定同比例变动，这要由企业自有资金的情况来决定，具体的增减变动是否合理，还需要借助进一步的分析才能得出结论。

湖南创建车床厂资产负债表显示此项目2013年为4 008 278元，2014年无余额。说明企业原有的长期借款已经到期，考虑到"一年内到期的非流动负债"项目无金额，本年未发生新的长期借款业务，说明企业仍有很大的借款空间，可以认为该企业经营比较稳健，长期借入资金很少，或者说该企业自有资本实力雄厚。具体属于哪一种情况，需结合其他资料进一步分析。

（九）负债合计

"负债合计"项目是流动负债与非流动负债两项的合计，总体反映企业负债的规模与水平，也反映经营者的经营理念，使用者也可借此项目初步做出相关判断，最终决策必须通过进一步的多方分析和研究才能做出。

【例2-6】 湖南创建车床厂资产负债表中负债的规模和结构变动情况如表2-11所示。

表2-11 负债规模和结构变动分析表

项　　目	规模（元）				结构（占总资产）（%）		
	2014年	2013年	增减额	增减率（%）	2014年	2013年	结构变动
流动负债合计	57 432 334	52 013 380	5 418 954	10.42	35.70	60.52	−24.8

续表

项　　目	规模（元）				结构（占总资产）(%)		
	2014 年	2013 年	增减额	增减率（%）	2014 年	2013 年	结构变动
长期负债合计	200 000	4 208 277	-4 008 277	-95.25	0.001	4.90	-4.90
负债总和	57 632 334	56 221 657	1 410 677	2.51	35.82	65.42	-29.6
资产总额	160 895 115	85 937 123	74 957 992	87.22	100	100	—

【案例分析】

由表 2-11 可以看出以下几点。

（1）湖南创建车床厂 2014 年流动负债金额比 2013 年有少量增加，所占总资产比重大幅削减，而长期负债增减变动和所占比重更是大幅降低，负债总额占总资产的比例由 65.42%降为 35.82%，这显然说明该公司的资金来源转向了自有资本，财务风险将降低。

（2）该公司负债结构中长期负债比重相对很小，因此推算该公司的资金成本不会太高。但是由于短期负债较多，因而财务风险较高，因此应关注其流动负债的偿还能力。

三、阅读所有者权益类项目

（一）实收资本（或股本）

"实收资本（或股本）"项目核算的是企业接受投资者投入的实收资本或股份有限责任公司发行的股票的面值总额。本项目一般不会减少，增加的情况也不多，一般在年度内变化不大，如有变化，应结合相关资料认真阅读和分析。

湖南创建车床厂资产负债表中此项目 2014 年较 2013 年增加了 33.76%，说明企业在 2014 年有投资者投入新增注册资本金。

（二）资本公积

"资本公积"项目反映企业资本公积的期末余额，包括资本溢价（或股本溢价）和直接计入所有者权益的利得和损失。阅读这一项目时，应结合企业具体说明认真分析和研读，不能只关注资产负债表主表，还应关注附表和报表附注。

湖南创建车床厂该项目由 2013 年的 41 961 元增加到 2014 年的 55 298 943 元，增幅为 316.86%，对这一重大变动，应将具体增加原因做进一步分析。

（三）盈余公积

"盈余公积"项目反映的是企业从净利润中提取的盈余公积，包括法定盈余公积和任意盈余公积。根据法律规定法定盈余公积达注册资本 50%时可不再提取，任意盈余公积则由企业股东大会或类似权力机构同意，还可提取任意盈余公积，因此对于一个经营平稳的企业而言，这一项目各年之间会平稳增加。盈余公积主要用于弥补亏损和转增资本，经股东会议等机构批准，也可用于发放现金股利。阅读时，应注意结合利润分配表和相关资料来领会本项目提供的信息。

湖南创建车床厂资产负债表显示盈余公积增幅为 120.50%，平稳增加，说明企业该年度经营情况较好，按照法律规定计提了相应比例和金额的盈余公积，是利好消息。

（四）未分配利润

"未分配利润"项目反映的是企业由净利润分配后历年留存而形成的累计未分配利润（或待弥补的亏损）。这一项目的平稳增加，表明企业经营情况平稳上升，企业经营稳健；这一项目的减少则意味着可能企业经营发生亏损，或者企业可能多分配了以往留存的未分配利润。

湖南创建车床厂资产负债表显示本项目由年初 13 302 747 元增加到年末 24 070 756 元，平稳增加，初步判断企业经营情况良好。

（五）所有者权益合计

"所有者权益合计"项目反映的是企业各项所有者权益类科目的综合，本项目总括反映企业权益中归属于投资者所有的部分，投资者据以了解自身投资应享有的权益。通过比较 2014 年年初、年末此项目的增加与减少的变动，来了解企业的经营情况。

【例2-7】 湖南创建车床厂资产负债表中所有者权益的规模和结构变动情况如表2-12所示。

表 2-12　资本规模和结构变动分析表

项　　目	规模（元）				结构（占总资产）（%）		
	2014 年	2013 年	增减额	增减率（%）	2014 年	2013 年	结构变动
实收资本	18 820 000	14 070 000	4 750 000	33.76	18.23	47.35	-29.12
资本公积	55 298 943	41 961	55 256 982	1 316.86	53.55	0.14	53.41
盈余公积	5 073 082	2 300 758	2 772 324	120.50	4.91	7.74	-2.83
未分配利润	24 070 756	13 302 747	10 768 009	80.95	23.31	44.77	-21.46
所有者权益	103 262 781	29 715 466	73 547 315	247.51	100	100	——
资产总额	160 895 115	85 937 123	74 957 992	87.22	100	100	——

【案例分析】

由表 2-12 可看出以下两点。

（1）该公司所有者权益提升较快，其中，资本公积、盈余公积和未分配利润的涨幅都较高，表明所有者权益的增加主要是这些因素共同作用的结果。

（2）该公司 2013 年实收资本、未分配利润所占比重较大，表明该年所有者投入资本较多，获利好且留存多；2014 年资本公积和未分配利润所占比重较大，表明企业赢利情况较好，但是对赢利情况的进一步判断还要参考该公司的利润表。不过从资产负债表中还是可以初步得出，2014 所有者权益占资产总额的比重达 64.19%，说明该公司主要通过投资者投入和生产经营创造利润获得，较好地保证了股东投资额的保值和增值。

任务三　比较分析资产负债表

通过比较企业连续数期的资产负债表数据，综合研究资产负债表中各项目之间的结构关系和变动情况，来判断企业的财务状况是否良好以及财务状况的变化趋势，实际上是对资产负债表进行综合分析，这种综合分析主要包括横向比较分析和纵向比较分析。

资产负债表的分析，涉及的项目较多，因此分析时应注意按照合理的逻辑顺序进行，才能有条理地描述和反映企业的真实情况。通常应与人们的一般思维习惯相同，针对项目较多的资产负债表按照由总到分、由大到小、由概括到详尽的顺序进行。这一点要在案例的学习过程和练习过程中可多加训练和体会。

一、纵向比较分析资产负债表

纵向比较分析也称结构比较法，是求得总体数据中的个体数据所占的百分比，对某年度财务报表各项数据之间进行的分析。它适用于经营规模不同的企业之间以及同企业不同时期之间的比较分析。资产负债表的纵向比较分析，是用资产负债表的各项目的数据除以资产合计或负债及所有者权益合计，确定各构成项目所占的比重，从而反映企业的资本结构情况，以考察企业资产结构的合理性，利于报表的使用者准确判断企业的财务风险。

纵向比较分析的思路主要有：流动资产存量不应过大，否则会造成流动资产闲置，影响企业的赢利能力，另外还应注意特定子类的比例构成，如存货占流动资产的比例；长期股权投资比重是否合理，要看企业将资金对外投资有没有影响企业生产资金周转，能不能获得较高收益；固定资产构成比重决定企业的行业特点、生产规模和发展方向；固定资产与流动资产之间应保持怎样的结构比例，主要取决于企业对风险的态度、行业特点和经营规模；企业持有较多无形资产，表明开发创新能力强；流动负债的构成比反映企业依赖短期债权人的程度；长期负债的构成比反映企业依赖长期债权人的程度；所有者权益构成比重越大，企业的财务状况越稳定，发生债务危机的可能性越小。

【例2-8】　以湖南创建车床厂2014年资产负债表资料为依据，对湖南创建车床厂的资产负债表进行纵向比较分析，如表2-13所示。

表2-13　纵向比较资产负债表

编制单位：湖南创建车床厂　　　　　　　　　　2014年12月31日　　　　　　　　　　　单位：元

项　　目	年　　末	年　　初	年末占比（%）	年初占比（%）
资产				
流动资产：				
货币资金	31 001 508	5 859 128	19.27	6.82
交易性金融资产	0	0	0	0
应收票据	870 072	0	0.54	0
应收账款	30 563 647	22 171 670	19	25.80
预付款项	7 615 188	9 678 675	4.73	11.26
应收利息				
其他应收款	1 096 129	1 149 108	0.68	1.34
存货	33 343 224	21 311 019	20.72	24.80
一年内到期的非流动资产	100 000	0	0.06	0

续表

项　目	年　末	年　初	年末占比（%）	年初占比（%）
其他流动资产	0	0	0	0
流动资产合计	104 589 768	60 169 600	65	70.02
非流动资产：				
可供出售金融资产	0	0	0	0
持有至到期投资	0	0	0	0
长期应收款	0	0	0	0
长期股权投资	4 900 000	250 000	3.05	0.29
投资性房地产	0	0	0	0
固定资产	37 695 030	22 467 853	23.43	26.14
在建工程	1 310 552	629 774	0.81	0.73
工程物资	0	0	0	0
固定资产清理	0	0	0	0
生产性生物资产	0	0	0	0
油气资产	0	0	0	0
无形资产	11 632 250	2 030 034	7.23	2.36
开发支出	0	0	0	0
商誉	0	0	0	0
长期待摊费用	319 583	0	0.20	0
递延所得税资产	447 932	389 862	0.28	0.46
其他非流动资产	0	0	0	0
非流动资产合计	56 305 347	25 767 523	35	29.98
资产合计	160 895 115	85 937 123	100	100
负债和所有者权益				
流动负债：				
短期借款	5 290 425	10 799 005	3.29	12.57
交易性金融负债	0	0	0	0
应付票据	22 001 910	14 919 650	13.67	17.36
应付账款	28 297 504	19 973 712	17.59	23.24
预收款项	2 354 299	1 310 931	1.46	1.53
应付职工薪酬	1 254 505	2 496 670	0.78	2.91
应交税费	-3 045 290	-1 762 010	-1.89	-2.05
应付利息	10 483	19 261.4	0.006	0.02
其他应付款	1 268 498	750 000.1	0.79	0.87
一年内到期的非流动负债	0	3 506 160	0	4.08

续表

项　目	年　末	年　初	年末占比（%）	年初占比（%）
其他流动负债	0	0	0	0
流动负债合计	57 432 334	52 013 380	35.70	60.52
非流动负债：				
长期借款	0	4 008 278	0	4.66
应付债券	0	0	0	0
长期应付款	200 000	200 000	0.12	0.24
专项应付款	0	0	0	0
预计负债	0	0	0	0
递延所得税负债	0	0	0	0
其他非流动负债	0	0	0	0
非流动负债合计	200 000	4 208 278	0.001	4.90
负债合计	57 632 334	56 221 657	35.82	65.42
所有者权益（或股东权益）：				
实收资本（或股本）	18 820 000	14 070 000	11.70	16.37
资本公积	55 298 943	41 961.06	34.37	0.05
减：库存股	0	0	0	0
盈余公积	5 073 082	2 300 758	3.15	2.68
未分配利润	24 070 756	13 302 747	14.96	15.48
外币报表折算差额	0	0	0	0
归属于母公司所有者权益合计	0	0	0	0
少数股东权益	0	0	0	0
所有者权益合计	103 262 781	29 715 466	64.18	34.58
负债及所有者权益合计	160 895 115	85 937 123	100	100

由表 2-13 的纵向比较可以看出如下几点。

（1）2014 年资产方面，湖南创建车床厂流动资产占总资产的份额是 65%，非流动资产占比为 35%，说明该公司的资产保持了很高的流动性，同时也具有一定的生产规模。结合本行业的一般情况判断其结构的合理性，就一般的非流通的制造业而言，流动资产应占比例少一些，所以湖南创建机床厂的比例是较为不合理的，虽然相对 2013 年同期 70.02% 的水平有下降，但降幅只有 5.02%。流动资产中以货币资金、应收账款、存货为主，就资产的变现能力而言，对于企业的短期债权人有这样的保障是比较好的。针对 2014 年度的货币资金比重较大的情况，要考察是否存在资金闲置的问题，或者是否大量采用现销方式。从非流动资产方面看，各项资产份额变化不大，仍以固定资产为主，占了总资产的 23.43%，与 2013 年相比降幅不大，说明企业经营者的投资决策重心在固定资产，而不是对外的长期股权投资。

（2）2014 年负债与所有者权益方面，湖南创建车床厂流动负债和非流动负债分别占资产的比例是 35.70% 和 0.001%，这样的结构在一般制造业中是不太合理的，非流动负债份额在负债总额中太少，用流动资产偿还流动负债的压力就会很大，如果留有足够的流动资产用以偿债，那么资金闲置的问题就很突出；所有者权益占资产的比例是 64.18%，比重较大，说明经营者倾向于利用自有资金从事生产，虽然偿债压力小，但以企业借款等进行长期融资的能力没有充分利用，没有很好地发挥财务杠杆的作用。

（3）从资本与资产的对称结构来看，湖南创建车床厂流动资产与流动负债 2014 年的比例是 1.82：1（104 589 768：57 432 334），2013 年是 1.16：1（60 169 600：52 013 380），即两年中每个单位的流动负债就有 1.82 和 1.16 个单位的流动资产作为偿债保障，这也从另一个角度说明企业的短期债权人的权益保障是比较好的，但由于货币资金的比重较大，企业要注意资金的闲置问题。从企业的非流动资产与非流动负债的比例，可看到企业应通过加大长期负债的比重，来减少流动资产的压力。

（4）对报表中其他重要项目分析。应收应付项目，从数据上看应收账款由 2013 年的 25.80%下降到 2014 年的 19%，降幅较大，说明企业在销售和账款催收方面的工作可能有了新的成效；应收票据金额从无到有，可能是改变了销售政策，是比较好的现象；短期借款项目由 2013 年的 12.57%减少到 2014 年的 3.29%，说明企业近期偿还借款较多，这是利好消息；资本公积由 2013 年的 0.05%增加到 2014 年的 34.37%，对这一重大变动，应具体分析增加的原因是资本溢价还是直接计入所有者权益的利得。

二、横向比较分析资产负债表

横向比较分析法是将企业连续数年的会计数据进行比较，计算各个项目变动的金额和百分比，从而确定影响的因素、变动的趋势，也称水平比较分析法。

采用横向比较分析法通过数期数据的比较，可以观察到企业财务状况的变动趋势，有助于通过总结报表中的各个项目的增减变化情况，发现重要的或异常的变化，以便于对这些变化作进一步的分析，找出引起变化的原因，判断这种变化的性质和影响，推断这种趋势是否会延续至以后会计期。具体来说，采用横向比较分析法可从以下方面考虑：货币资金增减变动与企业的销售政策、股利分配政策有关；应收账款的增长与流动资产和销售收入增长相适应，表明应收账款占用相对合理；存货结构应保持相对稳定性，其增加应以满足生产，不盲目采购和无产品积压为前提，存货减少应以压缩库存量加速周转，不影响生产为前提；固定资产增减变动应与企业的生产规模和生产能力相适应；无形资产增幅越大，表明企业可持续发展能力越强；流动负债各项目的增减变动，表明企业短期资金的融资能力及对企业生产经营活动的影响；长期负债各项目的增减变动，表明企业长期融资渠道的变化情况，借以判断企业长期融资能力；所有者权益增减变动，可使我们进一步了解企业对负债偿还的保证程度和企业自己积累资金和融通资金的能力与潜力。

【例 2-9】 以湖南创建车床厂 2014 年资产负债表资料为依据，对湖南创建车床厂的资产负债表进行横向比较分析，如表 2-14 所示。

表 2-14　横向比较资产负债表

编制单位：湖南创建车床厂　　　　　　　　　2014 年 12 月 31 日　　　　　　　　　　单位：元

项　目	年　末	年　初	变　动　额	变动率（%）
资产				
流动资产：				

续表

项　目	年　末	年　初	变动额	变动率（%）
货币资金	31 001 508	5 859 128	25 142 380	429.11
交易性金融资产	0	0	0	
应收票据	870 072	0	870 072	
应收账款	30 563 647	22 171 670	8 391 977	37.85
预付款项	7 615 188	9 678 675	−2 063 487	−21.32
应收利息	0	0	0	
其他应收款	1 096 129	1 149 108	−52 979	−4.61
存货	33 343 224	21 311 019	12 032 205	56.46
一年内到期的非流动资产	100 000	0	100 000	
其他流动资产	0	0	0	
流动资产合计	104 589 768	60 169 600	44 420 168	73.82
非流动资产：	0	0	0	
可供出售金融资产	0	0	0	
持有至到期投资	0	0	0	
长期应收款	0	0	0	
长期股权投资	4 900 000	250 000	4 650 000	1 860
投资性房地产	0	0	0	0
固定资产	37 695 030	22 467 853	15 227 177	67.77
在建工程	1 310 552	629 774	680 778	108.10
工程物资	0	0	0	0
固定资产清理	0	0	0	0
生产性生物资产	0	0	0	0
油气资产	0	0	0	0
无形资产	11 632 250	2 030 034	9 602 216	473
开发支出	0	0	0	0
商誉	0	0	0	0
长期待摊费用	319 583	0	319 583	0
递延所得税资产	447 932	389 862	58 070	14.90
其他非流动资产	0	0	0	0
非流动资产合计	56 305 347	25 767 523	30 537 824	118.51
资产合计	160 895 115	85 937 123	74 957 992	87.22
负债和所有者权益				
流动负债：				
短期借款	5 290 425	10 799 005	−5 508 580	−51.01
交易性金融负债	0	0	0	0

续表

项　目	年　末	年　初	变　动　额	变动率（%）
应付票据	22 001 910	14 919 650	7 082 260	47.47
应付账款	28 297 504	19 973 712	8 323 792	41.67
预收款项	2 354 299	1 310 931	1 043 368	79.59
应付职工薪酬	1 254 505	2 496 670	−1 242 165	−49.75
应交税费	−3 045 290	−1 762 010	−1 283 280	−72.83
应付利息	10 483	19 261.4	−8 778.4	−45.58
其他应付款	1 268 498	750 000.1	518 497.9	69.13
一年内到期的非流动负债	0	3 506 160	−3 506 160	−100
其他流动负债	0	0	0	0
流动负债合计	57 432 334	52 013 380	5 418 954	10.42
非流动负债：				
长期借款	0	4 008 277	−4 008 277	−100
应付债券	0	0	0	0
长期应付款	200 000	200 000	0	0
专项应付款	0	0	0	0
预计负债	0	0	0	0
递延所得税负债	0	0	0	0
其他非流动负债	0	0	0	0
非流动负债合计	200 000	4 208 277	−4 008 277	−95.25
负债合计	57 632 334	56 221 657	1 410 677	2.51
所有者权益（或股东权益）：				
实收资本（或股本）	18 820 000	14 070 000	4 750 000	33.76
资本公积	55 298 943	41 961	55 256 982	1316.86
减：库存股	0	0	0	
盈余公积	5 073 082	2 300 758	2 772 324	120.50
未分配利润	24 070 756	13 302 747	10 768 009	80.95
外币报表折算差额	0	0	0	
归属于母公司所有者权益合计	0	0	0	
少数股东权益	0	0	0	0
所有者权益合计	103 262 781	29 715 466	73 547 315	247.51
负债和所有者权益合计	160 895 115	85 937 123	74 957 992	87.22

通过表2-14的横向比较，可以看出如下几点。

（1）2014年湖南创建车床厂资产规模扩大，较2013年扩大了87.22%，其中，以货币资金、长期股权投资和无形资产最为显著，应该是资产增长的主要原因，货币资金的大幅增加可考虑该企业可能大量采用现销方式；长期股权投资和无形资产虽然所占比重不大，但从增减幅来看却是巨大的，长期股权投资的增幅达到 1 860%，说明经营者开始注重对外的投资，无形资产的增幅达 473%，无形资产可以增强企业发展的后劲，提升企业竞争实力，企业从长远发展出发，加大无形资产的投入。

（2）负债方面，湖南创建车床厂 2014 年负债整体变化不大，其中，流动负债增加 10.42%，非流动负债呈负增长，达到-95.25%，说明公司的负债以流动负债为主，非流动负债为辅，且非流动负债呈下降趋势，表明公司比较稳健，有充足的资金，偿还了大量债务，财务风险较小。

（3）所有者权益方面，湖南创建车床厂 2014 年所有者权益净增加额 73 547 315 元，增幅为 247.51%，其中资本公积的增加最多，净增加额为 55 256 982 元，增幅为 1 316.86%；其次是盈余公积，净增加额为 2 772 324 元，增幅为 120.50%，表明企业经营成果显著，而且经营很稳健，当年实现的净利润较大部分用于提取盈余公积，以增强企业发展实力，而资本公积的大幅增加也反映出企业的经营得到投资者的认可，愿意以较高的出资来取得该公司的股权。

由上述纵向、横向分析来看，该公司经营稳健，经营形势和前景乐观，企业的规模不断扩大，经济实力不断提升，企业的发展后劲强。但同时也可能面临一些问题，如货币资金持有过高，可能大量采用现销方式，由此影响销售量，且货币资金持有过高，可能导致资金利用率低；对外长期投资增加较多，可能会影响企业内部的经营实力；权益资本结构不太合理，资金主要来源于企业内部自有资金等。建议该企业加强货币资金管理，改变资本结构，采取措施多渠道投资筹资，以创造更大的效益。

任务四　运用相关财务指标分析资产负债表

随着我国社会主义市场经济体制的建立，企业所面临的外部环境和内部条件日趋复杂，偿债能力的大小直接关系到企业持续经营能力的高低，是企业利益相关人员最关心的财务能力之一。企业偿债能力的强弱是债权人最关心的，但出于对企业安全性的考虑，也受到管理者和股东的普通关注，通过分析企业偿债能力，债权人能判断其债权收回的保证程度，所有者能判断投入资本的保全程度，经营者能优化融资结构和降低融资成本，政府有关机构能以此为依据进行有效的宏观经济管理。因此，偿债能力是衡量企业财务管理的核心内容，也是财务分析的一个重要方面。

一、分析短期偿债能力

（一）短期偿债能力指标构成要素及分析

短期偿债能力是指企业以流动资产偿还流动负债的现金保障程度，它受三方面因素的影响：一是企业流动资产的数量和构成；二是企业流动负债的数量和构成；三是企业流动资产变现的速度。流动资产变现的速度称为资产的流动性，它反映了企业流动资产的质量，企业资产若能及时地变为现金，则能够顺利偿还到期债务，否则将导致企业投资或资产的强行出售，甚至使企业清算破产。流动性比率的计算要用到资产负债表上的现金科目和非现金科目的存量数据以及现金流量表上的现金流量数据等。

1. 营运资本

营运资本又称营运资金。广义营运资本是指企业的流动资产总额，狭义的营运资本是指企业的流动资产总额减去流动负债总额后的余额，也称净营运资本，它反映了一旦企业发生清算，哪些流动资产可以立刻变现和用于偿还债务，以保护债权人的利益不受损失。其计算公式如下。

$$营运资本=流动资产 - 流动负债$$

营运资本越多，说明无法偿还债务的风险越小，因此，一个企业的营运资本状况，不仅对企业的内部管理非常重要，更是反映企业财务风险的良好指示器。一般认为，企业的流动资产在减去流动负债后仍有一定的余额，则该企业就具备了初步的短期偿债能力，但当企业规模很大时会受限制。

【例2-10】 湖南创建车床厂2014、2013年财务报表有关资料摘录如表2-15所示。

表2-15 湖南创建车床厂财务报表部分资料

单位：元

项 目	2014 年	2013 年
流动资产	104 589 768	60 169 600
货币资金	31 001 508	5 859 128
交易性金融资产	0	0
存货	33 343 224	21 311 019
流动负债	57 432 334	52 013 380

2013 年营运资本=60 169 600-52 013 380=8 156 220（元）

2014 年营运资本=104 589 768-57 432 334=47 157 434（元）

由上述计算结果可知，湖南创建车床厂2014年和2013年的营运资本规模较好，尤其是2014年的营运资本大幅增加，可以很好地清偿流动负债。

2. 流动比率

流动比率是流动资产与流动负债的比率，用以衡量企业流动资产在短期债务到期前可以变为现金用于偿还流动负债的能力，表明企业一元钱的流动负债有多少流动资产作为支付的保障。其计算公式为：

$$流动比率=\frac{流动资产}{流动负债}$$

流动资产是指资产负债表中的流动资产项目，包括货币资金、交易性金融资产、应收票据、应收账款、存货等。其中，应收账款要以扣除坏账准备后的净额计算。流动负债是指资产负债表中的流动负债项目，包括短期借款、应付票据、应付账款、应付职工薪酬、应交税费、应付利润、其他应付款及一年内到期的非流动负债等。

流动比率表明公司 1 元流动负债有多少流动资产作为偿付保证。通常认为，流动比率的下限为100%，而流动比率等于200%时较为恰当。可对流动比率进行如下分析。

（1）流动比率反映了公司用可以在短期内转变为现金的流动资产偿还到期流动负债的

能力。

（2）流动比率越大，说明公司对短期债务的偿付能力越强。

（3）流动比率不可以过高，过高表明公司流动资产占用较多或公司闲置现金持有量过多，这样会影响资金的使用效率和公司的筹资成本，进而影响获利能力。

（4）进行财务分析时不能仅仅依赖该指标的计算结果。有时流动比率虽然较高，但该公司偿还短期债务的能力并不一定就强。如果流动资产中包含了大量的积压存货、大量的应收账款，且收账期长，而可用来偿债的现金和存款却严重短缺，则公司的偿债能力仍然是很弱的。因此公司在分析流动比率的基础上应进一步对现金流量加以考察。

（5）流动比率是否合理，不同的公司以及同一公司不同时期的评价标准是不同的，因此不应用统一的标准来评价各公司的流动比率是否合理。在计算流动比率指标时，一般没有考虑流动资产的变现能力和流动负债的到期结构问题。在实际工作中，各种流动资产不可能具有相同的变现能力，所有的流动负债也不可能同时到期。如果企业最近到期的流动负债很多，但是可以变现的流动资产却很少，尽管流动比率表面上反映的情况相当好，事实上企业却面临着现金短缺、周转不畅、偿债能力不足等问题。所以，在分析企业流动比率指标的同时，必须考虑应收账款和存货的变现能力以及流动负债到期结构等问题。

（6）作为核心指标的流动比率，不是衡量企业短期偿债能力的绝对标准。缺少货币资金的企业，可能通过举债来偿还债务，这时应该着重分析企业流动资产的未来变现能力。

【例 2-11】　依据表 2-15 湖南创建车床厂财务报表部分资料，计算可得：

$$2013 \text{ 年流动比率} = \frac{60\,169\,600}{52\,013\,380} = 1.16$$

$$2014 \text{ 年流动比率} = \frac{104\,589\,768}{57\,432\,334} = 1.82$$

以上计算结果表明该公司的流动比率呈上升趋势，2014 年为 1.82，接近经验值 2，偿债能力是比较好的。

3. 速动比率

速动比率是速动资产与流动负债的比率。其计算公式为：

$$速动比率 = \frac{速动资产}{流动负债}$$

速动资产的范围目前尚存在争议。在计算上，我国一般采用减法，即

$$速动资产 = 流动资产 - 存货$$

式中，存货应按扣除"存货跌价准备"后的净值反映。

速动比率反映企业短期内可变现资产偿还短期内到期债务的能力。速动比率是对流动比率的补充，一般认为速动比率应维持在 1∶1 左右较为理想，说明 1 元流动负债有 1 元的速动资产作保证。如果速动比率大于 1，说明企业有足够的能力偿还短期债务，但同时也说明企业拥有过多的不能获利的现金和应收账款；反之，速动比率小于 1，说明企业将依赖出售存货或举新债偿还到期债务，这就可能造成急需售出存货带来的削价损失或举新债形成的利息负担。

在分析中将存货从流动资产中减去，可以更好地表示一个企业偿还短期债务的能力。因为

在流动资产中存货的变现速度最慢，而且还可能存在抵押、损失报废未做处理等情形，因此，在不希望企业用变卖存货的办法偿还债务的情况下，把存货从流动资产总额中减去而计算出的速动比率反映的短期偿债能力更加可信。但我们还应考虑速动资产中的应收账款，因为其周转性会影响速动资产的流动性，至于流动性较差的预付账款，由于所占比重小，可忽略。

在对速动比率进行分析时，不能绝对按计算结果来判断流动负债的安全性或得出企业不能及时偿债的风险结论。如果存货流转顺畅，变现能力强，那么即使速动比率比较低，只要流动比率比较高，企业仍能到期足额还本付息。速动比率相对流动比率更适合于作为衡量企业是否面临偿债风险的标准。

考虑以上因素，还可引入超速动比率（又称保守速动比率），用企业的超速动资产来反映和衡量企业变现能力的强弱，评价企业短期偿债能力的大小。计算公式如下：

$$超速动比率 = \frac{现金 + 交易性金融资产 + 应收账款净额}{流动负债}$$

式中，现金是指库存现金、银行存款及其他货币资金等项目，可由资产债表的货币资金项目得到。

超速动比率的计算除了扣除存货以外，还从流动资产中去掉了其他一些可能与当前现金流量无关的项目，因此，能够更好地评价企业变现能力的强弱和偿债能力的大小。一方面，要注重应收账款变现能力这一因素的分析，因为财务报表上的应收账款不一定都能收回现金，实际坏账可能比企业计提的准备金要多，而且季节性、周期性的变化，也可能使报表上的应收账款数额不能反映其平均水平；另一方面，速动资产中还有变现能力不确定的资产，例如交易性金融资产中的股票投资部分，变现的不确定性仍较明显。

【例2-12】 依据表2-15湖南创建机床厂财务报表有关资料，计算可得：

$$2014 年速动比率 = \frac{104\ 589\ 768 - 33\ 343\ 224}{57\ 432\ 334} = 1.24$$

$$2013 年速动比率 = \frac{60\ 169\ 600 - 21\ 311\ 019}{52\ 013\ 380} = 0.75$$

以上计算结果表明：湖南创建机床厂2014年、2013年的速动比率分别是1.24和0.75，两年的速动比率均大于零，且2014速动比率指标理论上超过了1，企业流动负债的偿还能力提高较好。但也应看到，2013年存货所占比重较大，使速动比率小于1，虽然2014年该比率有较大提升，还是应注意采取措施降低不必要的存货。

虽然采用以上指标来分析公司的短期偿债能力有一定的合理性，但这种分析思路存在两个问题。

（1）这是一种静态的分析方法，没有把公司经营中产生的现金流量考虑进去。

（2）这是一种被动的分析方法，当公司无力偿债时会被迫出售流动资产还债，而这种资产的出售会影响公司的正常经营。

4. 现金比率

为了解决流动比率和速动比率这两个静态指标在分析公司的短期偿债能力时存在的缺点，可以在应用这两个静态指标分析公司短期偿债能力的基础上，采用考虑现金流量的指标——现金比率，对企业的短期偿债能力进行分析，其他与现金流量相关的指标将在项目四中学习。

现金比率是现金及现金等价物与流动负债的比值。其计算公式为：

$$现金比率 = \frac{现金 + 现金等价物}{流动负债}$$

式中，现金是指库存现金、银行存款及其他货币资金等项目，可由资产负债表的货币资金项目得到。现金等价物是指有价证券，可由资产负债表的交易性金融资产项目得到。

现金比率是对流动比率、速动比率的进一步改进，由于存货和应收账款也存在变现的风险，而现金比率排除了两者，因此它比速动比率更保守地反映短期偿债能力。通常债权人十分关心现金比率这一指标，此比率过高，一方面说明企业资产变现能力较强，变现风险较小，偿付短期债务的能力较强；另一方面也可能反映出企业流动资产没有得到合理的运用。因为速动资产中的应收账款周转较慢，且存在坏账的可能性，所以，剔除这部分后的现金比率是比速动比率更可靠的一种反映企业短期偿债能力的比率，它可以反映企业的直接偿债能力。一般情况下，速动比率越高，企业的直接偿债能力就越强。但是，速动比率太高，可能是由于企业保留过多的现金资产，现金没有得到有效利用，为此企业将失去一些获利机会。一般认为，现金比率在 0.25 左右比较理想。但是，现金比率还存在一个问题，企业为了使现金比率提高，可以期末借钱期初再还，这就给人为操纵现金比率带来了可能性。

【例 2-13】 依据表 2-15 湖南创建机床厂财务报表有关资料，计算可得：

$$2014 年现金比率 = \frac{31\,001\,508 + 0}{57\,432\,334} = 0.54$$

$$2013 年现金比率 = \frac{5\,859\,128 + 0}{52\,013\,380} = 0.11$$

以上计算结果表明：湖南创建机床厂 2014 年、2013 年的现金比率分别是 0.54 和 0.11，从一般水平 0.25 的标准来看，这说明企业采取了有效的措施，使资产变现能力有了很大提高，变现风险减小，偿付短期债务的能力很强。

（二）影响短期偿债能力的其他因素

上述短期偿债能力的指标，都是从财务报表中取得的。在实际财务分析过程中，一些没在财务报表中反映出的因素，也会影响企业的短期偿债能力，有时甚至是决定性的。报表分析者应当了解这方面的信息，以便做出正确的分析判断。

1. 可增强短期偿债能力的因素

企业流动资产的实际偿债能力，可能要比偿债能力比率反映的偿债能力要好一些，影响短期偿债能力的因素主要有以下几个方面。

（1）可在短期内动用的银行贷款指标。银行已同意、企业未办理贷款手续的银行贷款限额，可以随时增加企业的现金，提高短期偿债能力。但这一数据不反映在相关的财务报表中，如有必要，企业可在财务状况说明书中予以说明。银行贷款授信额度有助于改善企业的财务形象，增强企业的现金支付能力，所以那些得到银行授信的企业都会迫不及待地向市场宣布这一好消息。

（2）决定近期变现的长期资产。在某些情况下，企业根据本身的经营战略会在特定时期将一些长期资产出售变现。例如，由于机器设备使用年限较长，准备将其清理出售，这就会有现金等资产流入，相应地会增强短期偿债能力。

（3）企业偿债能力的信誉。如果企业的长期偿债能力一贯很好，有一定的信誉，在短期偿债方面出现困难时，可以很快地通过发行债券或股票等方法解决资金的短缺问题。这个增强短期偿债能力的因素，取决于企业自身的信用状况和当时的筹资市场环境。良好的长期融资能力往往是缓解短期偿债危机的重要保证，我们可以参阅政府有关机构（工商行政管理局等）列示的企业信用档案获得该信息。

2. 可减弱短期偿债能力的因素

未在财务报表中反映的减弱企业短期偿债能力的因素主要有以下几方面。

（1）未记录的负债。有纠纷的税款，尚未了结的诉讼案件，有争议的财产纠纷，大件商品的售后服务等均会对短期偿债能力产生负面影响，按照我国《企业会计准则》的规定，一般不作为负债入账，也不在报表中反映。只有已办理贴现的商业承兑汇票，才作为附注列示在资产负债表的下方。

（2）企业的年金基金。企业年金基金是指依法制定的企业年金计划筹集的资金及其投资运营收益形成的企业补充养老保险基金。企业年金计划是指企业及其职工在依法参加基本养老保险的基础上，自愿建立的补充养老保险计划，它同公共养老金计划和私人养老金计划一起构成了一个完整的养老金制度，这一项目可能会减弱短期偿债能力。

（3）补偿性存款。银行及其他放款机构要求借款客户在其存款账户维持最低的现金余额，此项最低余额通常称为补偿性存款，用以支持目前公司与贷款机构的借款协议，确保公司目前借款及未来信用的保证。它实际上减少了借款人用于偿还债务的现金量，因此，分析时可以考虑予以剔除。

（4）年复一年列出的有价证券。有价证券必须是：第一，目前可以在市场上买卖的证券；第二，管理者准备在一年或一个营业周期内卖出或收回现金的投资行为。分析者发现同样的证券被年复一年地列为有价证券而不是长期投资时，出于谨慎的考虑，可以将其改列为长期投资。

二、分析长期偿债能力

长期债权人关注企业的短期变现能力，但他们在根本上更关心企业在更远将来的偿还债务的能力。因此，他们会把焦点转向资产负债表上的一些与非流动资产相关的比率。长期偿债能力的强弱是反映企业财务安全和稳定程度的重要标志。

（一）长期偿债能力指标构成要素及分析

长期偿债能力是指企业偿还长期债务本金及支付债务利息的能力。其主要取决于资产和负债的比例关系，尤其是资本结构，以及企业的获利能力。

1. 资产负债率

资产负债率又称负债比率、举债经营比率，是负债总额与资产总额的比值。其计算公式为：

$$资产负债率 = \frac{负债总额}{资产总额} \times 100\%$$

式中，资产总额是指企业的全部资产总额，包括流动资产、固定资产、长期投资和无形资产等。负债总额是指企业的全部负债，不仅包括非流动负债，而且包括流动负债。计算中对分子是否应包含流动负债存在争议，因为短期负债不是长期资金的来源，因此，若包含，就不能很好地反映企业的"长期"债务状况。但从长期动态过程来看，短期债务具有长期性，如"应付账款"作为整体，事实上是企业资金来源的一个"永久"的部分。从稳健的角度出发，应将短期债务包含于该指标的分子之中。

资产负债率表示在企业全部资金来源中，从债权人方面取得的资金来源数额占企业全部资金来源的比重，它是衡量企业负债水平及风险程度的重要标志。分析该比率时应注重与行业平均数的比较。对于经营风险比较高的企业，为减少财务风险应选择比较低的资产负债率；对于经营风险低的企业，为增加股东收益应选择较高的资产负债率。运用该指标分析长期偿债能力时，应结合总体经济状况、行业发展趋势、所处市场环境等综合判断。资产负债率有显著的行业差异和国情差异：就行业而言，一般资产负债率第一产业为20%、第二产业为50%、第三产业为70%比较合理；就国情差异而言，各国资产负债比率情况如表2-16所示。

表2-16 中、日、美、德的资产负债比率

国家名称	比 率		
	资产负债率	流动比率	速动比率
中国	65%	0.92	0.59
日本	61%	1.4	1.08
美国	63%	1.3	0.89
德国	73%	1.17	0.72

由表2-16可以看出，中国国有工业企业的资产负债率略高于日本和美国，但低于德国。对于流动比率和速动比率，中国国有工业企业低于美、日、德三国，这表明中国国有工业企业的资产流动性差，变现偿债能力不强，确实存在负债过重的问题。

对资产负债率的分析应从不同角度入手。

（1）从债权人的角度来看。由于债权人最关心的是其放贷公司资金的安全性，即企业能否到期偿还本金和利息。所以对债权人来说该指标越小越好，这样公司偿债就越有保证。

（2）从公司所有者的角度来看。由于所有者最关心的是其投资收益率的高低，无论是公司借入的资金还是股东投入的资金，其在生产经营中所发挥的作用是一样的。因此只要资产收益率大于利息率，股东就可以利用负债资金为自己带来更多的投资收益，所以该指标越大对股东越有利。它表明公司利用较少的自有资本投资形成了较多的生产经营用资产，不仅扩大了生产经营规模，而且还利用财务杠杆的作用，提高了股东的投资收益率；相反，如果该指标过小，则表明公司管理者过于保守，对财务杠杆利用不够，不善于利用负债资金进行经营，不利于大幅度提高股东财富。

（3）从公司经营者的角度来看。公司经营者既要考虑公司的赢利，又要顾及公司所承担的财务风险，同时还要考虑股东对自己经营能力和进取精神的评价，因此对资产负债率的分析确定必须充分考虑公司内部各种因素和公司外部的市场环境，在收益与风险之间进行权衡。

由于无形资产具有极大的不确定性，在企业清算时，无形资产用于抵偿债务的能力较差，

所以将无形资产从股东权益中扣除，则有：

$$有形资产负债率 = \frac{负债总额}{资产总额-无形资产净值} \times 100\%$$

有形资产负债率的比率越低，则表明企业有形资产对其负债的保障程度越高，该项指标能更为客观地评价企业偿债能力。

【例 2-14】 依据湖南创建机床厂资产负债表部分资料，计算资产负债率、有形资产负债率指标如表 2-17 所示。

表 2-17　资产负债率、有形资产负债率计算表

单位：元

项　　目	2014 年	2013 年	差　　异
资产总额	160 895 115	85 937 123	74 957 992
负债总额	57 632 334	56 221 657	1 410 677
无形资产净值	11 632 250	2 030 034	73 547 315
资产负债率	35.82%	65.42%	−29.6%
有形资产负债率	38.61%	67%	−28.39%

由表 2-17 可知，湖南创建机床厂 2014 年的资产负债率不够高，总资产中只有 35.82% 是由债权人提供的，并且相对于 2013 年更是有大幅下降，企业不能偿债的可能性小，企业的财务风险主要由股东承担，这对债权人来讲，是有利的，但资产负债率过低，公司总体融资方式运用不够合理，距离第二产业的合理状态还差近 20 个百分点。通过分析可以看出，资产总额的增幅达 87.22%，而负债总额的增幅只有 2.51%，从有形资产负债率来看，无形资产净值虽然有大幅增长，但从其所占资产总额比重来看还是比较少的，因此有形资产负债率也呈下降趋势。

2. 产权比率

产权比率是指负债总额与所有者权益总额的比率，产权比率又称资本负债率。计算公式为：

$$产权比率 = \frac{负债总额}{所有者权益总额} \times 100\%$$

除了以上表达式外，由于

$$权益乘数 = \frac{资产总额}{股东权益}$$

因此还有：

$$产权比率 = 权益乘数 \times 资产负债率$$

产权比率反映企业所有者对债权人权益的保障程度。这一比率越低，表明企业的长期偿债能力越强，债权人权益的保障程度就越高，承担的风险就越小，但企业不能充分发挥负债的财务杠杆效应。一般认为这一比率为 1∶1 时最为理想。产权比率与资产负债率对评价偿债能力的作用基本一致，但它与资产负债率的区别是：资产负债率侧重于分析债务偿付安全性的物质保障程度，产权比率侧重于揭示财务结构的稳健程度以及自有资金对偿债风险的承受

能力。权益乘数表明了资产总额是股东权益的多少倍，权益乘数越大，说明股东投入的资本在资产中所占比重越小，财务风险就越大。

【例2-15】　根据湖南创建机床厂的资产负债表有关数据，计算其产权比率指标，如表2-18所示。

表2-18　产权比率计算表

单位：元

项　　目	2014 年	2013 年	差　　异
资产总额	160 895 115	85 937 123	74 957 992
负债总额	57 632 334	56 221 657	1 410 677
所有者权益总额	103 262 781	29 715 466	73 547 315
产权比率	55.81%	189%	−133.19%
权益乘数	1.56	2.89	−1.33

由表2-18可知，湖南创建机床厂2013年产权比率偏高，说明企业经营比较稳定，但财务风险很高；2014年该指标大幅下降，说明企业的长期偿债能力较强，经营比较稳健。权益乘数表示企业的资产总额是所有者权益总额的多少倍，2014年权益乘数变小，说明企业单位资产中的所有者权益份额变大，从而负债的比例就小，本企业的权益乘数数值的减少较多，是企业负债比率下降的一个体现。

应说明的是，反映长期偿债能力的指标还有利息保障倍数，它是指企业生产经营所获得的息税前利润与利息费用的比率，它是衡量企业支付负债利息能力的指标，由于它的计算是根据利润表的数据，因此我们将在利润表的指标分析中进行学习。

（二）影响长期偿债能力的其他因素

对公司偿债能力的分析不仅要依靠上述各种指标，同时还要对一些影响公司偿债能力的其他因素进行分析，才能得到比较全面、准确的结论。这些因素主要包括以下几方面。

1.　应收账款的变现能力

公司在生产经营的过程中总要产生大量的应收账款，这些应收账款在计算各种比率的时候一般都已经包括在内，而且是将其作为流动比率和速动比率等指标来进行计算的，这样当应收账款的数额特别巨大并且其中隐含的坏账比较多时，将会对公司的偿债能力起到较大的负面作用。

2.　可动用的银行贷款指标

可动用的银行贷款指标是指银行已经批准而公司尚未办理贷款手续的银行贷款限额。这种贷款指标可以随时使用，从而增加公司的现金，提高公司的偿债能力。

3.　长期租赁项目

当企业急需某些设备或资产而又缺乏足够的现金时，或者出于别的原因的考虑，可以通过租赁的方式来解决。财产租赁的方式主要有融资租赁和经营租赁两种。在融资租赁形式下，租入的固定资产作为自有固定资产入账，相应的租赁费用作为长期应付款处理。在这种处理方式下，不会对长期偿债能力分析产生影响，因为它已经包括在债务比率指标计算之中了。

经营租赁则不然，当企业的租赁量比较大、期限比较长或具有经常性时，则实际上构成了一项长期性筹资。这种长期性筹资不包括在长期负债之内，但到期时必须支付租金，会对企业的偿债能力产生影响。因此，如果企业经常发生经营租赁业务，或经营租赁量比较大，应当考虑租赁费用对偿债能力的影响。

4. 担保项目

担保项目的时间长短不一，有的涉及企业的长期负债，有的涉及企业的短期负债。在分析企业的长期偿债能力时，就根据有关资料判断担保责任带来的潜在长期负债问题。企业可能会以本企业的资产为其他企业提供法律担保，如为其他企业的银行借款担保、为其他企业履行有关经济合同提供法律担保等。这种担保责任，在被担保人没有履行合同时，就有可能会成为企业的负债，增加企业的债务负担，但是，这种担保责任在财务报表中并未得到反映，因此，在进行财务分析时，必须要考虑企业是否有巨额的法律担保责任。

5. 或有事项

或有事项是现存的状况，说明或有事项是资产负债表日的一种客观存在。它的结果对企业会产生有利影响或不利影响，或虽已知是有利影响或不利影响，但影响有多大，只能由未来发生的交易或事项来确定，现在尚不能完全肯定，但一旦发生便会影响企业的财务状况。因此企业就应对它们予以足够的重视，在评价企业长期偿债能力时也要考虑它们的潜在影响。

6. 退休金计划

国际会计准则下，实施退休金计划是企业应履行的法定义务。退休金计划会有各种其他的名称，如"养老金"、"退休计划"或"退休金安排"。退休金计划，是指企业在雇员终止服务时或终止服务之后，向其提供退休金的安排（或按年支付或一次付清）。该退休金金额，应在雇员退休之前，根据有关文件的条款或企业的惯例，予以确定或估计。对企业而言，它是一种负债，是一项未来固定的支付义务，从而影响企业的长期偿债能力。

三、分析企业营运能力

营运能力是指通过企业生产经营资金周转速度等有关指标所反映出来的企业资金利用的效率，它表明企业管理人员经营管理和运用资金的能力。企业生产经营资金周转的速度越快，表明企业运用资金的能力越强，企业资金利用的效果越好。

企业营运能力反映企业的经营状况及其潜力，对企业营运能力的分析就是对企业经营状况及其潜力的分析，对资产存量是否合理、管理效率高低的分析。企业营运能力直接影响赢利能力，特别是随着市场经济的发展，市场竞争的加剧，对企业营运能力进行分析有利于对企业实力的了解和对市场变化的适应，使管理机构对重大问题能及时做出正确的决策。

（一）分析流动资产营运能力

企业的流动资金在生产经营过程中，从货币资金开始，然后经过存货、应收账款，又回到货币资金，周而复始地不断循环和周转。因此，对流动资产的构成和周转使用情况的分析在营运能力分析中具有重要的地位。在流动资产中，应收账款和存货周转速度的快慢对整个流动资金的周转及使用效果起着重要作用。反映流动资产周转能力的指标主要有：现金周转率、应收账款周转率、存货周转率、流动资产周转率和营运资金周转率。

1. 现金周转率

现金周转率是指销售收入净额与平均现金余额的比率，它表明企业拥有的 1 元现金，平均能提供多少销售收入净额。其计算公式为：

$$现金周转率 = \frac{销售收入净额}{平均现金余额}$$

式中，销售收入净额一般指主营业务收入，平均现金余额一般为现金的年初余额与年末余额的平均。

一定时期内现金周转率越高，说明现金周转速度越快，企业现金闲置越少，收到的现金能够很快投入经营或被用来调整财务结构，但这是一个适当值比率，因为该比率值过大可能意味着公司对情况变化的应对能力较差，容易陷入现金周转不灵的困境。

2. 应收账款周转率

应收账款周转率是反映企业赊销账款收现速度的指标，有应收账款周转次数和应收账款周转天数两种表示方法。

（1）应收账款周转次数。应收账款周转次数是指赊销净额与应收账款平均占用额进行对比所确定的一个指标。其计算公式为：

$$应收账款周转次数 = \frac{赊销净额}{应收账款平均余额}$$

$$赊销净额 = 产品销售收入 - 现销收入 - 销售退回、销售折扣与折让$$

$$应收账款平均余额 = \frac{期初应收账款余额 + 期末应收账款余额}{2}$$

式中，赊销净额作为企业的商业机密，在实际处理中一般不对外公布，因此计算时可用销售收入净额来计算；应收账款平均余额一般采用减去坏账准备后的净额来计算。

在一定时期内应收账款周转次数越高，表明应收账款回收速度越快，企业管理工作的效率就越高。这不仅有利于企业及时收回货款，减少和避免发生坏账损失的可能性，而且有利于提高企业资产的流动性，提高企业短期债务的偿还能力。

（2）应收账款周转天数。应收账款周转天数表示企业从取得应收账款的权利到收回款项所需要的时间。其计算公式为：

$$应收账款周转天数 = \frac{计算期天数}{应收账款周转次数}$$

式中，计算期天数一般为 360 天。应收账款周转天数越少，说明应收账款收回的速度越快，企业资金被外单位占用的时间越短，管理工作的效率就越高。

【例2-16】 湖南创建机床厂年度资产负债表与利润表的有关资料如表2-19和表2-20所示。计算分析湖南创建机床厂 2014、2013 年度的应收账款周转率。

表 2-19　湖南创建机床厂 2012 — 2014 年资产负债表有关资料

单位：元

报告期	2014 年	2013 年	2012 年
资产			
流动资产：			
货币资金	31 001 508	5 859 128	6 019 221
应收账款净额	30 563 647	22 171 670	29 017 890
存货净额	33 343 224	21 311 019	20 519 019
流动资产合计	104 589 768	60 169 600	58 169 320
固定资产净值	37 695 030	22 467 853	23 412 632
资产总计	160 895 115	85 937 123	89 967 350

表 2-20　湖南创建机床厂 2013 — 2014 年利润表有关资料

单位：元

报告期	2014 年	2013 年
营业收入	195 756 919	154 521 866
销售折扣与折让	0	0
主营业务收入净额	195 756 919	154 521 866
营业成本	158 306 191	125 234 737

2014 年：

$$应收账款平均余额 = \frac{30\ 563\ 647 + 22\ 171\ 670}{2} = 26\ 367\ 658（元）$$

$$赊销净额（销售收入净额）= 195\ 756\ 919（元）$$

$$应收账款周转次数 = \frac{195\ 756\ 919}{26\ 367\ 658} \approx 7.42（次）$$

$$应收账款周转天数 = \frac{360}{7.42} \approx 48.52（天）$$

2013 年：

$$应收账款平均余额 = \frac{22\ 171\ 670 + 29\ 017\ 890}{2} = 25\ 594\ 780（元）$$

$$赊销净额（销售收入净额）= 154\ 521\ 866 元$$

$$应收账款周转次数 = \frac{154\ 521\ 866}{25\ 594\ 780} \approx 6.04（次）$$

$$应收账款周转天数 = \frac{360}{6.04} \approx 59.6（天）$$

计算结果显示：湖南创建机床厂 2014 年的应收账款周转次数比 2013 年的应收账款周转次数有所提高，周转天数有所减少，说明企业在应收账款的管理上的效率有所提高，但变动不是特别大，说明该企业对应收账款的管理比较稳定。

一般企业在赊销条件中都明确规定账款的付款期限。应收账款的周转天数与所售产品的种类、商业往来的惯例及竞争环境等因素有关。有的企业应收账款的周转天数高于同行业，这种宽松的信贷政策有助于扩大企业的销售收入，销售利润也因此而增长，同时，企业经营所面临的风险也更大。应收账款周转天数作为应收账款账龄分析指标，是企业流动资产周转情况分析的重要组成部分。企业在采用赊销策略时，往往规定放出账款的期限以及企业催收账款的方针，这就成了对比率进行评价的标准。如果实际收回账款所需天数超过企业规定的账款偿还期限，说明客户信用不好，有可能发生较多的坏账损失，同时也说明本企业有关部门催收账款不力，或者是催收人员的延误或失职，企业会因此有过多的营运资金呆滞在应收账款之上，影响流动资产的流动速度。

当然，对企业应收账款周转率进行分析，要与企业的经营方式结合考虑。若发生下列情况时，使用该指标不能反映实际情况：① 季节性经营的企业；② 大量使用分期收款结算方式的企业；③ 大量使用现金结算的销售；④ 年末大量销售或年末销售大幅度下降。

3. 存货周转率

存货周转率是指企业销售成本与平均存货之比，是用以衡量企业销货能力和企业存货管理效率的重要依据，有存货周转次数和存货周转天数两种表示方法。

（1）存货周转次数。存货周转次数是利用一定时期内企业销售成本与存货平均占用额进行对比所确定的一个指标。其计算公式为：

$$存货周转次数 = \frac{销售成本}{存货平均占用额}$$

式中，销售成本一般指主营业务成本，而存货平均占用额的计算方法则有两种，如果企业销售比较平稳，则：

$$存货平均占用额 =（期初存货+期末存货）\div 2$$

如果企业销售受季节性影响或各月销售变化较大，则：

$$存货平均占用额 = \sum 全年各月期末存货余额之和 \div 12$$

一定时期内存货周转次数越多，说明存货周转越快，存货利用效果好，企业的存货管理效率高。

（2）存货周转天数。存货周转天数表示企业从投料生产、产品完工到销售出去所需要的天数。其计算公式为：

$$存货周转天数 = \frac{计算期天数}{存货周转次数}$$

式中，计算期天数一般为 360 天。

存货周转天数越少，说明企业存货周转越快，存货利用效果好，企业的存货管理效率高。

【例2-17】　资料如表2-19和表2-20所示。计算分析湖南创建机床厂2014、2013年的存货周转率。

2014年：

$$存货平均占用额 = \frac{33\ 343\ 224 + 21\ 311\ 019}{2} = 27\ 327\ 121.5\ （元）$$

销售成本 = 158 306 191（元）

$$存货周转次数 = \frac{158\ 306\ 191}{27\ 327\ 121.5} \approx 5.79\ （次）$$

$$存货周转天数 = \frac{360}{5.79} \approx 62.18\ （天）$$

2013 年：

$$存货平均占用额 = \frac{21\ 311\ 019 + 20\ 519\ 019}{2} = 20\ 915\ 019\ （元）$$

销售成本 = 125 234 737（元）

$$存货周转次数 = \frac{125\ 234\ 737}{20\ 915\ 019} \approx 5.99\ （次）$$

$$存货周转天数 = \frac{360}{5.99} \approx 60.10\ （天）$$

由计算结果可以看出，2014 年存货周转率比 2013 年的存货周转率有所延缓，存货周转次数由 5.99 次降为 5.79 次，周转天数由 60.10 天提高为 62.18 天，表明企业存货管理上的效率有所降低，可结合存货所包括的内容具体分析。

存货周转率是用来衡量企业销货能力大小和存货是否适量的指标。在通常情况下，如果是赢利企业，存货周转速度越快，其利润就会越多；或者在利润额不变的情况下，存货周转速度越快，其存货资金占用量就越少。由此可见，存货周转率的分析不仅与营运能力有重要关系，也与企业的获利能力有直接的关系。通常情况下，存货周转的速度快，说明企业的销售效率高，库存积压少，营运资金中被存货占用的比重相对较小，这无疑会提高企业的经济效益；反之，存货周转速度慢则是企业管理不善、经营状况欠佳的一种迹象。存货周转速度减慢的原因，可能是存货积压，市场需求量减少；可能是质量有问题，残次货品增多；可能是生产过程延长，成套性差；也可能是商品价格偏高等，需要进一步分析其原因。

在工业企业，根据存货的主要组成内容，存货周转率又可分为原材料周转次数、在产品周转次数和产成品周转次数。

（1）原材料周转次数。它是用来对耗用原材料成本与原材料平均余额进行对比的指标。其计算公式为：

$$原材料周转次数 = \frac{耗用原材料成本}{原材料平均余额}$$

（2）在产品周转次数。它是用来对产品制造成本与在产品平均余额进行对比的指标。其计算公式为：

$$在产品周转次数 = \frac{制造成本}{在产品平均余额}$$

（3）产成品周转次数。它是用来对销售成本与产成品平均余额进行对比的指标。其计算公式为：

$$产成品周转次数 = \frac{销货成本}{产成品平均余额}$$

4. 流动资产周转率

流动资产周转率是根据销售收入和流动资产平均占用额进行对比所确定的一个比率，是用来衡量企业生产产品是否适销对路，存货定额是否适当，应收账款回笼快慢的指标。有流动资产周转次数和流动资产周转天数两种表示方法。

（1）流动资产周转次数。流动资产周转次数是利用一定时期内销售收入净额与流动资产平均占用额进行对比所确定的一个指标。其计算公式为：

$$流动资产周转次数 = \frac{销售收入净额}{流动资产平均占用额}$$

式中，销售收入净额一般指营业收入。流动资产平均占用额一般为期初流动资产与期末流动资产的平均余额。

一定时期内流动资产周转次数越高，说明流动资产周转速度越快，会相对节约流动资产，相当于扩大流动资产的投入，增强企业的营运能力；反之，流动资产周转次数越低，说明流动资产周转速度越慢，从而降低企业的营运能力。

（2）流动资产周转天数。流动资产周转天数表示流动资产周转一次所需要的天数。其计算公式为：

$$流动资产周转天数 = \frac{计算期天数}{流动资产周转次数}$$

式中，计算期天数一般为360天。

流动资产周转天数越少，说明流动资产周转速度越快，企业的资产周转能力越强，企业的营运能力也就越强。

【例2-18】 资料如表2-19和表2-20所示。计算分析湖南创建机床厂2014、2013年的流动资产周转率。

2014年：

$$流动资产平均占用额 = \frac{104\,589\,768 + 60\,169\,600}{2}$$
$$= 82\,379\,684 （元）$$

销售收入净额 = 195 756 919（元）

$$流动资产周转次数 = \frac{195\,756\,919}{82\,379\,684} \approx 2.38 （次）$$

$$流动资产周转天数 = \frac{360}{2.38} = 151.26 （天）$$

2013年度：

$$流动资产平均占用额 = \frac{60\ 169\ 600 + 58\ 169\ 320}{2}$$

$$= 59\ 169\ 460\ （元）$$

销售收入净额 = 154 521 866 （元）

$$流动资产周转次数 = \frac{154\ 521\ 866}{59\ 169\ 460} \approx 2.61\ （次）$$

$$流动资产周转天数 = \frac{360}{2.61} = 137.93\ （天）$$

由以上计算结果来看，湖南创建机床厂 2014 年的流动资产周转率比 2013 年的流动资产周转率有所减少，周转天数有所增加，说明企业 2014 年管理流动资产的效率有待改进，主要是由货币资金的周转速度和存货的周转速度变慢所致。此外，分析流动周转速度的快慢还需结合同类企业的流动资产周转速度进行比较分析，并与反映赢利能力的指标结合在一起使用，这样可全面评价企业的赢利能力。

（二）分析固定资产营运能力

企业的固定资产占资产总额的比重一般来说比较大，且直接构成企业的生产能力，对企业产生经营杠杆效应。企业固定资产的利用情况直接影响企业生产效率、产品质量和成本水平，因此分析固定资产利用情况对于判断企业营运能力具有重要意义。反映固定资产周转能力的指标主要包括：固定资产周转率、固定资产净值率、固定资产使用率和固定资产占用率等，其中固定资产周转率是最常用的指标。

固定资产周转率是指企业年销售收入净额与固定资产平均净值的比率，它是反映企业固定资产周转情况、衡量固定资产利用效率的指标。其计算公式为：

$$固定资产周转率 = \frac{销售收入净额}{固定资产平均净值}$$

$$固定资产平均净值 = \frac{期初固定资产净值 + 期末固定资产净值}{2}$$

式中，固定资产周转率指标也可以由流动资产周转次数、流动资产平均占用额、固定资产平均净值来表示。其计算公式为：

$$固定资产周转率 = \frac{流动资产平均余额 \times 流动资产周转次数}{固定资产平均净值}$$

一般情况下，固定资产周转率主要用于分析对厂房、设备等固定资产的利用效率。固定资产周转率高，表明企业固定资产利用充分，固定资产投资得当，固定资产结构合理，能够充分发挥效率，固定资产管理效率高；反之，如果固定资产周转率不高，则表明固定资产使用效率不高，提供的生产成果不多，企业营运能力不强。如果固定资产周转率与同行业平均水平相比偏低，则说明企业对固定资产的利用率较低，可能会影响企业的获利能力。但是，这并不绝对，因为影响企业固定资产净值的因素比较多，主要有固定资产原值的大小，固定资产使用时间的长短，会计上使用的折旧方法，企业自有固定资产、融资租赁固定资产和经营租赁固定资产的比例，以及新置、改造或报废、毁损引起的增减变动等因素。因此，即使是两家规模相当的同行企业，其固定资产周转率也可能相差很大，所以该比率一般很少在不同企业之间进行比较。

【例2-19】　资料如表2-19和表2-20所示。计算分析湖南创建机床厂2014、2013年的固定资产周转率。

2014年：

$$固定资产平均净值 = \frac{37\ 695\ 030 + 22\ 467\ 853}{2} = 30\ 081\ 441.5（元）$$

销售收入净额=195 756 919（元）

$$固定资产周转率 = \frac{195\ 756\ 919}{30\ 081\ 441.5} \approx 6.51（次）$$

固定资产周转天数=360÷6.51=56（天）

2013年：

$$固定资产平均净值 = \frac{22\ 467\ 853 + 23\ 412\ 632}{2} = 22\ 940\ 242.5（元）$$

销售收入净额=154 521 866（元）

$$固定资产周转率 = \frac{154\ 521\ 866}{22\ 940\ 242.5} \approx 6.74（次）$$

固定资产周转天数=360÷6.74=53.41（天）

通过上述计算可以看出，湖南创建机床厂两年的固定资产周转率均较高，尽管2014年比2013年稍稍下降，但其固定资产营运能力仍然很强，周转期短，周转速度快，固定资产的创收能力强劲。

（三）分析总资产营运能力

总资产是指企业的所有资产，包括流动资产和固定资产。资产直接构成了企业的生产能力，它的利用情况直接关系到企业的生存和发展，因此分析总资产周转能力意义重大，它在一定程度上反映了企业的营运能力和赢利能力。反映总资产周转能力的指标主要有：总资产周转率和权益销售率，其中最常用的是总资产周转率指标。

总资产周转率是指企业销售收入净额与平均资产总额的比率，是用来反映企业全部资产周转情况，衡量企业全部资产利用效率的指标。其计算公式为：

$$总资产周转率 = \frac{销售收入净额}{平均资产总额}$$

式中，平均资产总额应根据分析期的不同分别加以确定，并应当与分子的销售收入净额在时间上保持一致。为简化起见，平均资产总额一般以资产的期初数与期末数之和除以2来计算；销售收入净额等于销售收入减去销售折扣与折让的余额，一般用主营业务收入来计算。

【例2-20】　资料如表2-19和表2-20所示。计算分析湖南创建机床厂2014、2013年的总资产周转率。

2014 年：

$$平均资产总额 = \frac{160\ 895\ 115 + 85\ 937\ 123}{2} = 123\ 416\ 119 （元）$$

销售收入净额 = 195 756 919（元）

$$总资产周转率 = \frac{195\ 756\ 919}{123\ 416\ 119} \approx 1.59 （次）$$

2013 年：

$$平均资产总额 = \frac{85\ 937\ 123 + 89\ 967\ 350}{2} = 87\ 952\ 236.5 （元）$$

销售收入净额 = 154 521 866（元）

$$总资产周转率 = \frac{154\ 521\ 866}{87\ 952\ 236.5} \approx 1.76 （次）$$

以上计算结果表明，湖南创建机床厂 2014 年的总资产周转率比 2013 年的总资产周转率有所降低，说明企业 2014 年在总资产的管理上的效率有所欠佳，主要是货币资金和存货占总资产的比重很大，分别是 19.27% 和 20.72%，且这两项流动资产的周转速度变慢，使得整个企业的周转速度变慢，虽然降幅不大，但应引起关注。

一般情况下，总资产周转率指标反映的是企业的业务多长时间能够回一次本。周转次数越多，企业资产的使用效率就越高；周转次数越少，企业资产的使用效率就越低。总资产周转率的快慢取决于两大因素：一是流动资产周转次数即流动资产周转率，因为流动资产的周转速度往往高于其他资产的周转速度，加速流动资产周转，就会使总资产周转速度加快，反之，则会使总资产周转速度变慢；二是流动资产占总资产的比重，因为流动资产周转速度快于其他资产的周转速度，所以企业流动资产所占比例越大，企业总资产的周转速度就越快，反之，则越慢。

实际工作中，企业可以通过薄利多销的方法，加速资产周转，带来利润绝对额的增加。总资产周转率指标用于衡量企业运用资产赚取利润的能力，经常和反映赢利能力的指标一起使用，全面评价企业的赢利能力。

任务五　撰写资产负债表分析报告

一、资产负债表分析报告的内容

财务分析报告的目的不同，其包括的内容侧重点也会不同。如果财务分析报告是为企业管理者服务的，应从该部门管理者需要了解的信息出发，可以对企业的全面财务状况、经营成果和现金流量的质量进行分析，也可以只对有关的成本、费用的变化情况或存货的管理情况、应收账款的管理情况等进行专业分析；如果报表是为外部的投资人、债权人服务的，一般包括的内容就比较全面，因为企业外部的财务人员，没有亲自参与企业的财务管理工作，对企业的真实情况不甚了解，因此在撰写财务分析报告时，除了要认真研读企业的财务报表外，更要仔细阅读报表附注和有关对外披露的信息，从各个方面了解企业的有关信息资料，力争为报表的阅读者提供一个有价值的财务分析报告。

对资产负债表的分析，我们将介绍如何撰写为企业外部阅读者所使用的财务分析报告，财务分析报告中主要包括：对企业的全面财务状况的变动趋势分析、偿债能力的分析、营运能力的分析、本企业与所在行业的其他企业的比较分析等内容。

二、资产负债表分析报告的基本框架

资产负债表的撰写一般可以遵循公司简介、综合分析、指标分析、提出问题或评价的基本框架和思路进行撰写。企业财务分析报告没有固定的格式和体裁，但要求能够反映要点、分析透彻、有实有据、观点鲜明、符合报送对象的要求。在实际编写时还要根据具体的目的和要求有所取舍，一般应包括以下几个部分内容及要求。

（1）标题。标题应简明扼要，准确反映报告的主题思想。

（2）基本情况。首先应注明财务分析报告的分析期，即分析报告的时间范围；其次应对企业分析期内经营状况进行简要说明，对企业计划执行情况和各项经济指标完成情况进行大致介绍，概括地反映分析期企业经营的基本面貌。

（3）各项财务指标的完成情况和分析。这是分析报告的主要部分，一般要对企业的资产运营情况及偿债能力等项目的实际指标与其各项计划指标进行对比分析，与上年同期各项指标进行对比分析，与历史同期最好水平进行对比分析，也可与同行业其他企业进行简要的对比分析。例如，采用绝对数与相对数指标相结合的方法，分析各项经济指标已完成情况、未完成的原因，采取的措施及取得的成绩、成功的经验，存在问题等。另外，还可根据分析的目的，将财务报表及有关经济资料，经过科学再分类、再组合，适当补充资料，配以分析计算项目，采用表格形式，既能简明扼要地表达资料各项间的内在联系，又能清晰地显示出各指标之间的差异及变动趋势，使分析更形象、具体。总之，做到有数据、有比较、有分析。

（4）建议和要求。财务报表分析报告应根据企业的具体情况，有针对性地提出一些建议。对企业经营管理中的成绩和经验，应加以推广，对发现的问题，应提出一些切实可行的建议，以利于问题的解决。

（5）署名和日期。

 精典案例阅读与分析

案例呈现1

莱得艾德刻意隐瞒存货减损

莱得艾德(Rite Aid)公司是美国第三大连锁药店，在30个州和哥伦比亚特区拥有超过3 600家的药店，2002财务年度的营业收入总额达到151.7亿美元。在1999会计年度的盘点中，莱得艾德公司既没有确认880万美元的存货减损，又以来不及盘点为由确认其所属的2 000家药店约500万美元的应计存货减损费用。通过少计存货减损，莱得艾德公司夸大利润总额约1 380万美元。

请思考

（1）发生存货减损应如何处理？莱得艾德公司对其存货减损的处理有何不当之处？

（2）存货的特点是什么？分析存货时应注意哪些问题？

【分析与启示】

（1）根据公认会计准则的规定，存货发生减损应当及时确认与减损有关的费用。如果盘点存货时药品的实际数量低于账面记录，应当调低存货账面价值。对于尚未盘点的存货，应估计存货减损量。这两种情况下都应当确认应计的存货减损费用。莱得艾德公司隐瞒存货减损，其直接后果是夸大了利润，有利润操纵的嫌疑。

（2）存货资产分为原材料、库存商品、低值易耗品、包装物、在产品和产成品等。存货的特点是变现速度慢，例如，原材料、半成品存货要经过加工才能转变成产成品存货，产成品存货要出售后转为应收账款，然后才能收回现金，而能否出售是有风险的。分析存货时要注意引起存货发生变动的原因，存货规模的变动取决于各类存货的规模和变动情况。在具体分析时还要注意以下方面：一是由于某种原因，存货中可能含有已损失报废但还没做处理的不能变现的存货；二是部分存货可能已抵押给某债权人；三是存货的股价可能存在成本与合理市价相差悬殊的问题。

案例呈现 2

世界通信滥用准备金科目夸大利润

世界通信公司（WorldCom）是美国第二大长途电信营运商，曾经以 1 150 亿美元的股票市值一度成为美国的第 25 大公司。2002 年世界通信的会计造假案披露的虚假会计利润接近 100 亿美元，创下了空前的会计舞弊世界纪录。2002 年 7 月，世界通信向法院申请破产保护时的资产总额高达 1 070 亿美元，但根据《世界华尔街日报》请一些评估专家所作的估计，这些资产的公允价值仅为 150 亿美元。世界通信尽管在造假金额上创下纪录，但在具体造假手法上并不高明，其中滥用准备金科目，利用以前年度计提的各种准备冲销线路成本，夸大对外报告的利润是其主要手法。

该公司在 2000 年第三季度和第四季度，分别调减线路成本 8.28 亿美元和 4.07 亿美元，并按相同金额借记已计提的坏账准备等准备金科目。2001 年第三季度又以同样的手法将已计提的 4 亿美元坏账准备与线路成本相互冲销，虚增了税前利润。

请思考

（1）我国会计准则中规定可以计提减值准备的资产有哪些？

（2）为什么要计提减值准备？计提减值准备对报表项目会产生哪些影响？

（3）为什么世界通信利用准备金科目虚增利润总是发生在第三、第四季度？

【分析与启示】

（1）我国会计准则中规定可以计提减值准备的资产有八项，分别是短期投资、应收账款、存货、长期投资、固定资产、在建工程、无形资产和委托贷款，分别形成短期投资跌价准备、坏账准备、存货减值准备、长期投资减值准备、固定资产减值准备、在建工程减值准备、无形资产减值准备和委托贷款减值准备。

（2）计提减值准备是谨慎性原则的具体体现。计提减值准备对资产负债表项目来说，不仅要涉及以上八个资产项目，而且还要相应增加八项准备金科目和扣减减值准备后的各项资产的净值项目。对利润表来说，计提资产减值准备将会减少利润，而将已计提的减值准备转回则会增加利润。因此减值准备的计提与转回成为调节利润的手段。

（3）一般来说，在第一、第二季度，即使利润实现情况不甚良好，在第三、第四季度仍然有好转的希望，而如果第三、第四季度经营状况仍然未达预期，则必然会影响整个会计年度的获利情况，进而影响公司的资本经营活动。

案例呈现 3

百时美施贵宝的资本化研发支出

百时美施贵宝是美国著名的制药企业，在全球制药业排名第四，一直以来以"延长人类寿命，提高生活质量"为使命，并保持其"拥有全球领先科研实力和创新市场"的健康形象。2002 年 SEC 展开对该公司的调查，其中资本化研发支出是其舞弊手法之一。一直以来，通过兼并、投资取得其收购对象或合作伙伴研制药品专利的全部或部分所有权或经营权是百时美施贵宝维持收入增长的惯用手法。该公司对研发支出的会计处理为，不论取得的资产是否已经获得 FDA 或其他机构的认证，一律将投出款资本化，继而按照预计的受益年限或协议约定的研发周期进行直线摊销。

请思考

（1）百时美施贵宝资本化研发支出的做法有何不当之处？其形成的后果是什么？

（2）关于研发支出的规定有哪些？

【分析与启示】

（1）按照公认会计准则，通过兼并或投资行为取得的潜在的专利权或经营权，如果尚未得到相关机构的认证，并且未来没有可改变的用途，应当作为费用计入当期损益。而百时美施贵宝将研发支出资本化的做法，不仅虚增了资产总额，而且夸大了当期的利润，使以后期间的利润平均化。

（2）各国对于研发支出的规定不尽一致，美国和德国规定研发支出一律作为费用计入当期损益，而瑞士、荷兰等国家允许将研发支出资本化，英国则允许在符合一定条件下将研发支出资本化。由于近年来高科技企业的涌现，研发支出的比例越来越大，如果将所有的研发支出费用化，势必严重影响当期利润的实现，因此某些公司会采取研发费用资本化的做法也就不奇怪了。在报表分析时，不能仅看资产和利润的多少，更要关注构成资产和利润的各项目的经济实质，如果因为研发支出费用化导致利润的急剧下降，不能武断地认为该企业经营出了问题，要从发展的眼光看问题，要看到研发之后带来的市场前景。

案例呈现 4

"郑百文"利用应收账款虚构销售收入

1997 年主营规模和资产收益率等指标在深沪上市的所有商业公司中均排序第一的郑百文公司，目前有效资产不足 6 亿元，亏损已突破 15 亿元，其中 1999 年亏损 9.8 亿元，拖欠银行债务高达 25 亿元，与两年前火爆全国的情景形成了强烈反差，企业已陷入生死两难、跌入穷途末路的境地。据郑百文公司的财务人员介绍，在郑百文的全部资产中，一直是流动资产的比重最大，而在流动资产中，又是应收账款的比重最大，这里面的秘密都来源于造假。

郑百文变亏为"盈"的常用招数是，让厂家以"欠商品返利款未付"形式向郑百文打欠条，少则几百万元，多则上千万元，然后据此以应收款的名目做成盈利入账，把亏损变为盈利。同时，为了避免以后的债务纠纷，郑百文还必须与厂家签订另外一个补充协议，明确指出所打欠条只是"朋友帮"，供郑百文做账用，不作为还款依据，不具有法律效力。

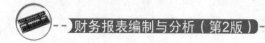

这一作假手段从郑百文 1995 年、1996 年、1997 年三年的会计报表中可见一斑：三年内应收账款大幅增加，企业主营业务收入也出现高速增长，而应收账款周转率却出现下滑，尤其 1997 年不正常地大幅降低。这无疑在一定程度上表明公司靠大量应收账款撑起的高额利润有着值得怀疑的地方。

请思考

"郑百文"为什么选择利用应收账款粉饰利润？

【分析与启示】

（1）应收账款的变化可以直接导致公司主营业务收入的变化，从而影响最终利润；

（2）应收账款的增加是一种隐性操纵，采用这种方式不需要披露，容易隐藏，很难通过对财务报表的分析查清特定的原因。因此，应收账款已成为上市公司对利润进行操纵的主要手段之一。

 项目综合训练

【想一想】

1. 债权人进行资产负债表分析目的主要有哪些？
2. 对应收账款和存货进行分析时应注意什么？
3. 与资产负债表有关的财务指标有哪些？
4. 影响公司偿债能力的表外因素有哪些？

【练一练】

一、单项选择题

1. 下列项目，应在资产负债表上作为负债列示的是（   ）。

A. 财务费用　　　　　B. 管理费用　　　　　C. 销售费用　　　　　D. 应交税费

2. 下列会计报表属于静态会计报表的是（   ）。

A. 资产负债表　　　　B. 利润表　　　　　　C. 现金流量表　　　　D. 利润分配表

3. 主要提供企业财务状况信息的会计报表是（   ）。

A. 资产负债表　　　　B. 利润表　　　　　　C. 现金流量表　　　　D. 利润分配表

4. 我国目前采用的资产负债表格式为（   ）资产负债表。

A. 单步式　　　　　　B. 多步式　　　　　　C. 报告式　　　　　　D. 账户式

5. 某企业期末"工程物资"科目的余额为 100 万元，"分期收款发出商品"科目的余额为 50 万元，"原材料"科目的余额为 60 万元，"材料成本差异"科目的贷方余额为 5 万元。假定不考虑其他因素，该企业资产负债表中"存货"项目的金额为（   ）万元。

A. 105　　　　　　　B. 115　　　　　　　C. 205　　　　　　　D. 215

6. 下列资产负债表项目，可直接根据有关总账余额填列的是（   ）。

A. 货币资金　　　　　B. 应收票据　　　　　C. 存货　　　　　　　D. 应收账款

7. 无形资产应按（   ）计量。

A. 实际成本　　　　　　　　　　　　　　　B. 摊余价值

C. 账面价值　　　　　　　　　　　　　D. 账面价值与可回收金额孰低

8. 可用于偿还流动负债的流动资产是指（　　　）。

A. 存出投资款　　　　　　　　　　　　B. 回收期在一年以上的应收账款

C. 现金　　　　　　　　　　　　　　　D. 存出银行汇票存款

9. 酸性测试比率，实际上就是（　　　）。

A. 流动比率　　　B. 现金比率　　　C. 保守速动比率　　　D. 速动比率

10. 减少企业流动资产变现能力的因素是（　　　）。

A. 取得商业承兑汇票　　　　　　　　　B. 未决诉讼、仲裁形成的或有负债

C. 有可动用的银行贷款指标　　　　　　D. 长期投资到期回收

11. 可以分析长期偿债能力的指标是（　　　）。

A. 存货周转率　　　　　　　　　　　　B. 流动比率

C. 保守速动比率　　　　　　　　　　　D. 固定支出偿付倍数

12. 理想的有形净值债务率应维持在（　　　）。

A. 3∶1　　　B. 2∶1　　　C. 1∶1　　　D. 0.5∶1

13. 某企业的流动资产为 230 000 元，长期资产为 4 300 000 元，流动负债为 105 000 元，长期负债为 830 000 元，则资产负债率为（　　　）。

A. 19%　　　B. 18%　　　C. 45%　　　D. 21%

14. 下列指标中能反映长期偿债能力强弱的是（　　　）。

A. 流动比率　　　B. 速动比率　　　C. 现金比率　　　D. 资产负债率

15. 下列财务比率中，（　　　）可以反映企业的偿债能力。

A. 平均收款期　　　B. 销售利润率　　　C. 权益乘数　　　D. 已获利息倍数

16. 某企业 2014 年流动资产平均余额为 1 000 万元，流动资产周转次数为 7 次。若企业 2014 年销售利润为 2 100 万元，则 2014 年销售利润率为（　　　）。

A. 30%　　　B. 50%　　　C. 40%　　　D. 15%

17. 在计算速动比率时，要从流动资产中扣除存货部分，再除以流动负债。这样做的原因在于流动资产中（　　　）。

A. 存货的价值变动较大　　　　　　　　B. 存货的质量难以保证

C. 存货的变现能力最低　　　　　　　　D. 存货的数量不易确定

18. 某零售商店主要采用现金销售，应收账款较少。该店的速动比率若保持在（　　　）的水平上应当被认为是正常的。

A. 1∶1　　　B. 4∶1　　　C. 0.4∶1　　　D. 2∶1

19. 可以分析评价长期偿债能力的指标是（　　　）。

A. 存货周转率　　　　　　　　　　　　B. 固定支出偿付倍数

C. 保守速动比率　　　　　　　　　　　D. 流动比率

20. 某企业的流动资产为 360 000 元，长期资产为 4 800 000 元，流动负债为 205 000 元，长期负债为 780 000 元，则资产负债率为（　　　）。

A. 15.12%　　　B. 19.09%　　　C. 16.25%　　　D. 20.52%

21. 下列能反映企业流动资产周转速度的指标是（　　　）。

A. 流动资产周转次数　　　　　　　　　B. 资产报酬率

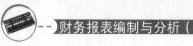

C．固定资产周转率　　　　　　　　　　D．利息保障倍数

22．在计算固定资产周转率指标的公式中，年销售收入净额指的是（　　）。

A．年销售收入　　　　　　　　　　　　B．现销收入

C．赊销净额　　　　　　　　　　　　　D．年销售收入扣除销售折扣与折让

23．在计算应收账款周转天数指标的公式中，计算期天数一般为（　　）。

A．270 天　　　　　　B．365 天　　　　　　C．360 天　　　　　　D．30 天

24．以下对应收账款周转率的表达，正确的是（　　）。

A．应收账款周转天数越长，周转速度越快

B．计算应收账款周转率时，应收账款余额不应包括应收票据

C．计算应收账款周转率时，应收账款余额应为扣除坏账准备后的净额

D．应收账款周转率越小，表明周转速度越快

二、多项选择题

1．下列各项，应在资产负债表的流动资产部分中单独反映的是（　　）。

A．长期待摊费用中在一年内摊销的部分　　B．预计一年内收回的长期股权投资

C．预计一年内报废的固定资产　　　　　　D．将于一年内到期的长期债权投资

2．企业持有货币资金的目的主要是为了（　　）。

A．投机的需要　　　　　B．经营的需要

C．投资的需要　　　　　D．获利的需要　　　　　E．预防的需要

3．资产负债表中货币资金项目应包括的内容有（　　）。

A．库存现金　　　　　B．银行存款　　　　　C．银行借款　　　　　D．备用金

4．资产负债表中存货项目应包括的内容有（　　）。

A．原材料　　　　　B．库存商品　　　　　C．生产成本　　　　　D．工程物资

5．下列指标中能反映短期偿债能力强弱的是（　　）。

A．流动比率　　　　　B．速动比率

C．现金比率　　　　　D．资产负债率　　　　　E．产权比率

6．利用资产负债表分析长期偿债能力的指标主要有（　　）。

A．资产负债率　　　　B．产权比率　　　　C．有形净值债务率　　　　D．流动比率

E．速动比率

7．影响流动比率的因素是（　　）。

A．流动资产　　　　　B．流动负债　　　　　C．总资产　　　　　D．长期资产

E．长期负债

8．需要在近期内偿还的债务不仅仅指流动负债，还包括（　　）。

A．长期负债的到期部分　　　　　　　　B．长期借款

C．在不可废除合同中的未来租金应付款数　　D．购买长期资产合同的分期付款数

E．将于三年后到期的应付债券

9．在计算速动比率时要把存货从流动资产中剔除是因为（　　）。

A．存货估价成本与合理市价相差悬殊

B．存货中可能含有已损失报废但还没有作处理的不能变现的存货

C. 存货种类繁多，难以综合计算其价值

D. 存货的变现速度慢

E. 部分存货可能已抵押给某债权人

10. 保守的速动资产一般是指（　　）。

A. 短期证券投资净额　　　　　　　　C. 预付账款

C. 应收账款净额　　　　　　　　　　D. 货币资金

11. 影响有形净值债务率的因素有（　　）。

A. 流动负债　　　　　　　B. 长期负债　　　　C. 股东权益

D. 负债总额　　　　　　　E. 无形资产净值

12. 在分析资产负债率时，（　　）应包括在负债项目中。

A. 应付福利费　　　　　　B. 盈余公积　　　　C. 未交税金

D. 长期应付款　　　　　　E. 资本公积

13. 企业的长期偿债能力主要取决于（　　）。

A. 资产的短期流动性　　　　　　　　B. 获利能力

C. 资产的多少　　　　　　　　　　　D. 债务的多少

14. 反映流动资产周转情况的指标主要有（　　）。

A. 现金周转率　　　B. 应收账款周转率　　C. 存货周转率

D. 流动资产周转率　　E. 营运资金周转率

15. 影响固定资产净值的因素有（　　）。

A. 固定资产原值的大小

B. 固定资产使用时间的长短

C. 会计上使用的折旧方法

D. 企业自有固定资产、融资租赁固定资产和经营租赁固定资产的比例

E. 新置、改造或报废、毁损引起的增减变动

16. 分析企业营运能力的指标有（　　）。

A. 存货周转率　　　　　　B. 流动资产周转率　　C. 速动比率

D. 资产净利润率　　　　　E. 净值报酬率

17. 应收账款的周转率越高，则（　　）。

A. 应收账款收回越迅速　　　　　　　B. 应收账款周转天数越短

C. 资产流动性越强　　　　　　　　　D. 短期偿债能力越强

E. 流动资产的收益能力越低

18. 造成流动比率不能正确反映偿债能力的原因有（　　）。

A. 季节性经营的企业销售不均衡量　　B. 存货计价方式发生改变

C. 大量的销售为现销　　　　　　　　D. 大量使用分期付款结算方式

E. 年末销售大幅下降

19. 应收账款周转率有时不能说明应收账款正常收回时间的长短，其原因有（　　）。

A. 销售的季节性变动很大　　　　　　B. 大量使用现销而非赊销

C. 大量使用赊销而非现销　　　　　　D. 年底前大力促销和收缩商业信用

E. 计算有错误

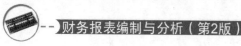

20．对固定资产周转率的表述，正确的有（　　）。

A．在销售收入净额一定的情况下，固定资产平均占用额越高，固定资产周转率越高

B．在销售收入净额一定的情况下，流动资产在总资产中占的比率越高，流动资产周转率越高，则固定资产周转率越高

C．固定资产平均占用额越低，销售收入净额越高，固定资产周转率越高

D．流动资产周转率越高，则固定资产周转率越低

E．如果企业资产总额及其构成不变，则流动资产周转率越高，固定资产周转率越高

21．企业长期债券的持有者关注的指标有（　　）。

A．已获利息倍数　　　　B．有形资产债务率　　　　C．有形净值债务率

D．应收账款周转率　　　　E．资产利润率

22．分析企业资金周转状况的比率有（　　）。

A．速动比率　　　　B．已获利息倍数　　　　C．应收账款平均收账期

D．存货周转率　　　　E．流动资产周转率

三、判断题

1．一个企业的货币资金越多，说明该企业的支付能力越强，资金的使用效率也越强。（　　）

2．企业存货越多，说明其资金沉淀越多，可流动的资金就越少，资产的使用效率就越低。

（　　）

3．与流动负债相比，长期负债的风险和压力较大。（　　）

4．未分配利润越多，说明企业当年和以后年度的积累能力、股利分配能力及应付风险的能力就越强。（　　）

5．一般认为制造企业合理的最低流动比率是1。（　　）

6．速动比率又称酸性试验比率，一般认为速动比率的标准值为1。（　　）

7．产权比率指标越低，表明企业的长期偿债能力越差，债权人承担的风险越大。（　　）

8．利息保障倍数是用来分析和评价企业短期偿债能力的指标。（　　）

9．实际上，企业在经营活动中，同时存在两种风险，一种是经营风险，另一种是财务风险。（　　）

10．现金比率高，说明企业即刻变现能力强，因此企业应保持越来越高的现金比率。（　　）

11．对企业来说，现金周转率总是越高越好。（　　）

12．一般情况下，固定资产周转率高，表明企业固定资产利用充分，固定资产管理效率高。（　　）

13．在通常情况下，存货周转速度越快，如果是赢利企业，则其利润就会越多；或者利润额不变，其存货资金占用量就越多。（　　）

14．资本周转能力指标分析主要包括流动资产周转能力分析、固定资产周转能力分析和总资产周转能力分析三部分。（　　）

15．应收账款周转次数是利用销售收入与应收账款平均占用额进行对比所确定的一个指标。（　　）

16．存货周转次数是用企业存货平均占用额与销售成本进行对比所确定的指标。（　　）

17．资产负债率是负债总额占资产总额的百分比。其中，资产总额应为扣除累计折旧后

的净额，负债总额是扣除流动负债后的净额。 （　　）

18．某企业年末速动比率为 0.5，则该企业可能仍具有短期偿期能力。（　　）

19．已获利息倍数指标可以反映企业偿付利息的能力。 （　　）

20．从股东角度分析，资产负债率高，节约所得税带来的收益就大。（　　）

四、实训题

实训 1　资产负债表比较分析

【实训资料】　凤北公司 2014 年有关财务情况如表 2-21 所示。

表 2-21　资产负债表

编制单位：凤北公司　　　　　　　　　2014 年 12 月 31 日　　　　　　　　　单位：万元

资产	年初数	年末数	负债及所有者权益	年初数	年末数
流动资产：	6 791	8 684	流动负债：	4 140	5 850
其中：			其中：应付账款	3 614	5 277
应收账款	3 144	4 071	长期负债	4 545	10 334
存货	2 178	3 025	其中：长期借款	2 382	7 779
固定资产原值	13 789	15 667	负债合计	8 685	16 184
固定资产净值	6 663	8 013	所有者权益	6 013	6 780
无形资产	1 244	6 267	其中：实收资本	5 000	6 000
资产总计	14 698	22 964	负债及所有者权益总计：	14 698	22 964

【实训任务 1】　对资产负债表进行水平分析，评价凤北公司的财务状况，填写表 2-12。

表 2-22　资产负债表水平分析表

单位：万元

项　目	年　末　数	年　初　数	变动情况	
			变　动　额	变动率（%）
应收账款	4 071	3 144		
存货	3 025	2 178		
流动资产合计	8 684	6 791		
固定资产	8 013	6 663		
无形资产	6 267	1 244		
资产总计	22 964	14 698		
应付账款	5 277	3 614		
流动负债合计	5 850	4 140		
长期负债	10 334	4 545		
负债合计	16 184	8 685		
实收资本	6 000	5 000		

续表

项 目	年 末 数	年 初 数	变动情况	
			变 动 额	变动率(%)
所有者权益合计	6 780	6 013		
负债及所有者权益合计	22 964	14 698		

从资产负债表的水平分析表中可以看出,2014 年企业总资产比 2013 年增加了 ① 万元,增长率为 ② %。资产的增加从占用形态看,主要是由于 ③ 的增加,应引起重视;资产的增加从来源看,主要是由于 ④ 的增加,特别是 ⑤ 增加引起的,负债比 2013 年增长了 ⑥ %,所有者权益比 2013 年也有增加,增长率为 ⑦ %。

① ＿＿＿＿＿　　② ＿＿＿＿＿　　③ ＿＿＿＿＿　　④ ＿＿＿＿＿

⑤ ＿＿＿＿＿　　⑥ ＿＿＿＿＿　　⑦ ＿＿＿＿＿

【实训任务 2】 对资产负债表进行垂直分析,评价凤北公司的财务状况,填写表 2-23。

表 2-23 资产负债表垂直分析表

单位:%

项 目	2014 年	2013 年
流动资产		
固定资产		
无形资产		
资产总计		
应付账款		
流动负债合计		
长期借款		
长期负债合计		
负债合计		
实收资本		
所有者权益合计		
负债及所有者权益合计		

2014 年企业的资产构成情况:有形资产占了 70%多,无形及递延资产约占 30%。在有形资产中,长期资产与流动资产的比重基本相同。从权益角度看,负债占 70%多,所有者权益近 30%。一般而言,该企业的负债比重 ① ,但好在是 ② 比重较大, ③ 比重不算过高。与 2013 年的结构对比可看出, ④ 比重下降较大, ⑤ 比重大幅提高。与 2013 年的结构对比可看出, ⑥ 比重上升, ⑦ 比重下降, ⑧ 上升的主要原因是 ⑨ 增加较快。

① 较大 or 较小　　② ＿＿＿＿＿　　③ ＿＿＿＿＿　　④ ＿＿＿＿＿

⑤ ＿＿＿＿＿　　⑥ ＿＿＿＿＿　　⑦ ＿＿＿＿＿

实训 2 分析应收款

【实训资料】 华南股份有限公司是一家上市公司,其年报有关资料如表 2-24 和表 2-25 所示:

表 2-24　应收账款账龄表

单位：万元

账　龄	期　初　数	比例（%）	期　末　数	比例（%）
1 年以内	6 404	91.49	10 699	78.68
1～2 年	279	3.99	2 147	15.79
2～3 年	134	1.91	325	2.38
3 年以上	183	2.61	425	3.14
合计	7 000	100	13 596	100

表 2-25　其他应收款账龄表

单位：万元

账　　龄	期　初　数	比例（%）	期　末　数	比例（%）
1 年以内	4 596	77.8	5 052	70.02
1～2 年	874	14.79	1 706	23.64
2～3 年	421	7.12	416	5.76
3 年以上	17	0.29	41	0.58
合计	5 908	100	7 215	100

有关会计政策：

坏账准备原按应收账款余额的 0.5%计提，改按应收款项（包括应收账款和其他应收款）余额的 10%计提。

期末存货原按成本计价，现改成成本与可变现净值孰低法计价。

期末长期股权投资原不计提减值准备，现改为计提减值准备。

【实训任务】　根据以上资料对该公司的财务状况进行分析并评价。

结合该公司提供的账龄表可以发现，期末应收账款账龄在 2～3 年的比重仅占　①　，3 年以上的比重仅占　②　，两者合计，即 2 年以上的应收账款所占比重仅为　③　。期末其他应收款账龄在 2～3 年的比重为　④　，3 年以上的比重为　⑤　，两者合计，即 2 年以上的其他应收款比只占　⑥　。通过账龄表还可以发现，该公司的应收账款和其他应收款的回收是　⑦　的，但公司却将按应收账款的 0.5%提取坏账准备改为按应收账款和其他应收款的 10%提取坏账准备，似乎有调节　⑧　之嫌。

①　_____　　②　_____　　③　_____　　④　_____

⑤　_____　　⑥　_____　　⑦　顺利 or 不顺利　⑧　收入 or 利润

实训 3　固定资产变动分析

【实训资料】　固定资产分析资料（1），如表 2-26 所示。

表 2-26　固定资产分析资料（1）

单位：万元

固定资产类别	期　　初	期　　末
1. 生产用固定资产	5 260 000	5 783 000
2. 非生产用固定资产	900 000	903 000

续表

固定资产类别	期　初	期　末
3. 租出固定资产	250 000	250 000
4. 融资租入固定资产	74 000	74 000
5. 未使用固定资产	40 000	40 000
6. 不需用固定资产	150 000	0
合　　计	6 674 000	7 050 000

固定资产分析资料（2），如表 2-27 所示。

表 2-27　固定资产分析资料（2）

单位：万元

本期增加固定资产	金　额	本期减少固定资产	金　额
购入生产用固定资产	105 750	出售不需用固定资产	150 000
建造完成生产用固定资产	796 000	报废非生产用固定资产	47 000
非生产用固定资产	50 000	盘亏生产用固定资产	25 850
盘盈生产用固定资产	11 750	非常损失生产用固定资产	21 150
		投资转出生产用固定资产	343 500
合　　计	963 500	合　　计	587 500

固定资产分析资料（3）：期初累计折旧：907 100 万元，期末累计折旧：1 211 190 万元。

【实训任务】

（1）对凤北公司的固定资产的变动情况进行分析，填写表 2-28（变动率栏结果保留两位小数）。

表 2-28　固定资产变动情况分析

单位：万元

固定资产原值	生产用	非生产用	租出	未使用	不需用	融资租入	合　　计
期初固定资产							
本期增加固定资产							
本期减少固定资产							
期末固定资产							
变动额							
变动率（%）							

（2）计算凤北公司的固定资产的相关比率，填写表 2-29（计算结果用百分数表示，保留两位小数）。

表 2-29　固定资产的比率分析

项　　目	指　　标
固定资产增长率	
固定资产更新率	

续表

项　目	指　标
固定资产退废率	
固定资产损失率	
期初固定资产净值率	
期末固定资产净值率	
期初固定资产磨损率	
期末固定资产磨损率	

实训 4　练习财务比率的计算，并评价相关指标

【实训资料】　大宇公司 2014 年年末的部分账面资料如表 2-30 所示。

表 2-30　2014 年年末资产负债表部分资料

单位：元

项　目	2014 年
货币资金	1 503 600
交易性金融资产——债券投资	29 160
应收票据	60 000
固定资产	24 840 000
其中：累计折旧	300 000
应收账款	210 000
其中：坏账准备	12 000
原材料	450 000
应付票据	90 000
应交税费	60 000
长期借款——基建借款	2 800 000

【实训任务】

（1）计算该企业的营运资本。

（2）计算该企业的流动比率。

（3）计算该企业的速动比率。

（4）计算该企业的现金比率。

（5）简要分析其短期偿债能力的好坏。

实训 5　偿债能力计算与分析

【实训资料】　长沙化工 2014 年有关财务资料如表 2-31 所示。

表 2-31　资产负债表

2014 年 12 月 31 日　　　　　　　　　　　　　　　　　　　　　　　　单位：万元

资　产	年　末　数	年　初　数	负债及所有者权益	年　末　数	年　初　数
货币资金	50	45	流动负债合计	205	250
应收账款	160	190	长期负债合计	345	360
存货	192	244	负债合计	550	610
其他应收款	23	36	所有者权益合计	650	690
流动资产合计	425	515			
固定资产净值	775	785			
资产总计	1 200	1 300	负债及所有者权益总计	1 200	1 300

【实训任务】　根据上述资料分析长沙化工有限公司的偿债能力，填写表 2-32（计算结果保留两位）。

表 2-32　偿债能力指标分析表

指　标	年　初	年　末
（1）流动比率		
速动比率		
现金比率		
（2）资产负债率		
股东权益比率（%）		
负债权益比率（%）		
有形净值债务率（%）		
（3）应收账款占总资产比重（%）		
存货资产占总资产比重（%）		
流动资产占总资产比重（%）		
固定资产占总资产比重（%）		
流动资产与固定资产比率（%）		
（4）利息保障倍数		

该公司短期偿债能力的相关指标都 ① 标准。单纯从数量来看，短期偿债能力 ② 。短期偿债能力的相关指标年末比年初有所 ③ ，但仍 ④ 标准。从资本结构的相关指标来看，负债率低于 50%，说明公司定的资本结构基本 ⑤ ，长期偿债能力 ⑥ 。从资产结构的相关指标来看，流动资产比率有所 ⑦ ，固定资产的比重有所 ⑧ 。另外，综合偿债能力还应结合公司的行业特点和资产周转情况等进行分析。

① 未达 or 超过　　　　　② 较强 or 较弱　　　　③ 提高 or 降低　　　　④ 高于 or 低于

⑤ 合理 or 不合理　　　　⑥ 有保障 or 无保障　　　⑦ 提高 or 降低　　　　⑧ 提高 or 降低

实训 6　练习财务比率的计算，并评价相关指标

【实训资料】　某企业 2014 年主营业务收入额为 10 465 万元，比 2013 年增长了 15%，其主营业务成本为 8 176 万元，比 2013 年增长了 12%。该企业连续三年资产负债表中的相关资产项目数额如表 2-33 所示。

表 2-33 资产负债表的相关资产项目资料

单位：万元

项 目	2012 年年末	2013 年年末	2014 年年末
流动资产	2 200	2 680	2 680
其中：应收账款	944	1 028	1 140
存货	1 060	928	1 070
固定资产	3 800	3 340	3 500
资产总额	8 800	8 060	8 920

【实训任务】

（1）计算该企业 2013 年和 2014 年的应收账款周转率、成本基础计算存货周转率、流动资产周转率、固定资产周转率、总资产周转率。

（2）对该企业的资产运用效率进行分析评价。

实训 7 撰写资产负债表分析报告

【实训资料】 某钢铁股份有限公司 2014 年 12 月资产负债表分析报告如下所示。

【实训任务】 请根据已给出的提示将省略号部分的计算与文字填写完整。

某钢铁股份有限公司
2014 年度财务报表（资产负债表）分析报告

（一）公司简介

某钢铁股份有限公司，以"调结构、降消耗、攻指标、增效益、创一流"为方针，是中国最大、最现代化的钢铁联合企业之一。公司主要经营范围包括钢铁冶炼、钢压延加工，冶金技术开发、咨询、转让和服务，销售金属材料、焦炭及化工产品等，具有完整的产供销体系和独立面向市场的经营能力。

（二）资产负债表综合分析

1. 资产负债表的纵向比较分析

根据某钢铁股份有限公司 2014、2013 年的资产负债表数据（见表 2-34），编制资产负债表纵向比较分析表，并进行相应的分析。

表 2-34 资产负债表纵向比较分析表

编制单位：某钢铁股份有限公司　　　　　2014 年 12 月 31 日　　　　　单位：万元

项 目	2014 年	2013 年	结 构（占总资产）（%）		
			2014 年	2013 年	结构变动
货币资金	6 776 100	1 446 500			
应收票据	0	40 000			
应收账款	151 000	630 000			
预付账款	26 000	26 000			

项　目	2014 年	2013 年	结　　构（占总资产）（%）		
			2014 年	2013 年	结构变动
其他应收款	0	56 000			
存货	2 961 500	1 603 200			
其他流动资产	0	8 000			
流动资产合计	9 914 600	3 809 700			
持有至到期投资	300 000	0			
长期股权投资	320 000	350 000			
固定资产	3 311 000	3 078 000			
工程物资	230 000	230 000			
在建工程	938 600	700 000			
无形资产	160 000	190 000			
长期待摊费用	0	0			
递延所得税资产	0				
非流动资产合计	5 259 600	4 548 000			
资产合计	15 174 200	8 357 700			
短期借款	150 000	350 000			
应付票据	60 000	60 000			
应付账款	3 446 000	296 000			
预收账款	63 000	63 000			
其他应付款	3 000	3 000			
应付职工薪酬	224 700	131 500			
应交税费	612 974	76 200			
流动负债合计	4 559 674	979 700			
长期借款	1 574 000	1 200 000			
递延所得税负债	66 000	0			
非流动负债合计	1 640 000	1 200 000			
负债合计	6 199 674	2 179 700			
实收资本	4 700 000	3 700 000			
资本公积	1 584 000	1 260 000			
盈余公积	960 879	740 000			
未分配利润	1 729 647	478 000			
所有者权益合计	8 974 526	6 178 000			
负债和所有者权益合计	15 174 200	8 357 700			

（1）资产负债表总体情况分析：

从总体来看，

......

（2）资产负债表主要项目的分析:

① 货币资金质量分析。

......

② 应收票据质量分析。

......

③ 存货质量分析。

......

④ 预收账款质量分析。

......

⑤ 长期借款质量分析。

......

⑥ 其他情况说明。

......

2. 资产负债表横向比较分析

根据某钢铁股份有限公司 2014、2013 年的资产负债表数据（见表 2-35），编制资产负债表横向比较分析表，并进行相应的分析。

表 2-35　资产负债表横向比较分析

编制单位：某钢铁股份有限公司　　　　　　　　　2014 年 12 月 31 日　　　　　　　　　单位：万元

项　　目	2014 年	2013 年	增减额	增减率（%）
流动资产:				
货币资金	6 776 100	1 446 500		
应收票据	0	40 000		
应收账款	151 000	630 000		
预付账款	26 000	26 000		
其他应收款	0	56 000		
存货	2 961 500	1 603 200		
其他流动资产	0	8 000		
流动资产合计	9 914 600	3 809 700		
非流动资产:				
持有至到期投资	300 000	0		
长期股权投资	320 000	350 000		
固定资产	3 311 000	3 078 000		
工程物资	230 000	230 000		
在建工程	938 600	700 000		
固定资产合计	5 099 600	4 358 000		
无形资产	160 000	190 000		

续表

项　　目	2013 年	2012 年	增减额	增减率（%）
长期待摊费用	0	0		
递延所得税资产	0	0		
非流动资产合计	5 259 600	4 548 000		
资产合计	15 174 200	8 357 700		
流动负债：				
短期借款	150 000	350 000		
应付票据	60 000	60 000		
应付账款	3 446 000	296 000		
预收账款	63 000	63 000		
其他应付款	3 000	3 000		
应付职工薪酬	224 700	131 500		
应交税费	612 974	76 200		
流动负债合计	4 559 674	979 700		
长期借款	1 574 000	1 200 000		
递延所得税负债	66 000	0		
非流动负债合计	1 640 000	1 200 000		
负债合计	6 199 674	2 179 700		
所有者权益：				
实收资本	4 700 000	3 700 000		
资本公积	1 584 000	1 260 000		
盈余公积	960 879	740 000		
未分配利润	1 729 647	478 000		
所有者权益合计	8 974 526	6 178 000		
负债和所有者权益合计	15 174 200	8 357 700		

（1）资产增减变动趋势分析

······

（2）负债增减变动趋势分析

······

（3）所有者权益增减变动趋势分析

······

（三）与资产负债表相关的财务比率分析

1. 短期偿债能力指标分析

利用某钢铁股份有限公司的资产负债表相关数据和报表附注资料，计算填制短期偿债能力指标分析表（见表2-36），对该公司短期偿债能力强弱做出结论。

表2-36　短期偿债能力指标分析表

指　　标	2014 年	2013 年
流动比率=流动资产÷流动负债		
速动比率=速动资产÷流动负债		
现金比率=现金类资产÷流动负债		

（1）从流动比率来看，

……

（2）从速动比率来看，

……

（3）从现金比率来看，

……

（4）综上所述，

……

2．长期偿债能力指标分析

利用某钢铁股份有限公司的资产负债表相关数据和报表附注资料，计算填制长期偿债能力指标分析表（见表2-37），并对该公司长期偿债能力强弱做出结论。

表2-37　长期偿债能力指标分析表

指　　标	2014 年	2013 年
资产负债率=负债总额÷资产总额		
产权比率=负债总额÷所有者权益总额		
有形净值债务率=负债总额÷（所有者权益-无形资产净值）		

（1）从资产负债率来看，

……

（2）从产权比率来看，

……

（3）从有形净值债务率来看，

……

（4）综上所述，

……

3．营运能力指标分析

利用某钢铁股份有限公司的资产负债表相关数据和报表附注资料，计算填制营运能力指标分析表（见表2-38），并对该公司营运能力强弱做出结论。

表 2-38　营运能力指标分析表

指　　标	2014 年	2013 年
应收账款周转次数=主营业务收入÷平均应收账款		
应收账款周转天数=计算期天数÷应收账款周转次数		
存货周转次数=主营业务成本÷存货平均余额		
存货周转天数=计算期天数÷存货周转次数		
营业周期=应收账款周转天数+存货周转天数		
流动资产周转次数=主营业务收入÷流动资产平均余额		
总资产周转次数=主营业务收入÷总资产平均余额		

（1）从应收账款周转率来看，

……

（2）从存货周转率来看，

……

（3）从流动资产周转率来看，

……

（4）从总资产周转率来看，

……

（5）综上所述，

……

（四）问题与评价

1. 主要问题：…

2. 综合评价：…

项目三　利润表的编制与分析

知识目标

1. 熟悉利润表的编制原理及编制方法；
2. 理解利润表各项目蕴含的经营信息；
3. 掌握利润表阅读和分析的方法；
4. 掌握与利润表有关的获利能力指标的计算与分析；
5. 掌握利润表分析报告的撰写方法。

技能目标

1. 会编制利润表；
2. 能运用财务报表分析的基本方法进行利润表的阅读和分析；
3. 能运用与利润表相关的指标分析企业的获利能力；
4. 能撰写利润表分析报告。

项目导入

随着国内家电连锁竞争的日趋激烈，单纯的商品销售利差明显趋薄，集中采购的价格差一再受到压缩。有人这样形容："把产品从供应商的仓库搬到自己的配送中心；再从配送中心搬到门店仓库；最后从门店仓库再搬到货架。当消费者决定买了，零售商还要提供免费运送，帮助消费者把这些东西搬回家。"

在商业竞争日益激烈、零售业利润增长有限的情形下，家电零售业该如何寻找新的利润增长点呢？发展自有品牌，成为商家降低成本、提高利润的有效途径之一。"自有品牌"商品是指零售企业自设生产基地，或者选择合适的生产企业进行加工生产，最终用自己的商标注册该产品，并利用自己的销售网络平台进行销售的商品，它可以减少商品流通的中间环节。

任务一　编制利润表

一、利润表的作用

利润表又称损益表，是反映企业在一定期间（月度、季度、半年度、年度）经营成果的会计报表。利润表作为一种动态会计报表，它给企业所提供的信息是动态信息，它把一定期间的营业收入与其同一会计期间相关的营业费用进行配比，从而计算出企业在该期间的净利润（或净亏损）。利润表是企业主要财务报表之一，它对投资人、债权人、政府部门和其他会计资料的使用者全面了解企业的经营业绩，分析、预测企业的经营成果、获利能力、偿债能力，以及未来的现金流动状况，分析、考核经营管理人员的业绩，为利润分配提供重要依据等方面具有十分重要的作用。具体表现在以下几个方面。

（1）利润表能反映企业在一定期间内的经营成果，即企业在一定期间的收入和费用情况以及获得利润或发生亏损的数额，表明企业收入与产出之间的关系。

（2）借助利润表可预测企业未来赢利变化的趋势。通过利润表提供的不同时期的比较数字，可以分析判断企业损益发展变化的趋势，预测企业未来的赢利能力。如将第 1 年、第 2 年、第 3 年的利润表排列在一起做比较，假设主营业务收入第 1 年为 200 万元，第 2 年为 300 万元，第 3 年为 400 万元，从企业主营业务收入的变化可以看出该企业的销售收入呈上升趋势，市场会越做越大。再如企业的管理费用第 1 年为 100 万元，第 2 年为 80 万元，第 3 年为 70 万元，企业管理费用的变化说明企业在行政管理开支上的压缩取得了较好的成绩。

（3）通过利润表可以考核企业的经营成果及利润计划的执行情况，分析企业利润增减变化原因，有助于发现经营过程中存在的问题，采取改进措施，按照企业经营意向不断提高企业的赢利水平。

二、利润表的基本结构

利润表的结构是由其所反映的基本内容决定的。利润表由收入、费用、利润三个动态要素组成，并依据"收入-费用=利润"的关系，按照其重要性，将收入、费用和利润项目依次排列，并根据会计账簿日常记录的大量数据累计整理后编制而成，是一种动态报表。

利润表一般包括表首和正表两部分。表首部分主要包括：报表名称、编制单位、编制时间、报表编号、单位等；正表部分包括影响利润形成的各个项目。利润表的格式为报告式，由于不同国家和地区对财务报表的信息要求不完全相同，利润表的各项目的排列也不完全一致，也就形成了不同的利润表结构，目前使用比较普遍的利润表结构主要有单步式和多步式两种。

（一）单步式利润表

单步式利润表，是指根据"收入-费用=利润"的会计等式，把当期全部收入之和减去当期全部支出之和，能一步到位计算出当期损益的利润报表。"当期"可以是一个月，也可以是一个季度，还可以是年度。

单步式利润表的最大优点在于：报表格式比较简单，便于编制；收入费用归类清楚，经营成果的确认比较直观。其缺陷主要在于：利润表中收入和费用不能配比，无法提示利润中各要素之间的内在联系；利润表中由于缺少利润构成情况的详细资料，不利于企业不同期间利润表的纵向、不同行业间利润表的横向进行比较分析与评价。

单步式利润表的基本格式如表 3-1 所示。

表 3-1　利润表

会企 02 表

编制单位：_____　　　　____年___月　　　　　　　　单位：元

项　　　目	行　　次	本　月　数	本年累计数
一、收入			

续表

项　　目	行　　次	本　月　数	本年累计数
其中：主营业务收入			
其他业务收入			
营业外收入			
投资收益			
收入合计			
二、费用			
其中：主营业务成本			
主营业务税金及附加			
其他业务支出			
销售费用			
管理费用			
财务费用			
营业外支出			
所得税			
费用合计			
三、净利润			

（二）多步式利润表

多步式利润表是指将利润表的内容做多项分类，产生一些中间信息，表中的净利润（或亏损总额）是通过多步计算求出的。根据我国《企业会计制度》规定，利润表应采用多步式结构。多步式利润表是按照利润的构成内容，分层次、分步骤计算利润的一种利润报表。多步式利润表一般按下列步骤计算利润。

第一步，计算营业利润。不分主业、副业，直接用企业营业收入总额，减去为取得营业收入而发生的相关营业成本、营业税金及附加、销售费用、管理费用、财务费用、资产减值损失后，再加上公允价值变动净收益（或减去公允价值变动净损失）、投资净收益（或减去投资净损失）计算得出营业利润。

第二步，计算利润总额。利润总额是在营业利润的基础上，加上营业外收入，减去营业外支出后计算得出税前利润总额。

第三步，计算净利润。净利润是在利润总额的基础上，减去本期计入损益的所得税费用后计算得出。

多步式利润表的最大优点在于：按利润的性质分步计算利润，利润表中收入和费用合理配比，反映了净利润各要素之间的内在联系；利润表详细反映了利润的构成情况，有利于报表使用者进行赢利分析和预测企业的赢利能力。其缺陷主要在于：报表的编制方法比较复杂。多步式利润表基本格式如表3-2所示。

表3-2　利润表

会企：02表

编制单位：_____　　　　　　　　____年___月　　　　　　　　单位：元

项　目	本　月　数	本年累计数
一、营业收入		
减：营业成本		
营业税金及附加		
销售费用		
管理费用		
财务费用		
资产减值损失		
加：公允价值变动收益（亏损以"－"号填列）		
投资收益（损失以"－"号填列）		
其中：对联营企业和合营企业的投资收益		
二、营业利润（损失以"－"号填列）		
加：营业外收入		
减：营业外支出		
其中：非流动资产处置损失		
三、利润总额（亏损总额以"－"号填列）		
减：所得税费用		
四、净利润（净亏损以"－"号填列）		
五、每股收益		
（一）基本每股收益		
（二）稀释每股收益		

多步式利润表中有关利润指标的计算方法如下：

$$\text{营业利润} = \text{营业收入} - \text{营业成本} - \text{营业税金及附加} - \text{销售费用} - \text{管理费用} - \text{财务费用} + \text{公允价值变动净收益}(-\text{亏损}) + \text{投资收益}(-\text{亏损})$$

$$\text{利润总额} = \text{营业利润} + \text{营业外收入} - \text{营业外支出}$$

$$\text{净利润} = \text{利润总额} - \text{所得税费用}$$

三、利润表的编制方法

我国会计制度规定，年度、半年度财务报表至少应当反映两个年度或相关两个会计期间的比较数据。所以，利润表各项目需要分"本月数"和"本年累计数"两栏分别填列。

（一）本月数的填列

"本月数"栏反映各项目的本期实际发生数；在编制中期财务会计报告时，填列上年同期累计实际发生数；在编制年度财务会计报告时，将"本月数"栏改为"上年数"栏，填列上年全年累计实际发生数。如果上年度利润表与本年度利润表的项目名称和内容不相一致，则按编报当年的口径对上年度利润表的项目名称和数字进行调整，填入本表"上年数"栏。

（二）本年累计数的填列

"本年累计数"栏，反映各项目自年初起至报告期末止累计实际发生数，可根据上期利润表中的"本年累计数"加上本期的"本月数"填列。

（三）表内各项目的填列方法

利润表中各项目主要根据各损益类科目的发生额分析填列。如各收入类项目本月数应根据各收入类账户的贷方发生额填列，各费用类项目本月数应根据各费用类账户的借方发生额填列。

利润表中各项目的具体填列方法如下所述。

（1）"营业收入"项目，反映企业经营业务所取得的收入总额。本项目应根据"主营业务收入"、"利息收入"、"手续费及佣金收入"、"保费收入"、"租赁收入"和"其他业务收入"等科目的发生额分析填列。

（2）"营业成本"项目，反映企业经营主要业务发生的实际成本。本项目应根据"主营业务成本"和"其他业务成本"科目的发生额分析填列。

（3）"营业税金及附加"项目，反映企业经营业务应负担的营业税、消费税、城市维护建设税、资源税、土地增值税和教育费附加等。本项目应根据"营业税金及附加"科目的发生额分析填列。

（4）"销售费用"项目，反映企业在销售商品和商品流通企业在购入商品等过程中发生的费用，包括包装费、广告费等费用和为销售本企业商品而专设的销售机构的职工薪酬、业务费等经营费用。本项目应根据"销售费用"科目的发生额分析填列。

（5）"管理费用"项目，反映企业发生的管理费用。本项目应根据"管理费用"科目的发生额分析填列。企业发生勘探费用的，应在"管理费用"和"财务费用"项目之间，增设"勘探费用"项目反映。

（6）"财务费用"项目，反映企业发生的财务费用。本项目应根据"财务费用"科目的发生额分析填列。

（7）"资产减值损失"项目，反映企业计提的各项资产减值准备所形成的损失。项目应根据"坏账准备"、"存货跌价准备"、"长期股权投资减值准备"、"持有至到期投资减值准备"、"固定资产减值准备"、"贷款损失准备"、"无形资产减值准备"等科目的发生额分析填列。

（8）"公允价值变动收益"项目，反映企业交易性金融资产、交易性金融负债，以及采用公允价值模式计量的投资性房产、衍生工具、套期保值业务等公允价值变动形成的应计入当期损益的利得或损失。本项目应根据"公允价值变动收益"科目的发生额分析填列。如为损失，以"–"号填列。

（9）"投资收益"项目，反映企业以各种方式对外投资所取得的收益。本项目应根据"投资收益"科目的发生额分析填列。如为投资损失，以"–"号填列。

（10）"营业利润"项目，反映企业实现的营业利润。如为亏损总额，以"–"号填列。

（11）"营业外收入"项目和"营业外支出"项目，反映企业发生的与其生产经营无直接关系的各项收入和支出。这两个项目应分别根据"营业外收入"科目和"营业外支出"科目的发生额分析填列。

（12）"利润总额"项目，反映企业实现的利润总额。如为亏损总额，以"-"号填列。

（13）"所得税费用"项目，反映企业按规定从本期损益中减去的所得税。本项目应根据"所得税费用"科目的发生额分析填列。

（14）"净利润"项目，反映企业实现的利润。如为净亏损，以"-"号填列。

（15）"每股收益"项目，反映普通股或潜在普通股已公开交易的企业，以及正处于公开发行普通股或潜在普通股过程中的企业的每股收益情况。潜在普通股，是指赋予其持有者在报告期或以后期间享有取得普通股权利的一种金融工具或其他合同，包括可转换公司债券、认股权证、股份期权等。

（16）"基本每股收益"项目，企业应当按照归属于普通股股东的当期净利润，除以发行在外普通股的加权平均数计算基本每股收益。

$$基本每股收益=归属于普通股股东的当期净利润÷发行在外普通股的加权平均数$$

$$\begin{aligned}发行在外普通股\\加权平均数\end{aligned}=\begin{aligned}期初发行在外\\普通股股数\end{aligned}+\begin{aligned}当期新发行\\普通股股数\end{aligned}×\begin{aligned}已发行\\时间\end{aligned}÷\begin{aligned}报告期\\时间\end{aligned}-\begin{aligned}当期回购\\普通股股数\end{aligned}×\begin{aligned}已回购\\时间\end{aligned}÷\begin{aligned}报告期\\时间\end{aligned}$$

已发行时间、报告期时间和已回购时间一般按照天数计算。在不影响计算结果合理性的前提下，也可以采用简化的计算方法。

新发行普通股股数，应当根据发行合同的具体条款，从应收对价之日（一般为股票发行日）起计算确定。通常包括下列情况：①为收取现金而发行的普通股股数，从应收现金之日起计算；②因债务转资本而发行的普通股股数，从停计债务利息之日或结算日起计算；③非同一控制下的企业合并，作为对价发行的普通股股数，从购买日起计算；同一控制下的企业合并，作为对价发行的普通股股数，应当计入各列表期间普通股的加权平均数；④为收购非现金资产而发行的普通股股数，从确认收购之日起计算。

【例3-1】　某上市公司2014年期初发行在外的普通股为10 000万股，3月2日新发行普通股4 500万股，12月1日回购普通股1 500万股，以备将来奖励职工之用。该公司当年度实现归属于普通股股东的净利润为2 600万元。请计算基本每股收益。

发行在外普通股加权平均数=10 000×12/12+4 500×10/12-1 500×1/12＝13 625（万股）

基本每股收益=2 600÷13 625=0.191元

（17）"稀释每股收益"项目，企业存在稀释性潜在普通股的，应当分别调整归属于普通股股东的当期净利润和发行在外普通股的加权平均数，并据此计算稀释每股收益。

$$稀释每股收益=调整归属于普通股股东的当期净利润÷调整发行在外普通股的加权平均数$$

稀释性潜在普通股是指假设当期转换为普通股会减少每股收益的潜在普通股。计算稀释每股收益时，应当根据下列事项对归属于普通股股东的当期净利润进行调整：①当期已确认为费用的稀释性潜在普通股的利息；②稀释性潜在普通股转换时将产生的收益或费用。

当期发行在外普通股的加权平均数应当为计算基本每股收益时普通股的加权平均数与假定稀释性潜在普通股转换为已发行普通股而增加的普通股股数的加权平均数之和。计算稀释性潜在普通股转换为已发行普通股而增加的普通股股数的加权平均数时，以前期间发行的稀释性潜在普通股，应当假设在当期期初转换；当期发行的稀释性潜在普通股，应当假设在发行日转换。

四、利润表的运用

（一）案例资料

湖南创建车床厂 2014 年各损益类账户的累计发生额如表 3-3 所示。

表 3-3　2014 年损益类账户累计发生额表

单位：元

账　户	借方发生额	贷方发生额
主营业务收入		192 630 452
其他业务收入		3 126 467
主营业务成本	154 781 415	0
其他业务成本	3 524 776	0
营业税金及附加	637 680	0
销售费用	11 679 764	0
管理费用	7 081 471	0
财务费用	1 847 259	0
资产减值损失	800 778	0
投资收益	1 029 427	0
营业外收入	0	1 435 322
营业外支出	497 099	0
所得税费用	3 348 116	0

（二）编制利润表的具体过程

2014 年利润表编制过程如下：

营业收入＝192 630 452＋3 126 467＝195 756 919（元）

营业成本＝154 781 415＋3 524 776＝158 306 191（元）

营业利润＝195 756 919－158 306 191－637 680－11 679 764－7 081 471－1 847 259－

　　　　　800 778－1 029 427

　　　　　＝14 374 349（元）

利润总额＝14 374 349＋1 435 322－497 099＝15 312 572（元）

净利润＝15 312 572－3 348 116＝11 964 456（元）

基本每股收益＝11 964 456÷18 820 000＝0.64

注：18 820 000 为普通股股数，参见表 2-5。

编制的利润表如表 3-4 所示（上年同期数来自 2013 年利润表资料）。

表 3-4　利润表

编制单位：湖南创建机床厂　　　　　　　　2014 年 12 月 31 日　　　　　　　　单位：元

项　　目	本　期　数	上年同期数
一、营业收入	195 756 919	154 521 867

续表

项　　目	本　期　数	上年同期数
减：营业成本	158 306 191	125 234 737
营业税金及附加	637 680	438 282
销售费用	11 679 764	7 135 293
管理费用	7 081 471	7 230 285
财务费用	1 847 259	1 410 414
资产减值损失	800 778	371 225
加：公允价值变动收益（损失以"－"号填列）	0	0
投资收益（损失以"－"号填列）	－1 029 427	45 197
其中：对联营企业和合营企业的投资收益	0	0
汇兑收益（损失以"－"号填列）	0	0
二、营业利润（亏损以"－"号填列）	14 374 349	12 746 828
加：营业外收入	1 435 322	348 944
减：营业外支出	497 099	302 696
三、利润总额（亏损总额以"－"号填列）	15 312 572	12 793 076
减：所得税费用	3 348 116	3 502 271
四、净利润（净亏损以"－"号填列）	11 964 456	9 290 805
归属于母公司所有者的净利润	11 964 456	9 290 805
少数股东损益		
五、每股收益		
（一）基本每股收益	0.64	0.66
（二）稀释每股收益	0.64	0.66

任务二　阅读利润表

　　利润表是反映企业在一定会计期间经营成果的财务报表，也称收益表、损益表。通过利润表可以反映企业一定会计期间的收入实现情况，即实现的营业收入有多少，投资收益有多少和营业外收入有多少等；可以反映一定会计期间的费用耗费情况，即耗费的营业成本有多少，营业税金及附加有多少，销售费用、财务费用、管理费用有多少等；可以反映企业生产经营活动的成果，即净利润的实现情况。通过对利润表的分析，可以让报表的使用人（债权人、投资者等）了解到企业的赢利能力、投资价值等信息。利润表的项目分析以营业收入为起点，对构成利润表的各项目进行分析，通过分析收益的业务结构，可以了解不同业务的获利水平，明确它们各自对企业总获利水平的影响方向和影响程度，最终揭示收益的来源和构成。

（一）营业收入

　　"营业收入"项目，反映的是企业的主营业务收入和其他业务收入的总和，是企业创造利润的核心，最具有未来的可持续性，如果企业的利润总额绝大部分来源于营业收入，则企业的利润质量较高。阅读时应结合利润表附表进行，从而了解营业收入中主营业务收入和其他业务收入各自的金额，帮助读者分析企业主营业务发展趋势，进而做出合理的决策。

1．主营业务收入

主营业务收入是指企业销售商品、提供劳务等主营业务所取得的收入。

从数量上分析，主营业务收入应与资产负债表的资产总额配比。主营业务收入代表了企业的主要经营能力和获利能力，而这种能力应与企业的生产经营规模（资产总额）相适应。这种分析应当结合行业来开展，如工商企业的主营业务收入主要为企业销售商品收入，而金融、保险、建筑等行业是提供服务的收入。

从质量上分析，主营业务收入的确认应当符合《企业会计准则第 14 号——收入》的规定，并要划分收入与利得的界限。其中，收入属于企业主要的、经常性的业务收入，收入和相关成本在会计报表中应分别反映。利得是指收入以外的其他收益，通常从偶发的经济业务中取得，属于那种不经过经营过程就能取得或不曾期望获得的收益，如企业接受捐赠或政府补助取得的资产、因其他企业违约收取的罚款、处理固定资产净损益、流动资产价值的变动等。此外，在阅读时观察主营业务收入是否与资产负债表的应收账款配比，由此可以观察企业的信用政策，是以赊销为主，还是以现金销售为主。

通过对比不同期间本项目的变化，可以掌握企业经营前景和未来发展态势。若与基期比较该项目增加，说明企业经营状况良好，经营前景乐观，投资者可以考虑投资计划。但具体决策还需通过进一步分析才能做出。

2．其他业务收入

其他业务收入占主营业务收入的比重不应过大，若比重明显偏高，应关注会计报表附注，检查该企业是否存在关联方交易行为。这种关联方交易主要是企业向关联方企业出租固定资产、出租包装物、出让无形资产（如专利权、商标权、著作权、土地使用权、特许权、非专利技术）的使用权等，尤其是非专利技术，应分析这种交易的真实性、合理性。

湖南创建车床厂利润表显示企业 2014 年营业收入总额为 195 756 919 元，比 2013 年的 154 521 867 元净增了 41 235 052 元，主营业务收入和其他业务收入相比，占绝大比重，说明该公司 2014 年经营情况平稳上升，经营前景广阔。

（二）营业成本

"营业成本"项目，反映的是企业的主营业务成本和其他业务成本之和，对营业成本的阅读有助于观察企业成本控制的能力，结合主营业务成本和其他业务成本各自的数额，看是否与营业收入相互配比，是否存在操纵营业成本的行为。同时，还应比较报告期与基期的成本变化，分析成本变化的趋势则需进一步借助财务分析方法才能进行。

1．主营业务成本

主营业务成本是指企业销售商品、提供劳务等主营业务而发生的实际成本。通过对公司、企业费用项目的分析，会计信息使用者可以对公司、企业费用的发生情况、主要用途、费用规模有一个大致的了解，通过对成本的分析，可以对公司、企业产品成本水平有所了解，与销售价格相对比，还可以分析产品的赢利情况。可见，费用、成本信息和收入信息一样，对报表分析者具有十分重要的意义。

从数量上分析，主营业务成本应与主营业务收入配比。将两者之差除以主营业务收入，即得出重要的财务指标——毛利率，并以此结合行业、企业经营生命周期来评价主营业务成本的合理性。

从质量上分析，主营业务成本与不同利益主体之间存在一定关系。在实际工作中，一些企业为满足小集团的利益，往往利用会计政策职业判断的空间"调控"成本。例如，将主营业务成本作资产挂账，导致当期费用低估，资产价值高估，误导会计信息使用者；或者将资产列作费用，导致当期费用高估，资产价值低估，既歪曲了利润数据，也不利于资产管理；或随意变更成本计算方法和费用分配方法，导致成本数据不准确，等等。

2. 其他业务成本

分析时应注意其他业务收入与其他业务成本的配比。

湖南创建车床厂利润表显示企业 2014 年营业成本为 158 306 191 元，比 2013 年的 125 234 737 元净增了 33 071 454 元，与营业收入增加的幅度基本配比，主营业务成本与其他业务成本相比，主营业务成本占绝大比重，与主营业务收入和其他业务收入的比重基本配比，具体情况需要进一步分析解读。

（三）营业税金及附加

"营业税金及附加"项目，反映的是企业主营业务和其他业务应缴的营业税、消费税、资源税、城市维护建设税、教育费附加等税费，一般与营业收入成比例。分析营业税金及附加时，应将该项目与营业收入配比，因为企业在一定时期内取得的营业收入要按国家规定缴纳各种税金及附加，如果两者不配比，则说明企业有"漏税"之嫌。但是因为它的金额相对较小，所以不是分析的重点。

湖南创建车床厂利润表显示企业 2014 年营业税金及附加为 637 680 元，比 2013 年的 438 282 元净增了 199 398 元，与营业收入的增加基本配比。具体而详细的情况需要进一步分析解读。

（四）销售费用

"销售费用"项目，反映的是企业销售商品和材料、提供劳务的过程中发生的各种费用，包括包装费、保险费、展览费、广告费、商品维修费、预计产品质量保证损失、运输费、装卸费等以及为销售本企业商品而专设的销售机构的职工薪酬、业务费、折旧费等经营费用。此外，企业发生的与专设销售机构相关的固定资产修理等后续支出也在此项列示。销售费用作为一种期间费用，与本期营业收入有较强的相关性，进行分析时应注意其支出数额与本期收入之间是否匹配，如果不匹配，应当关注相关原因。

在对销售费用的阅读上，不应简单看其数额的增减，如果增长幅度较大，则应观察增长的内容是什么，如果是广告费的大额支出，应对其作用期间进行判断，根据我国会计准则的规定，企业广告费在发生时全额计入当期损益，但数额巨大的广告支出可能给企业带来的效益会影响到以后。

湖南创建车床厂利润表显示企业 2014 年销售费用为 11 679 764 元，比 2013 年的 7 135 293 元净增了 4 544 471 元。基本与营业收入的变化保持配比。如果企业欲研究进一步节约开支、提高效益的措施仍需进一步分析。

（五）管理费用

"管理费用"项目，反映的是企业为组织和管理企业生产经营发生的管理费用，包括企业在筹建期间内发生的开办费、董事会和行政管理部门在企业的经营管理中发生的或者应由企业统一负担的公司经费、工会经费、董事会费、诉讼费、业务招待费、房产税、车船使用税、土地使用税、印花税、技术转让费、矿产资源补偿费、研究费用、排污费等支出。阅读时可将管理费用与营业收入配比，企业的管理费用基本属于固定性费用，在企业业务量一定、收入量一定的情况下，有效地控制、压缩那些固定性行政管理费用，将会给企业带来更多的收益；还可将管理费用与财务预算配比，分析管理费用的合理性，管理费用数额的大小反映了该企业的经营管理理念和水平。

湖南创建车床厂利润表显示企业 2014 年管理费用为 7 081 471 元，比 2013 年的 7 230 285 元降低了 148 814 元，在企业营业收入持续上升的形式下，企业的管理费用反而下降，说明企业重视节约开支，至于具体是哪些因素的影响，还应进一步结合相关资料进行深入分析。

（六）财务费用

"财务费用"项目，反映的是企业为筹集生产经营所需资金而发生的筹资费用，包括利息支出、汇兑损益以及相关的手续费、企业发生的现金折扣或收到的现金折扣等。为构建或生产资本化条件的资产而发生的借款费用中不能资本化部分也应在此项列示。阅读时将财务费用与营业收入配比，通过行业水平、企业规模，以及本企业经营生命周期、历史水平分析，考察其合理性与合法性以及财务风险程度；另外，应考虑财务费用赤字问题，对大多数企业而言，财务费用不会出现赤字，这种情况只会出现在当企业的存款利息收入小于贷款利息费用的时候，如果数额较大，则属于不正常现象，应予以关注。

湖南创建车床厂的利润表显示企业 2014 年财务费用为 1 847 259 元，比 2013 年的 1 410 414 元净增了 436 845 元。这一变化应结合对企业资金筹集和资本市场的综合分析来判断是否属于合理变动。

（七）资产减值损失

资产减值损失是指企业计提各项资产减值准备所形成的损失。对资产减值损失分析时应注意资产减值损失与资产负债表中相关项目（如存货、长期股权投资、固定资产等）的配比，并考虑企业各项资产减值情况。各项资产减值情况与企业以往情况、市场情况，以及行业水平进行对比，观察其异常变化，进而决定企业是否应用资产减值来调节利润。

湖南创建车床厂利润表显示企业 2014 年资产减值损失为 800 778 元，比 2013 年的 371 225 元增加了 1 倍之多，应进一步取得相关证明材料进行深入分析，合理规划。

（八）公允价值变动损益

"公允价值变动损益"项目，反映的是企业交易性金融资产、交易性金融负债，以及采用公允价值模式计量的投资性房地产、衍生工具、套期保值业务等公允价值变动形成的应计入当期损益的利得或损失。阅读该项目时应结合利润表附表相关具体项目的明细资料进行具体分析，帮助企业做出合理的投资决策。

湖南创建车床厂年利润表无此项目列示。

（九）投资收益

"投资收益"项目，反映的是企业进行对外投资发生的投资损失或投资收益。企业保持适度规模的对外投资，表明企业具备较高的理财水平，因为，这意味着企业除了正常的生产经营取得利润之外，还有第二条获取收益的渠道。投资是通过让渡企业的部分资产而换取另一项资产，即通过其他单位使用投资者投入的资产所创造的效益后分配取得的，或通过投资改善贸易关系等手段达到获取利益的目的。本项目应结合企业的具体投资项目进行阅读和分析，以便于企业做出合理的投资决策。

湖南创建车床厂利润表显示企业 2014 年投资收益为-1 029 427 元，说明是投资损失，企业应分析发生损失的原因，有助于今后做出合理的投资决策。

（十）营业外收入

营业外收入是指企业发生的与生产经营无直接关系的各项收入。营业外收入通常属于不经过经营过程就能取得或不曾期望获得的收益，因此其数额一般很少，对企业利润的影响也较弱，如果数额较大，则需要进一步分析，是否为关联方交易来操纵企业利润。

湖南创建车床厂利润表显示企业 2014 年营业外收入为 1 435 322 元，比 2013 年的 348 944 元增加了 1 086 378 元，是 2013 年的 3 倍多，企业应分析营业外收入大量增加的原因，有助于今后做出合理的投资决策。

（十一）营业外支出

"营业外支出"项目是指企业发生的各项营业外支出，包括非流动资产处置损失、非货币性资产交易损失、债务重组损失、公益性捐赠支出、非常损失、盘亏损失等。它反映了企业发生的与本企业生产经营无直接关系的各项支出。营业外发生的开支，其数额不应过大，否则是不正常的。

湖南创建车床厂利润表显示企业 2014 年营业外支出为 497 099 元，比 2013 年的 302 696 元增加了 194 403 元，企业应根据其他资料分析营业外支出大量增加的原因。

（十二）所得税

所得税是企业的一项费用，但是该项目并不是直接由当期利润总额乘以税率得到的，因为税法与会计准则对于企业会计项目金额的认定不同，致使企业所得税费用与当期的应交所得税不同。财务人员在阅读分析时应结合资产负债表的递延所得税资产、递延所得税负债和应交税费项目来分析本项目的质量。

湖南创建车床厂利润表显示企业 2014 年所得税费用为 3 348 116 元，比 2013 年的 3 502 271 元减少了 154 155 元，而利润总额 2014 年却比 2013 年增加了，我们应结合所得税纳税申报表进行阅读和分析。

（十三）净利润

净利润是企业所有者最终取得的财务成果，也是可供企业所有者分配或使用的财务成果。

它是企业正常生产经营、非正常生产经营共同的结果，虽然受一些偶然、非正常因素的影响，但毕竟是企业现实的、最终的能由所有者所有的资源。对于净利润项目的分析，在利润总额的基础上，还需考虑所得税费用项目。

湖南创建车床厂利润表显示企业 2014 年净利润为 11 964 456 元，比 2013 年的 9 290 805 元增加了 2 673 651 元，说明企业 2014 年的经营成果较好，有一个良好的发展趋势。

（十四）每股收益

每股收益反映的是企业归属于普通股股东的净利润除以发行在外普通股股票的加权平均数。每股收益是衡量上市公司赢利能力最常用的财务指标，它反映普通股的获利水平。在分析时，可以进行公司间的比较，以评价该公司的相对赢利能力；可以进行不同时期的比较，了解该公司赢利能力的变化趋势；可以进行经营业绩和赢利预测的比较，掌握公司的管理能力。每股收益不反映股票所含有的风险。每股收益多，不一定意味着分红多，还要看公司股利分配政策。

湖南创建车床厂利润表显示企业 2014 年每股收益为 0.64 元，比 2013 年减少了 0.02 元，减少幅度不大，在企业经营成果较好增长的情况下，每股收益的减少主要是由 2014 年接受大量投资增加股本引起的。

任务三　比较分析利润表

利润表的比较分析是指通过利润表中所反映的有关项目的结构和增减变动情况，来评价企业当期的经营成果和未来的发展趋势。对利润表同样可进行纵向比较分析和横向比较分析。

一、纵向比较分析利润表

利润表纵向比较分析是指将常规形式的利润表换算成结构百分比形式，即以营业收入总额为共同基数，定为 100%，然后再求出表中各项目相对于共同基数的百分比，从而了解企业有关销售利润率以及各项费用率的百分比，同时其他各个项目与关键项目之间的比例关系也会更加清晰地显示出来，看出企业财务资源的配置结构。

纵向比较分析的思路应该按照人们一般习惯的方式，按照由上到下或者由下到上的顺序进行分析，例如，按从下至上的顺序分析，先从净利润的增减情况开始分析，再根据利润总额、营业外收支、营业收入、营业成本、期间费用等方面分析其对净利润的影响，进而找出净利润增减变动的原因。

【例 3-2】　以湖南创建车床厂 2014 年利润表资料为依据，对湖南创建车床厂的利润表进行纵向比较分析，如表 3-5 所示。

表 3-5　纵向比较利润表

编制单位：湖南创建车床厂　　　　　　　　　　2014 年 12 月 31 日　　　　　　　　　　单位：元

项　　目	本　期　数	上年同期数	本期数占比（%）	上年同期数占比（%）
一、营业收入	195 756 919	154 521 867	100	100

项　　目	本　期　数	上年同期数	本期数占比（%）	上年同期数占比（%）
减：营业成本	158 306 191	125 234 737	80.87	81.05
营业税金及附加	637 680	438 282	0.33	0.28
销售费用	11 679 764	7 135 293	5.97	4.62
管理费用	7 081 471	7 230 285	3.62	4.68
财务费用	1 847 259	1 410 414	0.94	0.91
资产减值损失	800 778	371 225	0.40	0.24
加：公允价值变动收益（损失以"－"号填列）	0	0	0	0
投资收益（损失以"－"号填列）	-1 029 427	45 197	-0.53	0.03
其中：对联营企业和合营企业的投资收益	0	0	0	0
汇兑收益（损失以"－"号填列）	0	0	0	0
二、营业利润（亏损以"－"号填列）	14 374 349	12 746 828	7.34	8.25
加：营业外收入	1 435 322	348 944	0.73	0.23
减：营业外支出	497 099	302 696	0.25	0.20
三、利润总额（亏损总额以"－"号填列）	15 312 572	12 793 076	7.82	8.28
减：所得税费用	3 348 116	3 502 271	1.71	2.27
四、净利润（净亏损以"－"号填列）	11 964 456	9 290 805	6.11	6.01
归属于母公司所有者的净利润	11 964 456	9 290 805	6.11	6.01
少数股东损益				
五、每股收益				
（一）基本每股收益	0.64	0.66		
（二）稀释每股收益	0.64	0.66		

对表3-5纵向比较利润表，可进行如下分析。

（1）成本费用方面，营业成本的比重只有小幅下降；管理费用所占比重下降，这对企业营业利润和提高是有利的；营业税金及附加、销售费用、财务费用、资产减值损失都不同程度地提高了在营业收入中的比重，这对企业营业利润的提高产生抑制；投资收益所占比重为负，说明企业的对外投资发生了损失，应分析投资失利的原因，从而将有限的资金投入到比较有发展空间的企业。以上这些都使营业利润所占比重呈现下降趋势。

（2）利润总额方面，其绝对值增加了，但本期利润总额占营业收入的 7.82%，较上年的 8.28%有所减少，主要是由营业利润占收入的百分比下降引起的。利润总额的增长主要是依赖于营业利润的增加和营业外收入的增加，这充分说明企业在经营成果方面取得了良好的效果。

（3）净利润方面，本期净利润占营业收入的 6.11%，即每 100 元的营业收入中有 6.11 元是属于企业的净利润，相比上年同期有小幅增长，说明经营成果有一定的提高。在利润总额增加的情况下，所得税费用减少了，说明企业进行了合理的税收筹划，具体情况要结合所得税纳税申报表进行分析，但这是一个良性发展的信号。

二、横向比较分析利润表

利润表的横向比较分析是指将企业连续数年的利润指标进行比较（企业常常是采用前后两期对比的方式），分别计算出各个指标的变动金额和变动百分比，从而确定各指标的变动对利润的影响。企业可从中发现重要或异常变化，以便及时对这些变化情况做进一步的分析，找出引起变化的原因，判断这种变化的性质和影响，较准确地推断这种变化趋势是否会延续至以后会计期间，促使企业进一步开拓市场、加强管理、增收节支、提高效益。

【例 3-3】 以湖南创建车床厂 2014 年利润表资料为依据，对湖南创建车床厂的利润表进行横向比较分析，如表 3-6 所示。

表 3-6　横向比较利润表

编制单位：湖南创建车床厂　　　　　　　　　2014 年 12 月 31 日　　　　　　　　　单位：元

项　目	本　期　数	上年同期数	变动情况	变动率（%）
一、营业收入	195 756 919	154 521 867	41 235 052	26.69
减：营业成本	158 306 191	125 234 737	33 071 454	26.41
营业税金及附加	637 680	438 282	199 398	45.50
销售费用	11 679 764	7 135 293	4 544 471	63.69
管理费用	7 081 471	7 230 285	−148 814	−2.06
财务费用	1 847 259	1 410 414	436 845	30.97
资产减值损失	800 778	371 225	429 553	115.71
加：公允价值变动收益（损失以"−"号填列）	0	0	0	0
投资收益（损失以"−"号填列）	−1 029 427	45 197	−1 074 624	−2377.64
其中：对联营企业和合营企业的投资收益	0	0	0	0
汇兑收益（损失以"−"号填列）	0	0	0	0
二、营业利润（亏损以"−"号填列）	14 374 349	12 746 828	1 627 521	12.77
加：营业外收入	1 435 322	348 944	1 086 378	311.33
减：营业外支出	497 099	302 696	194 403	64.22
三、利润总额（亏损总额以"−"号填列）	15 312 572	12 793 076	2 519 496	19.69
减：所得税费用	3 348 116	3 502 271	−154 155	−4.40
四、净利润（净亏损以"−"号填列）	11 964 456	9 290 805	2 673 651	28.78
归属于母公司所有者的净利润	11 964 456	9 290 805	2 673 651	28.78
少数股东损益				
五、每股收益				
（一）基本每股收益	0.64	0.66	−0.02	−3.03
（二）稀释每股收益	0.64	0.66	−0.02	−3.03

对表 3-6 横向比较利润表，可进行如下分析。

（1）本年度的净利润、利润总额、营业利润都有增长趋势，其增长幅度分别是 28.78%、19.69% 和 12.77%，形势较好，从这三个增长数据来看，稳定性不强的营业外收入的增长和营业外支出的下降，也对利润总额做出了较大贡献。

（2）费用方面，本年度的销售费用大幅增加，达到63.69%，客观上对本期的营业收入做出了贡献，因为宣传和广告的效应对企业的销售收入会在一定范围内起到促进的作用，所以要进一步分析销售费用对公司营业收入的影响情况，为管理者在后续经营期的应采取的举措起到指导作用。另外，应引起重视的是资产减值损失大幅增加，应具体分析是哪类资产减值引起的，并分析减值的原因。该企业对外投资并没有取得收益，而是巨额亏损，这要求我们要重点分析投资情况，并要及时采取措施改变这一状况。

（3）成本方面，其增长幅度与营业收入的增长幅度大致相当，这可能与近期原材料价格上涨有关，但不管怎么样都要控制好成本。

通过以上纵向、横向比较利润表的分析，可以看出：湖南创建车床厂本年度的总体经营状况是良好的，相对过去年度，这种发展趋势也是良性的，但应看到不属于日常活动创造的营业外利润所起到的积极作用，同时还要加强营业成本、期间费用的控制，具体分析资产减值的原因和对外投资情况。

任务四　运用相关财务指标分析利润表

利润表相关指标分析是指企业赢利能力分析，企业利用各种经济资源赚取利润的能力，主要以利润表为基础，并运用资产负债表数据，通过报表中各项目之间的逻辑关系构建一套指标体系。利润是企业营销能力、获取现金能力、降低成本能力及规避风险能力等的综合体现，也是企业各环节经营结果的具体表现，企业经营的好坏都会通过赢利能力表现出来。

在企业的财务评价体系中，赢利能力是核心，不论是投资人、债权人还是企业经理人员，都日益重视和关心企业的赢利能力。对于短期债权人来说，其直接利益是企业在短期内对短期债务的还本付息，他们关心的是当期赢利水平；对长期债权人来说，其直接利益是企业在长期债务到期时，及时、足额地还本付息，由于长期债务利率较高，并且偿还期限长，风险大，故长期债权人关心企业经营的稳定性和持久性；对所有权人（股东）来说，其直接利益是企业的资产或净资产的增值程度及其投资的报酬高低，他们关心的是获得高额的投资收益。

一、分析非上市公司的赢利能力

（一）分析销售赢利能力

销售赢利能力的分析，是以营业收入或者产品销售收入为基础的，通过利润表中的各利润项目与之做出比较，来求得单位收入的获利水平。在利润表涉及的不同层次的利润金额中，营业利润无疑是最主要的部分，在以销售产品为主的企业中，这部分的营业利润就被称为产品销售利润，与此对应的营业收入或产品销售收入的增长则是其形成的关键。

尽管2007年1月1日起执行的新《企业会计准则》对于利润表的格式有新的规定，但企业还是需要较多数据来反映其收入方面的能力。为方便内外报表使用者所想获知的有关利润数据，我们按以下方法对企业获利能力进行分析。

1．销售毛利率

销售毛利率是指企业销售毛利占主营业务净收入的百分比，该值说明单位销售收入能为企业带来的销售毛利数。可用公式表示为：

$$销售毛利率 = \frac{销售毛利}{主营业务净收入} \times 100\%$$

式中，销售毛利是指主营业务净收入与主营业务成本之差，主营业务净收入是指销售总额中扣除销售退回、销售折让及销售折扣后的净额。销售毛利是企业净利润的基础，一般只有销售毛利超出了销售税金和期间费用的支出后，才会使企业获得利润。销售毛利率越高，说明在销售收入中销售成本所占的比重越少，补偿各项支出后的利润越高，企业在生产经营过程中的效率越高，销售环节获取利润的能力越强。

销售毛利率高低的判断，要注意各行业的水平有所不同。一般认为，企业销售毛利率的标准值为 0.15。但是也不能一概而论，具体情况应具体分析，一般来说，营业周期较长、固定成本较高的行业为弥补成本的大量投入和资金的长时间的占用，应该有较高的销售毛利率，如重工业企业；反之，对于营业周期较短，固定占用的资金较低的行业，由于资金有较快的周转速度，销售毛利率稍低是可以接受的，如商品零售行业。销售毛利率受产品定价政策的影响，如关系到国计民生的必需品，其销售毛利率会低一些，而奢侈品的销售毛利率则较高。

【例 3-4】　根据湖南创建车床厂的有关利润数据，对销售毛利率指标进行分析，如表 3-7 所示。

表 3-7　销售毛利率分析表

单位：元

项　目	2014 年	2013 年	差　异
主营业务收入	192 630 452	121 054 126	71 576 326
主营业务成本	154 781 415	104 786 210	49 995 205
销售毛利	37 849 037	16 267 916	21 581 121
销售毛利率	19.65%	13.44%	6.21%

由表 3-7 可知，湖南创建车床厂销售毛利率 2014 年较 2013 年上升了 6.21%，即单位销售额的获利水平在上升，还可以进一步分析销售收入和销售成本的各自增长情况，两年内销售收入的增长超过了销售成本的增长，因此总体毛利呈正增长。

2．营业利润率

营业利润率是指企业营业利润与营业收入的比率，该指标用于衡量单位营业收入能为企业带来的营业利润数。可用公式表示为：

$$营业利润率 = \frac{营业利润}{营业收入} \times 100\%$$

从营业利润的形成过程来看，该指标不仅考虑主营业务的获利能力，还考虑了非主营业务的获利能力，企业的经营常常不是单一结构，越来越多地受到其他经营业务的获利水平影响的企业有很多，甚至出现了在某些企业或者某个时期其他业务的获利情况决定了整个企业的获利水平和稳定性的局面，投资者在考察被投资企业时应综合考虑企业的各项业务的经营情况。此外，营业利润率还将企业本期的间接费用纳入考察范围进行扣减，更能反映营业利润形成的稳定性和合理性。

【例3-5】 根据湖南创建车床厂的有关利润数据，对营业利润率指标进行分析，如表3-8所示。

表3-8 营业利润率分析表

单位：元

项　　目	2014 年	2013 年	差　　异
营业收入	195 756 919	154 521 867	41 235 052
营业利润	14 374 349	12 746 828	1 627 521
营业利润率	7.34%	8.25%	-0.91%

由表3-8可知，湖南创建车床厂两年的营业利润率相比下降了0.91%，这种情况的出现，是由于营业利润的增长幅度12.77%低于营业收入的增长幅度26.69%。具体来看，主要是营业成本的增长与营业收入的增长持平，并且2014年度的资产减值损失增长过快，再加上对外投资的巨额亏损，使得营业利润增长幅度不大。

3. 税前利润率

税前利润率是指企业利润总额占营业收入的百分比，该指标用来衡量单位营业收入能为企业带来的利润总额数。可用公式表示为：

$$税前利润率 = \frac{利润总额}{营业收入} \times 100\%$$

企业在一定时期总的获利水平的反映，不仅包括各种营业业务，还应该包括营业外的业务。从营业利润率可以看出日常业务的获利水平和企业总体获利能力的稳定性和持久性，但没有考虑到企业的一些临时变动会引起短期获利水平变化的营业外收支因素。由于企业的外部投资人、债权人及企业的经理层最关心的是企业在一定时期的最终获利能力。因而更关注于企业营业利润率的高低。对于短期债权人和投资者来说，更是关心企业近期的获利情况，因此，不管是日常业务还是营业外业务，对税前利润率的计算分析都是十分必要的。

【例3-6】 根据湖南创建车床厂的有关利润数据，对税前利润率指标进行分析，如表3-9所示。

表3-9 税前利润率分析表

单位：元

项　　目	2014 年	2013 年	差　　异
营业收入	195 756 919	154 521 867	41 235 052
利润总额	15 312 572	12 793 076	2 519 496
税前利润率（%）	7.82	8.28	-0.46

由表3-9可知，湖南创建车床厂两年的税前利润率相比下降了0.46%，这是由于利润总额的增长幅度19.69%低于营业收入的增长幅度26.69%，主要是因为营业成本的增长与营业收入的增长持平，并且本年度的资产减值损失增长过快，及对外投资的巨额亏损。但相对于营业

利润率来看，下降的幅度有所缓和，这是营业外收支净额增加的缘故。

4. 销售净利率

销售净利率是净利润占主营业务净收入的百分比，其计算公式为：

$$销售净利率 = \frac{净利润}{主营业务净收入} \times 100\%$$

该指标反映了每百元主营业务收入带来的净利润的多少，用以衡量企业主营业务收入的收益水平。从公式可以看出，净利润与销售净利率成成正比关系，而主营业务净收入与销售净利率成反比关系，可见，企业在增加收入额的同时，必须相应地获得更多的净利润，才能使销售净利率保持不变或有所提高。因此，通过对销售净利率的变动分析，可以促使企业在扩大销售的同时，注意改进经营管理策略，从而提高赢利水平。

【例 3-7】 根据湖南创建车床厂的有关利润数据，对销售净利率指标进行分析，如表 3-10 所示。

表 3-10 销售净利率分析表

单位：元

项 目	2014 年	2013 年	差 异
主营业务收入	192 630 452	121 054 126	71 576 326
净利润	11 964 456	9 290 805	2 673 651
销售净利率	6.21%	7.67%	-1.46%

由表 3-10 可知，湖南创建车床厂两年的销售净利率相比下降了 1.46%，其原因主要是营业利润的增幅相对于营业收入的增幅过慢引起的，如营业成本的增长与营业收入的增长持平，费用的增长、资产减值损失增长过快，对外投资的巨额亏损。但相对于税前利润率来看，下降的幅度有所缓和，这是因为所得税费用下降的缘故。

通过湖南创建车床厂的几个指标分析，可以看出该企业 2014 年获利状况较好，但相对 2013 年有所下降。因此，该企业必须在成本费用方面采取相应举措，从而提高获利能力。

（二）分析资产赢利能力

分析资产赢利能力，主要是因为收入的产生是以一定的原始资产为基础的，这些原始资产是所有者的原始投资数，通常企业的投资额大，取得的收入基础就高，因此一个企业获得利润的多少，是与企业的投资额紧密相关的。与投资相关的几个概念有投资总额、资本总额、实收资本等。人们常常使用资产报酬率、流动资产利润率、非流动资产利润率、净资产报酬率和资本金收益率等指标，从资产使用效率的角度，来分析资产的获利水平。

1. 资产报酬率

资产报酬率又称资产净利率，是企业净利润与资产平均总额的比率，其计算公式为：

$$资产报酬率 = \frac{净利润}{资产平均总额} \times 100\%$$

其中，

$$资产平均总额=\frac{期初资产总额+期末资产总额}{2}$$

资产报酬率是对企业进行财务分析时所要考虑的一个重要指标，用单位资产能够创造的净利润额反映企业资产综合利用效果，比率越高，表明企业的赢利能力越强，资产利用的效果越好。这一指标反映了企业总资产获取收益的能力。但是，资产占用的资金来源包括了两部分，一是属于股东的资金，即所有者权益（或股东权益，下同），为企业自有资金；二是来源于债权人提供的资金，为企业借入资金，这部分资金对企业而言，虽然可以暂时占用，但却需要还本付息。所以，资产报酬率不能够反映出企业自有资金获取收益的能力。

【例 3-8】 根据湖南创建车床厂的有关利润数据，对资产报酬率指标进行分析，如表 3-11 所示。

表 3-11　资产报酬率分析表

单位：元

项　　目	2014 年	2013 年	差　异
净利润	11 964 456	9 290 805	2 673 651
资产平均总额	123 416 119	87 952 236	35 463 883
资产报酬率	9.69%	10.56%	-0.87%

由表 3-11 可知，湖南创建车床厂两年的资产规模和净利润规模都有一定扩大，但净利润的增长速度（28.78%）小于资产的平均增长速度（40.32%），公司的资产报酬率下降了 0.87%。影响资产报酬率的主要因素有：产品的价格、单位成本的高低、产品的产量和销售数量、资金占用量等。

2. 流动资产利润率

流动资产利润率反映企业一定时期的利润总额与流动资产平均余额之间的比率，它是反映流动资产利用效果的一个综合性指标。其计算公式为：

$$流动资产利润率=\frac{利润总额}{流动资产平均余额}\times100\%$$

一般来说，该指标越大，说明流动资产利用水平越高，流动资产周转越快。在分析指标时，一方面应与该企业的历史水平比较，还应与同行业的平均水平和先进水平比较，了解企业流动资产利用水平的高低。

3. 非流动资产利润率

非流动资产利润率反映企业一定时期的利润总额与非流动资产平均余额之间的比率，它是反映非流动资产利用效果的一个综合性指标。其计算公式为：

$$非流动资产利润率=\frac{利润总额}{非流动资产平均余额}\times100\%$$

一般来说，该指标越大，说明非流动资产利用水平越高，非流动资产周转越快。在分析指标时，同样既应与该企业的历史水平比较，还应与同行业的平均水平和先进水平比较，了解企业非流动资产利用水平的高低。

4. 净资产报酬率

净资产报酬率是企业净利润与平均净资产额的比率，又称净资产收益率或权益报酬率。其计算公式为：

$$净资产报酬率 = \frac{净利润}{平均净资产额} \times 100\%$$

其中，

$$平均净资产额 = \frac{期初所有者权益 + 期末所有者权益额}{2}$$

净资产报酬率是从所有者权益的角度考核赢利能力，具有很强的综合性，是评价所有者权益财务状况的重要指标。一般来说，企业净资产报酬率越高，说明权益资本赢利能力越强，意味着投资者所拥有的财富在不断增长。如果企业净资产报酬率在一段较长时期内持续增长，说明企业的资本赢利能力稳定上升。净资产报酬率克服了资产报酬率的不足，反映了企业自有资金获取收益的能力，更能体现出企业管理层的经营管理水平。

【例3-9】　根据湖南创建车床厂的有关利润数据，对净资产报酬率指标进行分析，如表3-12所示。

表3-12　净资产报酬率分析表

单位：元

项　　目	2014 年	2013 年	差　　异
净利润	11 964 456	9 290 805	2 673 651
净资产平均总额	66 489 123	46 582 410	19 906 713
净资产报酬率	17.99%	19.94%	−1.95%

由表3-12可知，湖南创建车床厂2014年较2013年净资产报酬率下降了1.95%，说明公司的获利能力略微减弱。该指标是企业获利能力的重要标志，关系到投资者对投资的信心。衡量该指标，要看同行业的平均水平、经济环境和投资者对风险的承受能力。

5. 资本金收益率

资本金收益率是企业净利润与平均实收资本的比率，其计算公式为：

$$资本金收益率 = \frac{净利润}{平均实收资本} \times 100\%$$

其中，

$$平均实收资本 = \frac{期初实收资本 + 期末实收资本}{2}$$

企业投资者或股东向企业投入而形成的资本称为实收资本，一般是指企业设立时在工商行政管理部门登记注册的资本，也称为资本金。资本金收益率用以说明企业所有者投入资本赚取利润的能力，该指标越高说明资本回报水平越高，企业的赢利能力越强。

【例 3-10】 根据湖南创建车床厂的有关利润数据，对资本金收益率指标进行分析，如表 3-13 所示。

表 3-13 资本金收益率分析表

单位：元

项　　目	2014 年	2013 年	差　　异
净利润	11 964 456	9 290 805	2 673 651
资本金平均总额	16 445 000	14 070 000	2 375 000
资本金收益率	72.75%	66.03%	6.72%

由表 3-13 可知，湖南创建车床厂 2014 年较 2013 年资本金收益率增长了 6.72%，资本金收益率增幅较大，说明企业所有者投入资本回报水平提高，企业的赢利能力增强。再参照行业一般水平或是主要竞争对手的增长数据来进一步判断企业的赢利能力。

（三）分析成本费用赢利能力

利润是企业的收入与其相关的支出配比的结果。一般情况下，企业取得的收入多，为此发生的支出也会比较多，为了获得更多的利润，企业总是希望以尽可能少的支出取得尽可能多的收入。因此，考核企业的赢利能力，分析企业各项支出对收益的贡献，有必要从费用的角度考察有关的赢利能力。常见的财务指标有成本费用利润率、利息保障倍数等。

1. 成本费用利润率

成本费用利润率是指企业一定时期的利润额同企业成本费用总额的比率，它反映了企业投入的生产成本及费用的经济效益，同时也反映企业降低成本所取得的经济效益。其计算公式为：

$$成本费用利润率 = \frac{利润总额或净利润}{成本费用总额或产品成本总额} \times 100\%$$

式中，其分子可用利润总额，也可用净利润；分母可用成本费用总额，也可只用产品成本总额（不包括期间费用）。各种计算方法都有其特殊意义，并提供了不同的分析信息，关键看其分析目的是什么。

成本费用利润率反映企业为取得利润而付出的代价，从企业支出方面评价企业的收益能力。一般来说，成本费用利润率越大，表明企业为取得收益所付出的代价越小，企业成本费用控制得越好，企业的经营和财务管理水平越高，产品的市场竞争力就越大，获利能力就越强。

对于企业的外部财务报表使用者来说，关心的是企业耗费取得的总体经济效益，所以这个指标是他们所关心的，但是企业的经营者在分析企业与费用有关的赢利能力时，这一指标提供的信息就不能满足他们对各个产品的经营决策的信息需要了，这时要采用成本利润率指标进行分析。

成本利润率是反映赢利能力的另一个重要指标，是利润与成本之比。主要用于企业在进行经营品种选择时，测定某个品种产品的经济效益。成本有多种形式，但这里成本主要指经营成本。其计算公式为：

$$成本利润率 = \frac{利润总额或净利润}{经营成本总额} \times 100\%$$

其中，

$$经营成本总额 = 经营成本 + 经营业务税金及附加$$

与其他指标的分析一样，不能只看当期指标的高低，应着重分析近几年的变动趋势；不能只看本期企业的质变水平，要和同行平均水平或者是主要竞争对手的水平相比，找出差距并分析原因。

【例3-11】　根据湖南创建车床厂的有关利润数据，对成本费用利润率指标进行分析，如表3-14所示。

表3-14　成本费用利润率分析表

单位：元

项　　目	2014 年	2013 年	差　　异
净利润	11 964 456	9 290 805	2 673 651
营业成本	158 306 191	125 234 737	33 071 454
营业税金及附加	637 680	438 282	199 398
销售费用	11 679 764	7 135 293	4 544 471
管理费用	7 081 471	7 230 285	-148 814
财务费用	1 847 259	1 410 414	436 845
资产减值损失	800 778	371 225	429 553
投资损失（负数表示收益）	1 029 427	-45 197	1 074 624
营业外支出	497 099	302 696	194 403
所得税	3 348 116	3 502 271	-154 155
成本费用合计	185 227 785	145 580 006	39 647 779
成本费用利润率	6.46%	6.38%	0.08%

由表3-14可知，湖南创建车床厂2014年较2013年的成本费用利润率增长了0.08%，但增长幅度不大，表明单位成本费用的利润产出有轻微增长，企业的经济效益有一定提高。

2. 利息保障倍数

利息保障倍数又称已获利息倍数，是指企业生产经营所获得的息税前利润与利息费用的比率，是用来衡量企业支付负债利息能力的指标。企业生产经营所获得的息税前利润与利息费用的比值，表明企业经营业务收益相当于利息费用的多少倍，倍数越大，说明企业支付利息费用的能力越强，因此，利息保障倍数是反映企业长期偿债能力的指标。其计算公式为：

$$利息保障倍数 = \frac{息税前利润}{利息费用}$$

$$= \frac{（税前利润 + 利息费用）}{利息费用}$$

$$= \frac{（税后利润+所得税费用+利息费用）}{利息费用}$$

"息税前利润"指利润表中未扣除利息费用和所得税费用之前的利润。利息费用是指本期发生的全部应付利息，包括计入财务费用的利息和未计入财务费用资本化的利息。资本化利息虽然不在损益表中扣除，但仍然是要偿还的，外部报表使用人员进行指标计算时，受到信息的客观制约，常用财务费用金额作为利息费用。

利息保障倍数应从以下几个方面分析。

（1）利息保障倍数反映了企业的经营所得支付债务利息的能力。只要利息保障倍数足够大，企业就有充足的能力支付利息，反之，说明企业难以保证经营所得能按时按量支付债务利息，这将会引起债权人的担心。

（2）在利用利息保障倍数指标分析企业的偿债能力时，企业的利息保障倍数至少要大于1，否则，就难以偿付债务及利息，若长此以往，甚至会导致企业破产倒闭。但是，由于非付现成本的存在，短期内指标值偶尔小于1，也不一定就表明企业无力偿债。

（3）从稳健的角度出发，应选择几年中最低的利息保障倍数指标，作为最基本的标准。一般应计算5年或5年以上的利息偿付倍数，为保守起见，应选择5年中最低的利息偿付倍数值作为评价企业偿债能力的标准。

（4）因企业所处的行业不同，利息保障倍数有不同的标准界限。一般公认的利息保障倍数为3。

【例3-12】 根据湖南创建车床厂的有关利润数据，对利息保障倍数进行分析，如表3-15所示。

表3-15 利息保障倍数计算表

单位：元

项　　目	2014 年	2013 年	差　　异
利息费用	1 847 259	1 410 414	436 845
利润总额	15 312 572	12 793 076	2 519 496
利息保障倍数	9.28	10.07	-0.79

由表3-15可知，湖南创建车床厂2013、2014年利息费用分别有10.07、9.28个单位的利润作为保障，大大超过了行业平均值3，即使2014年较2013年略有下降，但仍能说明湖南创建车床厂赢利情况好，债权人的债权安全程度非常高。

（四）分析社会贡献能力

1. 社会贡献率

社会贡献率是企业社会贡献总额与平均资产总额的比率，它反映了企业占用社会资源所产生的社会经济效益的大小，是社会进行资源有效配置的基本依据。其计算公式为：

$$社会贡献率 = \frac{企业社会贡献总额}{平均资产总额} \times 100\%$$

2. 社会积累率

社会积累率是企业上缴的各项财政收入与企业社会贡献总额的比率。其计算公式为：

$$社会积累率 = \frac{上缴国家财政总额}{企业社会贡献总额} \times 100\%$$

上缴的财政收入总额包括企业依法向财政缴纳的各项税款，如增值税、所得税、营业税金及附加、其他税款等。

二、分析上市公司的赢利能力

分析上市公司的赢利能力，除了应用上述相关指标外，还有特殊的分析指标，主要从股本角度来说明公司的赢利能力，评价股东投资的回报水平。这些指标主要有每股收益、每股利润、每股股利、市盈率、每股净资产等。

1. 每股收益

股份公司中的每股收益是指普通股每股税后利润，又称每股利润，是普通股股东持有 1 股所能享有的企业净利润或需承担的企业净亏损。每股收益通常被用来反映企业的经营成果，衡量普通股的获利水平及投资风险，是投资者等信息使用者据以评价企业赢利能力、预测企业成长潜力，进而做出相关经济决策的重要的财务指标之一。

计算该指标时应注意以下几个问题：

① 合并报表问题，对于编制合并报表的上市公司，应当以合并报表的数据为基础计算；

② 优先股问题，对于有优先股的上市公司，净利润应当扣除优先股股利；

③ 年度中普通股增减问题，如果年内股份总数有增减时，应当按照加权平均股数计算年末股份数（当月发行，当月不计，从下月开始计算）。

《企业会计准则第 34 号——每股收益》要求已经或者将要公开发行普通股或潜在普通股的公司在利润表下部单独披露其基本每股收益和稀释每股收益。

（1）基本每股收益。计算基本每股收益，按照归属于普通股股东的本期净利润除以本期发行在外普通股的加权平均数。其计算公式为：

$$基本每股收益 = \frac{归属于普通股股东的本期净利润}{本期发行在外普通股的加权平均数}$$

其中，

归属于普通股股东的本期净利润=本期净利润-优先股股利

本期发行在外普通股的加权平均数=期初发行在外普通股股数+当期新发行普通股股数×已发行时间÷报告期时间-当期回购普通股股数×已回购时间÷报告期时间

【例3-13】 某厂 2013 年年末发行在外的普通股有 1 000 万股，2014 年 5 月 8 日增发了500 万股，2014 年全年净利润 1 000 万元。则：

$$本期发行在外普通股的加权平均数 = 1\,000 + 500 \times \frac{7}{12} \approx 1\,292（股）$$

$$基本每股收益 = \frac{1\,000}{1\,292} = 0.77 \quad （元/股）$$

（2）稀释每股收益。稀释每股收益是以基本每股收益为基础，假设企业所有发行在外的稀释性潜在普通股均已转换为普通股，从而分别调整分子（归属于普通股股东的当期净利润）以及分母（发行在外普通股的加权平均数）计算得到的每股收益。潜在普通股是指能够以获得普通股的金融合同（金融术语称作"金融工具"），目前在我国主要是指可转换公司债券、认股权证、股份期权等。

每股收益突出反映分摊到每份股票上的赢利数额，是股票市场上按市盈率定价的基础，表明普通股每股能分得的利润。每股收益越大，企业越有能力发放股利，从而使投资者得到越多的回报，通常这个指标越大越好。如果一家公司的净利润很大，但每股赢利却很小，表明它的业绩被过分稀释，每股价格通常不高。通过每股收益指标排序，是寻找"绩优股"和"垃圾股"的主要方式。

在分析每股收益指标时需注意：①每股收益不反映股票所包含的风险；②股票是一个"份额"概念，不同股票的每一股份在经济上不等量，它们所含有的净资产和市价不同，即换取每股收益的投入量不相同，这限制了公司间每股收益的比较；需要注意的是，对于相同的资本规模和利润规模，普通股不同，所以每股收益也不同，这时并不能说每股收益低的收益能力低；事实上，这时的赢利能力是相同的，所以在使用每股收益分析赢利性时不要绝对化；③每股收益多不一定意味着多分红，还要看公司的股利分配政策。

2. 每股股利

每股股利是企业股利总额与普通股股数的比率。股利总额是用于对普通股进行分配现金股利的总额，普通股股数是企业发行在外的普通股股份平均数。其计算公式为：

$$每股股利 = \frac{现金股利总额}{发行在外普通股股数}$$

每股股利是反映股份公司每普通股获得股利多少的一个指标，表明了每普通股所能获得的利润。但由于企业的税后利润必须要扣除公积金、优先股股息以及保留利润，才能进行股息分派，所以股票投资者比较关心的是所购买股票的年终派息。因此，每股股利的高低，一方面取决于企业获利能力的强弱，同时，还受企业股利发放政策与利润分配需要的影响。一般认为，每股股利如果能够逐年持续稳定增长，该股票的质量就会提高。

3. 市盈率

市盈率是股价除以年度每股收益，又称股份收益比率或本益比。市盈率是衡量股价高低和企业赢利能力的一个重要指标。其计算公式为：

$$市盈率 = \frac{每股市价}{每股收益}$$

【例3-14】 股票每股市价580.3元，净收益1 108 655 000元，优先股股利23 250 000元，普通股18 000 000股。请计算市盈率。

普通股每股收益=（1 108 655 000-23 250 000）÷18 000 000=60.3（元）

市盈率=580.3÷60.3=9.6

市盈率表明投资者为了获得公司 1 元的收益所愿意付出的价格，可以用来评估股票投资的报酬与风险。由于市盈率把股价和企业赢利能力结合起来，其水平高低更真实地反映了股票价格的高低。但是，由于企业的赢利能力是不断改变的，所以投资者购买股票更看重企业的未来，一些发展前景很好的公司即使当前的市盈率较高，投资者也愿意去购买。例如，对两家上年每股赢利同为 1 元的公司来讲，如果 A 公司今后每年保持 20%的利润增长率，B 公司每年只能保持 10%的增长率，那么到第 10 年时 A 公司的每股赢利将达到 6.2 元，B 公司只有 2.6 元，因此 A 公司当前的市盈率必然高于 B 公司。投资者若以同样价格购买这家公司股票，对 A 公司的投资则能更早地收回。

一般情况下，一只股票市盈率越低，市价相对于股票的赢利能力越低，表明投资回收期越短，投资风险就越小，股票的投资价值就越大；反之则结论相反。

4. 每股净资产

每股净资产是指股东权益与股本总额的比率，其计算公式为：

$$每股净资产 = \frac{股东权益}{股本总额}$$

这一指标反映每股股票所拥有的资产现值。每股净资产越高，股东拥有的资产现值就越多；每股净资产越少，股东拥有的资产现值就越少。

公司净资产代表公司本身拥有的财产，也是股东在公司中的权益，因此，又称股东权益。在会计计算上，相当于资产负债表中的总资产减去全部债务后的余额。每股净资产值反映了每股股票代表的公司净资产价值，是支撑股票市场价格的重要基础。每股净资产值越大，表明公司每股股票代表的财富越雄厚，通常创造利润的能力和抵御外来因素影响的能力就越强。我们可将每股净资产的作用归纳为以下三点。

（1）投资者要确定一个公司的市场价值，就要把每股净资产作为基本的出发点。在正常的情况下，账面价值和实际价值不会相差太远，也就是说，每股净资产能基本反映出某一时点上的公司的市场价值，这也是企业合并时往往以调整后的账面价值作为基础的原因。最谨慎的投资策略是买入价格低于每股净资产的股票。

（2）判定一个公司的经营成果，也可以把每股净资产与其各次分红方案结合起来考察。如四川长虹，虽股本不断扩张，但其每股净资产一直保持在 6 元左右的水平；青岛海尔的每股净资产从 1995 年的 2.82 元上升到 1997 年的 3.78 元，反映了公司良好的业绩；相反，业绩亏损或微利的公司则只能有"原地踏步"甚至"倒退"的每股净资产值。

（3）每股净资产能显示出公司的经营状况。经营良好的公司一般每股净资产值比较高，而经营困难的公司每股净资产一般较低，因为每股净资产是一个公司的"本钱"，是一个公司实力的反映。还有，每股净资产较高的公司一般财务状况都比较健全。如哈慈股份，1997 年其每股净资产为 2.21 元，其对应的流动比率为 13.45，速动比率为 9.74，资产负债率为 10.12%，其财务风险几乎为零；农垦商社 1997 年的每股净资产为 0.12 元，其对应的流动比率为 0.84，速动比率为 0.75，资产负债率为 99.41%，表明其经营已难以维持，后来农垦商社宣告公司已陷入债务危机。另外，假如有公司宣布破产或者解散，其每股净资产的作用就更大了，此时每股净资产值基本上就是每股普通股的价值，除非公司有隐蔽性资产。

任务五 撰写利润表的分析报告

一、利润表分析报告的内容

本任务我们主要介绍如何撰写供企业外部阅读者使用的利润表分析报告。利润表分析报告主要包括对企业的经营成果的变动分析、获利能力的分析、本企业与所在行业的其他企业的比较分析等内容。

二、撰写利润表分析报告的方法

撰写利润表分析报告，为企业外部阅读者分析评价企业经营成果和存在的问题，并判断其发展的趋势提供依据。与资产负债表的分析报告相似，一般包括以下几个部分内容和要求。

（1）标题。标题应简明扼要，准确反映报告的主题思想。

（2）基本情况。首先应注明利润表分析报告的分析期，即分析报告的时间范围；其次，应对企业分析期内的经营状况进行简要说明，对企业计划执行情况和各项经济指标完成情况进行大致介绍，概括地反映分析期企业经营的基本面貌。

（3）各项财务指标的完成情况分析。这是分析报告的主要部分，一般要对企业的盈亏额、营业收入额、成本费用水平的实际指标与计划指标进行对比分析，与上年同期各项指标进行对比分析，与历史同期最好水平进行对比分析，也可与同行业其他企业进行简要的对比分析。

（4）建议和要求。利润表分析报告应根据企业的具体情况，有针对性地提出一些建议，对企业经营管理中的成绩和经验应加以推广，对发现的问题应提出一些切实可行的建议，以利于问题的解决。

（5）署名和日期。

 精典案例阅读与分析

案例呈现 1

阳光电器寅吃卯粮的收入确认法

阳光电器（Sunbeam Corporation）是美国一家老牌的家电制造商，1992 年在纽约证券交易所挂牌上市，1996 年上半年该公司的股价与前同期相比下降了 50%，利润下降幅度更是达到了 83%。为了尽快营造"成功转折"的形象，阳光电器采用了寅吃卯粮的收入确认法，具体包括以下几种：提早购买折扣、优惠的付款条件、提价保证、泊货安排、开票持有销售、额外退货权和分销商计划等。

请思考

（1）评价上市公司前景的指标有哪些？

（2）阳光电器提前确认销售收入的根本目的是什么？

【分析与启示】

（1）评价上市公司前景的指标主要集中在对股东的投资报酬方面，包括：每股收益、股票获利率、市盈率、市净率、净资产收益率等指标。其中，每股收益是评价上市公司获利能力的基本和核心指标。市盈率的高低可以预期上市公司的发展前景。

（2）阳光电器之所以采用寅吃卯粮的收入确认法，其根本目的是为了使利润稳步增长，以维持股价的稳定。稳步增长的利润是上市公司经营良好的表征，也是股价攀升的有利依托。然而这种向未来预支收入的做法很容易产生两个明显的负效应：一是以牺牲销售毛利为代价；二是置上市公司的持续发展于不顾。

案例呈现 2

废品管理公司将期间费用资本化

废品管理公司（Waste Management Inc.）是世界上最大的垃圾处理公司，1971 年在纽约证券交易所上市，是 20 世纪 70 年代和 80 年代的华尔街明星股。1989 年废品管理公司通过所谓的"净账面价值法"，将部分已经建成并交付使用的垃圾掩埋场的利息费用继续资本化，而在报表附注中解释为"利息费用已经按照第 34 号准则的要求予以资本化"。在 1992 年至 1996 年期间，该公司累计将 1.92 亿美元的利息费用资本化。

请思考

（1）什么是划分资本性支出与收益性支出原则？

（2）为构建固定资产发生的借款费用应如何确认？

（3）废品管理公司将期间费用资本化的初衷是什么？

【分析与启示】

（1）凡是受益期超过一年的支出属于资本性支出，应资本化计入某项资产价值；凡是受益期不足一年的支出属于收益性支出，应计入当期损益。

（2）我国现行会计实务，对长期借款采用了不同的处理方法：为构建固定资产而发生的专门借款，在固定资产达到预定可使用状态之前发生的借款费用，予以资本化，计入所构建固定资产的价值；固定资产达到预定可使用状态后发生的借款费用，直接计入当期损益。

（3）废品管理公司故意混淆资本支出和收益支出，将期间费用资本化的初衷是营造高额利润，在夸大利润总额的同时，还高估了在建工程和固定资产的价值。

案例呈现 3

利用收入确认的"时差"掌控利润

A 公司与另一公司合建大厦，该大厦已经销售但尚未最终决算时，双方经协商确认了 2010 年度未分配利润 251 万元，占公司当年利润总额 120.3 万元的 208.65%。又如 A 公司 2012 年年报显示公司扭亏，且公司年末根据签订的出售库存商品协议确认了一笔收入，占当年总收入的 92%。由此可见，公司的经营前景不容乐观，至 2013 年中期该公司再度出现亏损。

B 上市公司 2009 年因成本费用增幅较大，营业利润出现亏损，但当年因出售飞机获得 6.7 亿元的收益，营业外收入增长 1537.66%，成为公司扭转亏损局面的关键。

请思考

（1）A 公司如何利用收入确认的"时差"？

（2）B 公司"堤内损失堤外补"的做法对利润有何影响？

【分析与启示】

（1）我国企业会计准则明确规定了销售收入的确认原则，但在实际情况中，A 上市公司常常采用提前确认收入，不以实际收入为依据，而是根据购销合同协商确认收入等手段直接操纵利润。

（2）B公司虽然主营业务出现亏损，但净利润仍为赢利，主要原因是一笔巨额营业外收入。采用主营业务利润除以总利润的比率来分析利润的构成因素，以检验企业获利能力与经营成果。如果比率远小于1，则说明企业主营业务缺乏效益，这时的高额利润并不能够代表企业的真实赢利水平；相反，企业还存在用非主营性业务来包装利润的可能。

 ## 项目综合实训

【想一想】

1. 利润表中净利润的形成过程是怎样的？
2. 分析利润表的途径有哪些？
3. 债权人进行利润表分析的目的是什么？
4. 公司赢利能力应从哪些方面进行分析？

【练一练】

一、单项选择题

1. 下列各项中，不影响企业营业利润的项目有（　　　）。

A. 销售费用　　　　B. 管理费用　　　　C. 投资收益　　　　D. 所得税

2. 依照我国的会计准则，利润表采用的结构为（　　　）。

A. 单步报告式　　　B. 多步报告式　　　C. 账户式　　　　D. 混合式

3. 我国会计实务中，损益表中的"营业税金及附加"项目不包括的税费有（　　　）。

A. 城市维护建设税　　　　B. 消费税　　　　　　C. 印花税

D. 资源税　　　　　　　　E. 教育费附加

4. 利润表提供的信息不包括（　　　）。

A. 实现的营业收入　　　　B. 发生的营业支出　　　C. 其他业务利润

D. 利润或亏损总额　　　　E. 企业的财务状况

5. 当法定盈余公积达到注册资本的（　　　）时，可以不再计提。

A. 5%　　　　　　　B. 10%　　　　　　　C. 25%　　　　　　D. 50%

6. 甲公司2014年实现的归属于普通股股东的净利润为5 600万元。该公司2014年1月1日发行在外的普通股为10 000万股，6月30日定向增发1 200万股普通股，9月30日从市场回购240万股拟用于高层管理人员股权激励。该公司2014年基本每股收益为（　　　）元。

A. 0.50　　　　　　B. 0.51　　　　　　C. 0.53　　　　　　D. 0.56

7. 获利能力主要由（　　　）指标体现。

A. 利润率　　　　　B. 毛利率　　　　　C. 销售收入　　　　D. 每股收益

8. 销售毛利率=1－（　　　）。

A. 变动成本率　　　B. 销售成本率　　　C. 成本费用率　　　D. 销售利润率

9. 某产品的销售单价是180元，单位成本是120元，本月实现销售2 500件，则本月实

现的毛利额为 （   ）元。

A. 300 000　　　　　B. 450 000　　　　　C. 750 000　　　　　D. 150 000

10. 下列反映企业赢利能力的指标是（   ）。

A. 产权比率　　　　B. 利息保障倍数　　　C. 资产增值率　　　　D. 销售净利率

11. 在财务分析中，企业所有者最可能关注（   ）。

A. 获利能力指标　　　　　　　　　　　B. 偿债能力指标

C. 成本费用指标　　　　　　　　　　　D. 以上都不是

12. 计算利息保障倍数指标时，其利息费用（   ）。

A. 只包括经营利息费用，不包括资本化利息

B. 不包括经营利息费用，只包括资本化利息

C. 不包括经营利息费用，也不包括资本化利息

D. 既包括经营利息费用，也包括资本化利息

13. 下列各项中，能引起企业销售利润率上升的是（   ）。

A. 提高售价　　　　　　　　　　　　　B. 减少销售量

C. 对固定资产采用加速折旧　　　　　　D. 增加固定资产投资

14. 计算应收账款周转率时应使用的收入指标是（   ）。

A. 主营业务收入　　B. 赊销净额　　　　C. 销售收入　　　　　D. 营业利润

15. 当销售利润率一定时，投资报酬率的高低直接取决于（   ）。

A. 销售收入的多少　　　　　　　　　　B. 营业利润的高低

C. 投资收益的大小　　　　　　　　　　D. 资产周转率的快慢

16. 下列各项中，（   ）指标是评价上市公司获利能力的基本和核心指标。

A. 每股市价　　　　B. 每股净资产　　　C. 每股收益　　　　　D. 净资产收益率

17. 中华企业 2014 年实现的主营业务收入是 2 000 万元，销售数量 200 万件，单位变动成本 6 元，固定成本总额为 600 万元，则 2014 年的营业利润为（   ）万元。

A. 2 000　　　　　　B. 1 400　　　　　　C. 800　　　　　　　D. 200

18. 甲公司 2014 年税前利润 74 000 元，利息费用 4 000 元，则利息保障倍数为（   ）。

A. 11.5　　　　　　　B. 12.5　　　　　　C. 14.5　　　　　　 D. 19.5

19. 某公司 2014 年年末发行在外普通股为 55 000 股，当年分配普通股股利为 44 000 元，优先股股利 8 400 元，未发行新股，该公司每股股利为（   ）元。

A. 0.95　　　　　　　B. 0.74　　　　　　C. 0.8　　　　　　　D. 1.04

20. 从理论上来说，市盈率越高的股票，买进后股票下跌的可能性（   ）。

A. 越大　　　　　　　B. 越小　　　　　　C. 不变　　　　　　D. 两者无关

21. 某公司股东权益总额 8 000 万元，其中优先股权益 340 万元，全部股票数是 620 万股，其中优先股股数 170 万股。计算每股净资产是（   ）万元。

A. 12.58　　　　　　B. 12.34　　　　　　C. 17.75　　　　　　D. 17.02

22. 投资报酬分析的最主要分析主体是（   ）。

A. 短期债权人　　　　B. 长期债权人　　　C. 上级主管部门　　　D. 企业所有者

二、多项选择题

1. 利润表中的"营业成本"项目，应根据（ ）科目的发生额分析填列。

A. 营业外支出　　　　　　　　　　B. 主营业务成本

C. 其他业务成本　　　　　　　　　D. 期间费用

2. 利润表是企业的主要会计报表之一，对报表的使用者来说，其作用主要在于（ ）。

A. 为利润分配提供依据

B. 为报表的使用者提供信息，以便做出合理的经济决策

C. 评价企业的经营业绩

D. 作为计算征收企业所得税的依据

3. 企业的期间费用包括（ ）。

A. 制造费用　　　　B. 财务费用　　　　C. 销售费用　　　　D. 管理费用

4. 企业的收入主要包括（ ）。

A. 投资收益　　　　B. 其他业务收入　　　C. 营业外收入　　　D. 主营业务收入

5. 在下列项目中，应记入利润表中"营业外收入"项目的是（ ）。

A. 出口退税　　　　　　　　　　　B. 先征后返收到的增值税

C. 无法支付的应付账款　　　　　　D. 接受现金捐赠

6. 影响毛利变动的因素主要包括（ ）。

A. 开拓市场的意识和能力　　　　　B. 成本管理水平

C. 存货管理水平　　　　　　　　　D. 产品构成决策

E. 企业战略要求

7. 影响利润变动的因素主要包括（ ）。

A. 主营业务收入　　　　B. 主营业务成本　　　　C. 主营业务税金

D. 销售费用　　　　　　E. 管理费用

8. 营业利润率的比较分析通常可以从（ ）等方面进行分析。

A. 因素分析　　　　　　B. 结构比较分析　　　　C. 同业比较分析

D. 销售百分比　　　　　E. 利润变动率

9.（ ）因素影响总资产收益率。

A. 税后利润　　　　　　B. 所得税　　　　　　　C. 利息费用

D. 资产平均占用额　　　E. 息税前利润

10. 分析长期资本收益率指标所适用的长期资本额是指（ ）。

A. 长期负债　　　　　　B. 长期股票投资　　　　C. 长期债券投资

D. 所有者权益　　　　　E. 长期资产

11. 单一产品毛利的变动受（ ）因素的影响。

A. 销售单价　　　　B. 变动成本　　　　C. 单位成本　　　　D. 固定成本

12. 影响营业利润率的因素主要包括（ ）。

A. 其他业务利润　　B. 资产减值准备　　C. 财务费用　　　　D. 主营业务收入

13. 企业生产经营活动所需的资金来源于两类，即（ ）。

A. 投入资金　　　　B. 自有资金　　　　C. 借入资金　　　　D. 所有者权益资金

14．下面事项中，能导致普通股股数发生变动的是（　　　）。

A．企业合并 　　　　　　　　　　　B．增发新股

C．可转换债券转为普通股 　　　　　D．股票分割

15．使应收账款周转率下降的主要原因是（　　　）。

A．赊销的比率 　　　　　　　　　　B．企业的信用政策

C．企业的收账政策 　　　　　　　　D．客户财务困难

三、判断题

1．利润表也称损益表，是反映企业一定时期生产经营成果的财务报表。（　　）

2．如果企业投资收益占利润总额的比率过大，则说明企业赢利的风险增大。（　　）

3．通常人们所说的"毛利"是指利润总额。（　　）

4．利润表的横向比较是指将企业的当期利润与其他同类企业利润进行的比较。（　　）

5．收入是企业获得净收益或净利润的基础。（　　）

6．稀释每股收益金额大于基本每股收益金额。（　　）

7．投资收益不影响营业利润。（　　）

8．获利能力主要由利润率指标体现。（　　）

9．毛利是抵偿各种费用并最终形成利润的数额，该指标能提供的有用信息相对较少。（　　）

10．销售数量和价格的变动是影响毛利变动的内部因素。（　　）

11．当外部市场价格一定时，决定毛利水平高低的关键是产品构成决策。（　　）

12．主营业务收入的增减变动额及方向影响着营业利润额。（　　）

13．主营业务收入、主营业务成本、销售费用等都是营业利润的负影响因素。（　　）

14．总资产收益率是反映企业资产综合利用效果的指标。（　　）

15．利息费用对总资产收益率没有影响。（　　）

16．影响长期资本收益率的因素包括收益总额和长期资本占用额两方面。（　　）

17．息税前利润是指扣除利息和所得税费用前的利润，即营业利润与利息支出之和。（　　）

18．税率的变动对利润没有影响。（　　）

19．企业成本总额的增加不一定意味着利润的下降和企业管理水平的下降。（　　）

20．企业当期实现的净利润即为企业当期可供分配的利润。（　　）

四、实训题

实训 1　编制利润表

【实训资料】　广发公司为增值税一般纳税人，增值税税率为 17%，所得税税率为 33%，商品销售价格中不含增值税额，商品销售成本按发生的经济业务逐笔结转。商品销售及提供劳务均为主营业务，资产销售均为正常的商业交易，采用公允的交易价格结算，除特别说明外，所售资产均未计提减值准备。广发公司 2014 年 12 月发生的经济业务及相关资料如下所述。

（1）12 月 1 日，向 A 公司销售一批商品，增值税专用发票上注明销售价格为 100 万元，增值税额为 17 万元。提货单和增值税专用发票已交给 A 公司，款项尚未收取。为及时收回货款，给予 A 公司的现金折扣条件如下：2/10，1/20，N/30（假定现金折扣按销售价格计算）。

该批商品的实际成本为 75 万元。

（2）12 月 3 日，收到 B 公司来函，要求对当年 11 月 5 日所购商品在销售价格上给予 5% 的折让（广发公司在该批商品销售时，已确认收入 200 万元，但款项尚未收取）。经查核，该批商品存在外观质量问题，广发公司同意折让要求。当日收到 B 公司交来的税务机关开具的索取折让证明单，并开具红字增值税专用发票。

（3）12 月 10 日，收到 A 公司支付的货款，并存入银行。

（4）12 月 15 日，与 C 公司签订一项专利技术使用权转让合同。合同规定：C 公司有偿使用广发公司的该项专利技术，使用期为 2 年，一次性支付使用费 100 万元，广发公司在合同签订日提供该专利资料，不提供后续服务。与该项交易有关的手续已办妥，从 C 公司收取的使用费已存入银行。

（5）12 月 16 日，与 D 公司签订一项为其安装设备的合同，合同规定，该设备安装期限为 2 个月，合同总价款为 35.1 万元（含增值税），合同签订日预收价款 25 万元。至 12 月 31 日，已实际发生安装费 14 万元（均为安装人员工资），预计还将发生安装费用 6 万元。按实际发生的成本占总成本的比例确定安装劳务的完工程度，假定该合同的结果能可靠估计。

（6）12 月 21 日，收到先征后返的增值税税额 34 万元，并存入银行。

（7）12 月 31 日，财产清查时发现一批原材料盘亏和一台固定资产报废，盘亏的原材料实际成本为 10 万元，报废的固定资产原价为 100 万元，累计折旧为 70 万元，已提的减值准备为 10 万元，原材料盘亏系计量不准所致。

（8）除上述业务外，本月发生的其他经济业务形成的有关账户发生额，如表 3-16 所示。

表 3-16 有关账户发生额资料

单位：万元

账户名称	借方发生额	贷方发生额
其他业务成本	20	
销售费用	15	
管理费用	12.2	
财务费用	10.3	
营业税金及附加	6.5	
投资收益		14.2
营业外收入		8
营业外支出	12.2（非资产处置损失）	

（9）12 月 31 日，计算缴纳本月应交所得税（假定本月无纳税调整事项）。

【实训任务】

（1）编制广发公司上述会计分录。

（2）编制广发公司 2014 年 12 月的利润表。

实训 2 增长能力综合分析

【实训资料】 华南公司 2011—2014 年度有关的会计资料如表 3-17 所示。

表 3-17 财务报表有关的资料

单位：万元

项　　目	2011 年	2012 年	2013 年	2014 年
资产总额	1 711	2 061	2 759	3 879
主营业务收入	5 720	7 742	10 839	15 516
净利润	498	688	991	1 516

【实训任务】

（1）计算华南公司的各种增长率，填写表 3-18（增长率以百分比的形式表示并保留 2 位小数）。

表 3-18 增长能力综合分析表

项　　目	2011 年	2012 年	2013 年	2014 年
资产总额				
本年资产增长额				
资产增长率				
主营业务收入				
本年主营业务收入增长额				
销售增长率				
净利润				
本年净利润增长额				
净利润增长率				

（2）分析与评价华南公司的增长能力。

从几年的数据可以看到，华南公司的销售增长率和净利润增长率都①同期的资产增长率，说明该公司的资产增长属于效益性增长，是适当的。另一方面，该公司的净利润增长率都②同期的销售增长率，说明该公司成本费用的上升速度③销售收入的增长速度，这反映出该公司的净利润增长能力较④，市场竞争能力较⑤。

①不及或超过　　②低于或高于　　③低于或高于
④强或弱　　　　⑤强或弱

实训 3 计算每股收益和市盈率

【实训资料】 某上市公司 2013 年年末股本总额为 1 亿元（全为普通股，每股面值 1 元），实现销售收入 3 亿元，净利润 5 000 万元，预计 2014 年比 2013 年销售收入增长 5%，净利润增长 10%，股本不变。该公司最近三年的平均市盈率为 30 倍。

【实训任务】

（1）计算 2013 年的每股收益。

（2）计算2014年预计的每股收益。

（3）运用市盈率估价法计算2014年该上市公司股票的市价。

实训4　计算利润指标

【实训资料】　凤北公司2014年度的财务杠杆系数为2，净利润为1 005万元，所得税率为33%。该公司全年固定资产成本总额为2 250万元，公司当年年初发行了一种债券，数量为2万张，每张面值为1 000元，发行价格为1 100元，债券利息率为10%，发行费用占发行价格的3%。

【实训任务】　根据上述资料计算2014年的利润总额、利息总额、息税前利润总额、利息保障倍数。

实训5　计算上市公司赢利能力指标

【实训资料】　某公司2014年度财务报表资料如表3-19所示。

表3-19　某公司2014年度财务报表资料

单位：万元

项　目	金　额
一、股东权益合计	16 911 200
普通股股本（发行在外800 000股）	4 000 000
优先股股本	2 000 000
资本公积金	
其中：优先股溢价2 000 000	9 000 000
留存收益	1 911 200
二、净利润	1 436 000
三、分配股利	
优先股股利	100 000
普通股股利	150 000
四、现时普通股每股市价	60

2013年股东权益合计15 600 000元，优先股股本与2014年相同。

【实训任务】

（1）计算股东权益报酬率。

（2）计算普通股每股收益。

（3）计算市盈率。

（4）计算普通股每股股利。

实训6　计算财务分析指标

【实训资料】　某企业2013年利润额为250万元，销售收入为750万元，资产平均占用额为937.5万元，所有者权益为562.5万元，企业所得税税率为25%。

【实训任务】

（1）计算销售净利率。

（2）计算总资产周转率。

（3）计算总资产净利率。

（4）计算所有者权益报酬率。

实训 7 撰写利润表分析报告

某钢铁股份有限公司
2014 年度财务报表（利润表）分析报告

一、公司简介

略。（参照项目二的实训 5）

二、基本情况

略。（参照项目二的实训 5）

三、利润表综合分析

（一）利润表的纵向比较分析

根据某钢铁股份有限公司 2014、2013 年的利润表数据（见表 3-20），完善利润表纵向比较分析表，并进行相应的分析。

表 3-20 利润表纵向比较分析表

编制单位：某钢铁股份有限公司　　　　　　　2014 年 12 月 31 日　　　　　　　单位：万元

项 目	2014 年	2013 年	结构（占总资产）（%）		
			2014 年	2013 年	结构变动
一、营业收入	5 000 000	4 750 000			
减：营业成本	2 500 000	2 707 500			
营业税金及附加	105 000	99 750			
销售费用	54 000	95 000			
管理费用	345 300	332 500			
财务费用	2 000	1 800			
资产减值损失	−51 000	0			
加：公允价值变动收益（损失以"−"号填列）	0	0			
投资收益（损失以"−"号填列）	40 000	0			
其中：对联营企业和合营企业的投资收益	0	0			
二、营业利润（亏损以"−"号填列）	2 084 700	1 513 450			
加：营业外收入	128 000	108 400			
减：营业外支出	14 900	86 900			
其中：非流动资产处置损失	0	0			
三、利润总额（亏损总额以"−"号填列）	2 197 800	1 534 950			
减：所得税费用	725 274	506 534			

项　目	2014年	2013年	结构（占总资产）（%）		
			2014年	2013年	结构变动
四、净利润（净亏损以"-"号填列）	1 472 526	1 028 416			
五、每股收益					
（一）基本每股收益					
（二）稀释每股收益					

1. 利润表总体情况分析

全球金融危机的经济背景下，

……

2. 利润表主要项目分析

（1）营业利润分析：

……

（2）净利润分析：

……

（3）公司在控制成本，降低费用方面……

3. 相关指标分析

……

4. 问题与建议

……

（二）利润表的横向比较分析

根据钢铁股份有限公司 2014、2013 年的利润表数据（见表 3-20），完善利润表横向比较分析表（见表 3-21），并做相应的分析。

表 3-21　利润表横向比较分析表

编制单位：某钢铁股份有限公司　　　　　　2014 年 12 月 31 日　　　　　　单位：万元

项　目	2014年	2013年	增减额	增减率（%）
一、营业收入	5 000 000	4 750 000		
减：营业成本	2 500 000	2 707 500		
营业税金及附加	105 000	99 750		
销售费用	54 000	95 000		
管理费用	345 300	332 500		
财务费用	2 000	1 800		
资产减值损失	-51 000	0		
加：公允价值变动收益（损失以"-"号填列）	0	0		
投资收益（损失以"-"号填列）	40 000	0		
其中：对联营企业和合营企业的投资收益	0	0		

项　目	2014 年	2013 年	增减额	增减率（%）
二、营业利润（亏损以"–"号填列）	2 084 700	1 513 450		
加：营业外收入	128 000	108 400		
减：营业外支出	14 900	86 900		
其中：非流动资产处置损失	0	0		
三、利润总额（亏损总额以"–"号填列）	2 197 800	1 534 950		
减：所得税费用	725 274	506 534		
四、净利润（净亏损以"–"号填列）	1 472 526	1 028 416		
五、每股收益				
（一）基本每股收益				
（二）稀释每股收益				

1. 利润表总体分析

全球金融危机的经济背景下，

……

2. 利润表主要项目分析

（1）营业利润分析：

……

（2）净利润分析：

……

（3）公司在控制成本，降低费用方面……

3. 相关指标分析

……

4. 问题与建议

……

项目四　现金流量表的编制与分析

知识目标

1. 掌握现金流量表的编制原理和方法；
2. 掌握现金流量表中主要项目的分析思路；
3. 掌握与现金流量表有关的指标的计算和分析方法；
4. 掌握现金流量表分析报告的撰写方法。

技能目标

1. 会编制现金流量表；
2. 能运用财务报表分析的基本方法进行现金流量表的阅读和分析；
3. 能计算、分析与现金流量表相关的财务指标；
4. 能撰写现金流量表分析报告。

项目导入

现金流比利润更重要

现金是企业经营的血液，是企业最基本的流动资产之一，一个赢利丰厚的企业可能会因为现金不足而陷入困境甚至破产。现金流是企业生存和发展的基础，有人甚至指出，在"现金为王"的时代，现金流比利润更重要。如果一家上市公司现金流为负或非常低，则往往显示公司财务状况不乐观。因此，上市公司现金流吃紧问题需引起投资者的密切关注。

2001年12月2日，美国上演了历史上最大规模的破产申请案，世界500强排名中位居第16位的安然公司，向纽约破产法院申请了破产保护。这家表面上的模范公司，在过去的几年中一直保持着赢利的持续增长，为众多著名的银行及投资基金所青睐。究竟是哪一个环节出了问题，难道所有的人都被它的表象所蒙骗了吗？这其中固然有其他原因，但传统滞后的财务报告模式掩盖了其存在的问题才是导致其破产的根本原因。上层管理人员知道大众所关心的是每股收益、股票价格等问题，因此，他们利用调整长期交易的市场价值来保持公司赢利的表面增长，而与之相应的不受监控的资产负债表外的负债及亏损则被巧妙地掩盖了起来，过度的融资和授权交易使得公司账内账外负债急剧增加，虽然根据市值调整而产生的账面利润在持续稳定地增长，但实质性业务所带来的现金流量却与赢利的提高并不匹配，直到有一天，其中的某一环节没有衔接上，整座大厦就这样在顷刻间倒塌了。

任务一　编制现金流量表

现金流量表是反映企业在一定会计期间现金和现金等价物流入和流出的报表。它是以现金为基础编制的财务状况变动表，是一张动态财务报表。现金流量表中的"现金"是广义的现金概念，包括企业的库存现金、随时可用于支付的银行存款（银行活期存款）、其他货币资金及现金等价物。其中现金等价物必须同时具备四个条件：期限短、流动性强、易于转换为已知金额现金、价值变动风险很小的资产。

一、现金流量表的作用

编制现金流量表的目的是为了反映一定时期内企业经营活动、投资活动和筹资活动的现金流入和流出。从编制原则上看，现金流量表按收付实现制原则编制，将权责发生制下的现金流量信息调整为收付实现制下的现金流量信息，便于信息使用者了解企业净利润的质量。从内容上看，现金流量表被划分为经营活动、投资活动和筹资活动三个部分，每类活动又分为各具体项目，这些项目从不同角度反映企业业务活动的现金流入与流出，弥补了资产负债表和利润表提供信息的不足，通过现金流量表，报表使用者能够了解现金流量的影响因素，评价企业的支付能力、偿债能力和周转能力，预测企业未来现金流量，为其决策提供有力依据。因此，现金流量表在评价企业经营业绩、衡量企业财务资源和财务风险以及预测企业未来前景方面，有着十分重要的作用。

（一）有助于投资者、债权人评估企业未来的现金流量

投资者、债权人从事投资与信贷的主要目的是为了取得收益并增加未来的现金流量。投资者在做出投资决策时需考虑原始投资的保障、股利的获得以及股票市价变动等有利或不利因素的影响。债权人在做出贷款决策时，关心的是能否按时获得利息和到期足额收回本金。只有企业能产生必要的现金流量，才有能力按期还本付息和支付稳定的股利。由于投资者、债权人所做决策的正确程度和现金流量信息之间具有高度的相关性，因此现金流量表提供的信息能帮助投资者、债权人评估企业未来的现金流量，进而帮助他们做出正确的投资和贷款的决策。

（二）有助于投资者、债权人评估企业偿还债务、支付股利和对外筹资的能力

投资者和债权人想要评估企业偿还债务、支付股利的能力，最直接有效的方法是分析企业的现金流量，即企业产生现金的能力。企业产生现金的能力，从根本上讲要取决于经营活动的净现金流入。尽管企业还可以通过对外筹资的方式取得现金，但偿还债务所需的现金最终还要来源于经营活动产生的净现金流入。因此，经营活动产生的净现金流入占现金来源总额的比重越高，企业偿还债务、支付股利以及对外筹资的能力就越强。现金流量表披露的经营活动产生的净现金流入信息有助于投资者和债权人进行这方面的分析与评价。

（三）有助于财务报表使用者分析本期净利与经营活动现金流量差异的原因

就企业全部经营时间而言，创造净利的总额应等于其结束清算、变卖资产并偿还各种债

务后的净现金流入。但是，为贯彻权责发生制原则，定期计算损益，会计上又必须将企业连续不断的经营活动划分为一个个首尾相接、等间距的会计期间。因此，就某一个会计期间而言，损益确认的时间与现金流动的时间就不可能完全一致。当企业所处经济环境发生变化时，例如生产规模的扩大或固定资产更新与重置，尤其是当通货膨胀期间企业为逃避风险而将现金投放于存货和其他资产时，损益确认与经营活动净现金流入的时间差异必然扩大，以致在某些年份有可观的净利而无可支配的现金，而有些年份恰恰与此相反。现金流量表披露本期净利与经营活动现金流量之间的差异及产生的原因等有关信息，这有助于投资者、债权人合理地预测与评价企业未来的现金流量。

（四）有助于报表使用者评估报告期内与现金有关和无关的投资及筹资活动

现金流量表除披露经营活动的现金流量、投资及筹资活动的现金流量外，还披露那些虽与现金流量无关，但是又对企业很重要的筹资及投资活动，这些信息对报表使用者做出正确的投资与信贷决策，评估企业未来的现金流量，同样具有重要的意义。

二、现金流量表的基本结构

现金流量表一般由表首和表体两部分组成。

（一）表首

表首部分主要包括报表名称、编制单位、编制时间、报表编号、单位等内容。

（二）表体

表体部分包括正表和补充资料两部分内容。

1. 正表

现金流量表正表以"现金流入-现金流出=现金流量净额"为基础，采取多步式，分别按经营活动、投资活动和筹资活动，分项报告企业的现金流入量和流出量。

2. 补充资料

现金流量表补充资料细分为三部分：第一部分是将净利润调节为经营活动的现金流量，也就是说，要在补充资料中采用间接法报告经营活动产生的现金流量信息；第二部分是不涉及当期现金收支、但影响企业财务状况或在未来可能影响企业现金流量的重大的投资和筹资活动；第三部分是现金及现金等价物净变动情况。

现金流量表的有关项目之间存在钩稽关系。正表中的第一项经营活动产生的现金流量净额，与补充资料第一项中的经营活动产生的现金流量净额，应当核对相符；正表中的第五项现金及现金等价物净增加额，与补充资料第三项中的现金及现金等价物净增加额应当一致；正表中的数字是流入与流出的差额，补充资料中的数字是期末数与期初数的差额，两者计算依据不同但结果应当一致，故应核对相符。

现金流量表的结构，根据财政部于2006年10月30日印发的《企业会计准则第31号——现金流量表》中规定的现金流量表的基本格式如表4-1所示。

表 4-1 现金流量表

会企 03 表

编制单位：　　　　　　　　　　　　　　　　　　___年___月　　　　　　　　　　　　　　　　　单位：元

项　　目	本期金额	上期金额
一、经营活动产生的现金流量		
销售商品、提供劳务收到的现金		
收到的税费返还		
收到其他与经营活动有关的现金		
经营活动现金流入小计		
购买商品、接受劳务支付的现金		
支付给职工及为职工支付的现金		
支付的各项税费		
支付其他与经营活动有关的现金		
经营活动现金流出小计		
经营活动产生的现金流量净额		
二、投资活动产生的现金流量		
收回投资收到的现金		
取得投资收益收到的现金		
处置固定资产、无形资产和其他长期资产收回的现金净额		
处置子公司及其他营业单位收到的现金净额		
收到其他与投资活动有关的现金		
投资活动现金流入小计		
购建固定资产、无形资产和其他长期资产支付的现金		
投资支付的现金		
取得子公司及其他营业单位支付的现金净额		
支付其他与投资活动有关的现金		
投资活动现金流出小计		
投资活动产生的现金流量净额		
三、筹资活动产生的现金流量		
吸收投资收到的现金		
取得借款收到的现金		
收到的其他与筹资活动有关的现金		
筹资活动现金流入小计		
偿还债务支付的现金		
分配股利、利润及偿付利息支付的现金		
支付其他与筹资活动有关的现金		
筹资活动现金流出小计		
筹资活动产生的现金流量净额		

续表

项　　目	本期金额	上期金额
四、汇率变动对现金及现金等价物的影响		
五、现金及现金等价物净增加额		
加：期初现金及现金等价物余额		
六、期末现金及现金等价物余额		
补　充　资　料	本期金额	上期金额
1. 将净利润调节为经营活动现金流量：		
净利润		
加：资产减值准备		
固定资产折旧、油气资产折耗、生产性生物资产折旧		
无形资产摊销		
长期待摊费用摊销		
处置固定资产、无形资产和其他长期资产的损失（收益以"－"号填列）		
固定资产报废损失（收益以"－"号填列）		
公允价值变动损失（收益以"－"号填列）		
财务费用（收益以"－"号填列）		
投资损失（收益以"－"号填列）		
递延所得税资产减少（增加以"－"号填列）		
递延所得税负债增加（减少以"－"号填列）		
存货的减少（增加以"－"号填列）		
经营性应收项目的减少（增加以"－"号填列）		
经营性应付项目的增加（减少以"－"号填列）		
其他		
经营活动产生的现金流量净额		
2. 不涉及现金收支的投资活动和筹资活动		
债务转为资本		
一年内到期的可转换公司债券		
融资租入固定资产		
3. 现金及现金等价物净变动情况		
现金的期末余额		
减：现金的期初余额		
加：现金等价物的期末余额		
减：现金等价物的期初余额		
现金及现金等价物净增加额		

三、现金流量表的编制方法

（一）直接法和间接法

编制现金流量表时，列报经营活动现金流量的方法有直接法和间接法两种。在直接法下，一般是以利润表中的营业收入为起算点，调节与经营活动有关的项目的增减变动，然后计算出经营活动产生的现金流量。在间接法下，将净利润调节为经营活动现金流量，实际上就是将按权责发生制原则确定的净利润调节为现金净流入，并剔除投资活动和筹资活动对现金流量的影响。目前，我国企业会计准则规定企业应当采用直接法编制现金流量表，同时要求在附注中提供将净利润调节到经营活动现金流量的信息。

（二）工作底稿法和 T 形账户法

在具体编制现金流量表时，可以采用工作底稿法或 T 形账户法，也可以根据有关科目记录分析填列。

1. 工作底稿法

采用工作底稿法编制现金流量表，是以工作底稿为手段，以资产负债表和利润表数据为基础，对每个项目进行分析并编制调整分录，从而编制现金流量表。工作底稿法的程序如下。

第一步，将资产负债表的期初数和期末数计入工作底稿的期初数栏和期末数栏。

第二步，对当期业务进行分析并编制调整分录。编制调整分录时，要以利润表项目为基础，从"营业收入"开始，结合资产负债表项目逐一进行分析。在调整分录中，有关现金和现金等价物的事项，并不直接借记或贷记现金，而是分别记入"经营活动产生的现金流量"、"投资活动产生的现金流量"、"筹资活动产生的现金流量"有关项目，借记表示现金流入，贷记表示现金流出。

第三步，将调整分录过入工作底稿中的相应部分。

第四步，核对调整分录，借方、贷方合计数均已经相等，资产负债表项目期初数加减调整分录中的借贷金额以后，也等于期末数。

第五步，根据工作底稿中的现金流量表项目部分编制正式的现金流量表。

2. T 形账户法

采用 T 形账户法编制现金流量表，是以 T 形账户为手段，以资产负债表和利润表数据为基础，对每个项目进行分析并编制调整分录，从而编制现金流量表。T 形账户法的程序如下。

第一步，为所有非现金项目（包括资产负债表项目和利润表项目）分别开设 T 形账，并将各自的期末期初变动数过入各该账户。

第二步，开设一个大的"现金及现金等价物"T 形账户，分为经营活动、投资活动、筹资活动三个部分，左边记现金流入，右边记现金流出。与其他账户一样，过入期末期初变动数。

第三步，以利润表项目为基础，结合资产负债表分析每个非现金项目的增减变动，并据此编制调整分录。

第四步，将调整分录过入各 T 形账户，并进行核对，该账户借贷相抵后的余额与已过入的期末期初变动数应当一致。

第五步，根据大的"现金及现金等价物"T形账户，编制正式的现金流量表。

（三）分析填列法

分析填列法是直接根据资产负债表、利润表和有关会计科目明细账的记录，分析计算出现金流量表各项目的金额，并据以编制现金流量表的一种方法。本项目重点介绍此方法。

现金流量表应当按照经营活动产生的现金流量、投资活动产生的现金流量和筹资活动产生的现金流量分别反映。报表中各项目的具体编制方法如下所述。

1. 现金流量表正表的编制

（1）"销售商品、提供劳务收到的现金"项目，反映企业销售商品、提供劳务实际收到的现金（含销售收入和应向购买者收取的增值税销项税额），包括本期销售商品、提供劳务收到的现金，前期销售商品、提供劳务而本期收到的现金和本期预收的账款，减去本期退回本期销售的商品和本期退回的前期销售商品支付的现金。企业销售材料和代购代销业务收到的现金，也在本项目中反映。本项目可以根据"库存现金"、"银行存款"、"应收账款"、"应收票据"、"预收账款"、"主营业务收入"、"其他业务收入"等账户的记录分析填列。"销售商品、提供劳务收到的现金"项目的计算如图 4-1 所示。

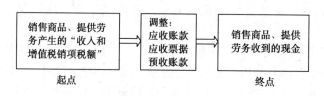

图 4-1 销售商品、提供劳务收到的现金

销售商品、提供劳务收到的现金的计算公式为：

$$\text{销售商品、提供劳务收到的现金} = \text{所产生的收入和增值税销项税额} + \text{应收账款本期减少额} + \text{应收票据本期减少额} + \text{预收账款本期增加额} \pm \text{特殊调整业务}$$

公式中的特殊调整业务作为加项或减项的处理原则是：应收账款、应收票据和预收账款等账户（不含三个账户内部转账业务）借方对应的账户不是销售商品提供劳务的"收入和增值税销项税"账户，则作为加项处理，如以非现金资产换入应收账款等；应收账款、应收票据和预收账款等账户（不含三个账户内部转账业务）贷方对应的账户不是"现金类"账户的业务，则作为减项处理，如客户用非现金资产抵偿债务等。典型的特殊调整业务包括：一是计提坏账准备；二是收到债务人以物抵债的货物；三是销售业务往来账户与购货业务往来账户的对冲，如应收账款与应付账款的对冲；四是"应交税费——应交增值税（销项税额）"账户中含有的视同销售产生的销项税额，如将货物对外投资、工程项目领用本企业产品等。

注意：特殊调整业务中与"应收账款"和"坏账准备"有关业务的会计处理如下所述。

① 如果给定的是报表中"应收账款"项目余额，则公式中的调整事项为减去本期计提坏账准备，加上本期冲回前期多提坏账准备。而"本期发生坏账"和"本期发生坏账收回"不需做特殊处理。

② 如果给定的是"应收账款"科目余额，则上述公式中的调整事项为减去本期发生的坏账，加上本期发生坏账收回。"本期计提坏账准备"和"本期冲回前期多提坏账准备"不需要做特殊处理。

【例4-1】 某企业2014年有关资料如下：（1）应收账款项目：年初数100万元，年末数120万元；（2）应收票据项目：年初数40万元，年末数20万元；（3）预收账款项目：年初数80万元，年末数90万元；（4）主营业务收入6 000万元；（5）应交税费——应交增值税（销项税额）1 020万元；（6）其他有关资料如下：本期计提坏账准备5万元（备抵法），本期发生坏账收回2万元。

则销售商品、提供劳务收到的现金=6 000+1 020+（100-120）+（40-20）+（90-80）-5=7 025（万元）

（2）"收到的税费返还"项目，反映企业收到返还的各种税费，如收到的增值税、消费税、营业税、所得税、教育费附加返还等。本项目可以根据"库存现金"、"银行存款"、"营业税金及附加"、"补贴收入"、"应收补贴款"等账户的记录分析填列。

（3）"收到其他与经营活动有关的现金"项目，反映企业除了上述各项目以外收到的其他与经营活动有关的现金收入，如罚款收入、流动资产损失中由个人赔偿的现金收入等。其他现金流入如果价值较大，应单列项目反映。本项目可以根据"库存现金"、"银行存款"、"营业外收入"等账户的记录分析填列。

（4）"购买商品、接受劳务支付的现金"项目，反映企业购买材料、商品、接受劳务实际支付的现金，包括本期购入材料、商品、接受劳务支付的现金结算（包括增值税进项税额），以及本期支付前期购入商品、接受劳务的未付款项和本期预付款项。本期发生的购货退回收到的现金应从本项目内减去。本项目可以根据"库存现金"、"银行存款"、"应付账款"、"应付票据"、"主营业务成本"等账户的记录分析填列。"购买商品、接受劳务支付的现金"项目的计算如图4-2所示。

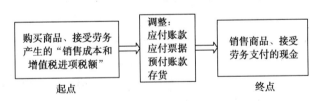

图4-2 购买商品、接受劳务支付的现金

购买商品、接受劳务支付的现金的计算公式为：

$$购买商品、接受劳务\atop 支付的现金 = {其产生的销售成本\atop 和增值税进项税额} + {应付账款\atop 本期减少额} + {应付票据\atop 本期减少额} + {预付账款\atop 本期增加额} + {存货\atop 增加额} \pm {特殊调整\atop 业务}$$

公式中的特殊调整业务作为加项或减项的处理原则是：应付账款、应付票据、预付账款和"存货类"等账户（不含四个账户内部转账业务）借方对应的账户不是购买商品、接受劳务产生的"现金类"账户，则作为减项处理，如分配的工资费用等；应付账款、应付票据、预付账款和"存货类"等账户（不含四个账户内部转账业务）贷方对应的账户不是"销售成本和增值税进项税额类"账户，则作为加项处理，如工程项目领用本企业商品等。

【例4-2】 某企业2014年有关资料如下：（1）应付账款项目：年初数100万元，年末数120万元；（2）应付票据项目：年初数40万元，年末数20万元；（3）预付账款项目：年初数80万元，年末数90万元；（4）存货项目：年初数100万元，年末数80万元；（5）主营业务成本4 000万元；（6）应交税费——应交增值税（进项税额）600万元；（7）其他有关资料如下：用固定资产偿还应付账款10万元，工程项目领用本企业产品20万元。

则购买商品、接受劳务支付的现金

=4 000+600+（100-120）+（40-20）+（90-80）+（80-100）-10+20=4 600（万元）

（5）"支付给职工及为职工支付的现金"项目，反映企业实际支付给职工，以及为职工支付的现金，包括本期实际支付给职工的工资、奖金、各种津贴和补贴等，以及为职工支付的其他费用；不包括支付的离退休人员的各项费用和支付给在建工程人员的工资等。企业支付给离退休人员的各项费用，包括支付退休的统筹退休金以及未参加统筹的退休人员的费用，在"支付的其他与经营活动有关的现金"项目中反映；支付给在建工程人员的工资，在"购建固定资产、无形资产和其他长期资产支付的现金"项目中反映。本项目可以根据"应付工资"、"库存现金"、"银行存款"等账户的记录分析填列。

【例4-3】某企业2014年应付职工薪酬有关资料如表4-2所示。

表4-2　职工薪酬金资料

单位：元

项　目		期　初　数	本期分配或计提数	期　末　数
应付职工薪酬	生产工人工资	100 000	1 000 000	80 000
	车间管理人员工资	40 000	500 000	30 000
	行政管理人员工资	60 000	800 000	45 000
	在建工程人员工资	20 000	300 000	15 000

本期用银行存款支付离退休人员工资500 000元。假定应付职工薪酬本期减少数均以银行存款支付，应付职工薪酬为贷方余额，不考虑其他事项。

则根据上述资料计算如下：

① 支付给职工以及为职工支付的现金=本期计提数+应付职工薪酬（除在建工程人员工资外）（期初数-期末数）=（1 000 000+500 000+800 000）+[（100 000+40 000+60 000）-（80 000+30 000+45 000）]=2 345 000（元）。

② 支付的其他与经营活动有关的现金=支付给离退休人员的工资=500 000（元）。

③ 购建固定资产、无形资产和其他长期资产所支付的现金=支付给在建工程人员的工资
=300 000+（20 000-15 000）
=305 000（元）。

（6）"支付的各项税费"项目，反映企业按照规定支付的各种税费，包括本期发生并支付的税费，以及本期支付以前各期发生的税费和预缴的税费，如支付的教育费附加、矿产资源补偿费、印花税、房产税、土地增值税、车船使用税、预缴的营业税等；不包括计入固定资产价值、实际支付的耕地占用税等，也不包括本期退回的增值税、所得税。本期退回的增值税、所得税在"收到的税费返还"项目中反映。本项目可以根据"应交税费"、"库存现金"、

"银行存款"等账户的记录分析填列。

【例4-4】 某企业2014年有关资料如下：（1）2014年利润表中的所得税费用为500 000元（均为当期应交所得税产生的所得税费用）；"应交税费"科目中的"应交所得税"年初数为20 000元，年末数为10 000元。（2）"应交增值税（已缴税金）"金额为600 000元。假定不考虑其他税费。

则支付的各项税费=所得税费用的计提数+应交所得税（期初数-期末数）+实际缴纳的增值税

=500 000+（20 000-10 000）+600 000

=1 110 000（元）

（7）"支付其他与经营活动有关的现金"项目，反映企业除了上述各项外，支付的其他与经营活动有关的现金，如罚款支出、支付的差旅费、业务招待费现金支出、支付的保险费等。其他现金流出如价值较大的，应单列项目反映。本项目可以根据有关账户的记录分析填列。

（8）"收回投资收到的现金"项目，反映企业出售、转让或到期收回除现金等价物以外的交易性金融资产、长期股权投资而收到的现金，以及收回持有至到期投资而收到的现金，但不包括持有至到期投资收回的利息。本项目可以根据"短期投资"、"长期股权投资"、"库存现金"、"银行存款"等账户的记录分析填列。

【例4-5】 某企业2014年有关资料如下：（1）"交易性金融资产"科目本期贷方发生额为100万元，"投资收益——转让交易性金融资产收益"贷方发生额为5万元；（2）"长期股权投资"科目本期贷方发生额为200万元，该项投资未计提跌价准备，"投资收益——转让长期股权投资收益"贷方发生额为6万元。假定转让上述投资均收到现金。

收回投资收到的现金=（100+5）+（200+6）=311（万元）

（9）"取得投资收益收到的现金"项目，反映企业因股权性投资和债权性投资而取得的现金股利、利息，以及从子公司、联营企业和合营企业分回利润收到的现金，不包括股票股利。本项目可以根据"库存现金"、"银行存款"、"投资收益"等账户的记录分析填列。

（10）"处置固定资产、无形资产和其他长期资产收回的现金净额"项目，反映企业处置固定资产、无形资产和其他长期资产所取得的现金，减去为处置这些资产而支付的有关费用后的净额。由于自然灾害所造成的固定资产等长期资产损失而收到的保险赔偿收入，也在本项目中反映。本项目可以根据"固定资产清理"、"库存现金"、"银行存款"等账户的记录分析填列。

【例4-6】 某企业2014年处置一项固定资产，固定资产原值100万元，折旧60万元，处置收到30万元，清理费用5万元，不考虑其他因素。

则处置固定资产、无形资产和其他长期资产收回的现金净额=30-5=25（万元）

（11）"处置子公司及其他营业单位收到的现金净额"项目，反映企业处置子公司及其他营业单位所取得的现金减去相关处置费用、子公司及其他营业单位所持有的现金和现金等价物后的净额。本项目可以根据"长期股权投资"、"银行存款"、"库存现金"等账户的记录分析填列。

（12）"收到其他与投资活动有关的现金"项目，反映企业除了上述各项以外，收到的其他与投资活动有关的现金流入。其他现金流入如价值较大的，应单列项目反映。本项目可以根据有关账户的记录分析填列。

（13）"购建固定资产、无形资产和其他长期资产支付的现金"项目，反映企业购买、建造固定资产，取得无形资产和其他长期资产所支付的现金，不包括为购建固定资产而发生的借款利息资本化的部分，以及融资租入固定资产支付的租赁费。借款利息和融资租入固定资产支付的租赁费在筹资活动生产的现金流量中反映。本项目可以根据"固定资产"、"在建工程"、"无形资产"、"库存现金"、"银行存款"等账户的记录分析填列。

（14）"投资支付的现金"项目，反映企业进行权益性投资和债权性投资所支付的现金，包括企业取得的除现金等价物以外的短期股票投资、短期债券投资、长期股权投资、长期债权投资支付的现金，以及支付的佣金、手续费等附加费用。本项目可以根据"长期股权投资"、"长期债权投资"、"短期投资"、"库存现金"、"银行存款"等账户的记录分析填列。

（15）"取得子公司及其他营业单位支付的现金净额"项目，反映企业购买子公司及其他营业单位购买出价中以现金支付的部分减去子公司或其他营业单位持有的现金和现金等价物后的净额。

（16）"支付其他与投资活动有关的现金"项目，此项目反映企业除了上述各项以外，支付的其他与投资活动有关的现金流出。如购买股票和债券时，支付的买价中所包含的已宣告发放但尚未领取的现金股利或已到付息期但尚未领取的利息等。其他现金流出如价值较大的，应单列项目反映。本项目可以根据有关账户的记录分析填列。

【例4-7】 甲企业2014年5月10日购买A股票作为可供出售金融资产，支付价款50万元，其中包括已宣告尚未领取的现金股利1万元，另支付手续费0.8万元。当年5月20日收到现金股利；6月2日将A股票售出，出售价款52万元。假定不考虑其他事项。

则甲企业：

投资所支付的现金=（50-1）+0.8=49.8（万元）；

支付其他与投资活动有关的现金=已宣告但尚未领取的现金股利=1（万元）；

收到其他与投资活动有关的现金=收到的现金股利=1（万元）；

收回投资收到的现金=出售A股票所收到的价款=52（万元）。

（17）"吸收投资收到的现金"项目，反映企业收到的投资者投入的现金，包括以发行股票方式筹集的资金实际收到的股款净额（发行收入减去支付的佣金等发行费用后的净额）、发行债券实际收到的现金（发行收入减去支付的佣金等发行费用后的净额）等。以发行股票方式筹集资金而由企业直接支付的审计、咨询等费用，以及发行债券支付的发行费用在"支付其他与筹资活动有关的现金"项目中反映。本项目可以根据"实收资本（或股本）"、"库存现金"、"银行存款"等账户的记录分析填列。

（18）"取得借款收到的现金"项目，反映企业举借各种短期借款、长期借款所收到的现金。本项目可以根据"短期借款"、"长期借款"、"库存现金"、"银行存款"等账户的记录分析填列。

（19）"收到其他与筹资活动有关的现金"项目，反映企业除了上述各项之外，收到的其他与筹资活动有关的现金、接受现金捐赠等。其他现金流入如价值较大的，应单列项目反映。本项目可以根据有关账户的记录分析填列。

（20）"偿还债务支付的现金"项目，反映企业以现金偿还债务的本金，包括偿还金融企业的借款本金、偿还债券本金等。企业偿还的借款利息、债券利息，在"分配股利、利润或偿还利息所支付的现金"项目中反映，不包括在本项目内。本项目可以根据"短期借款"、"长期借款"、"库存现金"、"银行存款"等账户的记录分析填列。

【例4-8】 甲企业2014年"短期借款"账户年初余额为120万元，年末余额为140万元；"长期借款"账户年初余额为360万元，年末余额为800万元。2014年借入短期借款240

万元，借入长期借款460万元。除上述资料外，债权债务的增减变动均以货币资金结算。

则根据上述资料计算如下：

① 借款所收到的现金=240+460=700（万元）

② 偿还债务所支付的现金=（120+240-140）+（360+460-800）=240（万元）

（21）"分配股利、利润或偿付利息支付的现金"项目，反映企业实际支付的现金股利，支付给其他投资单位的利润以及支付的借款利息、债券利息等。本项目可以根据"应付股利"、"财务费用"、"长期借款"、"库存现金"、"银行存款"等账户的记录分析填列。

【例4-9】　甲企业2014年"财务费用"账户借方发生额为40万元，均为利息费用。财务费用包括计提的长期借款利息25万元，其余财务费用均以银行存款支付。"应付股利"账户年初余额为30万元，年末无余额。除上述资料外，债权债务的增减变动均以货币资金结算。

则分配股利、利润和偿付利息所支付的现金=（40-25）+（30-0）=45（万元）

（22）"支付其他与筹资活动有关的现金"项目，反映企业除了上述各项外，支付的其他与筹资活动有关的现金流出，如捐赠现金支出、融资租入固定资产支付的租赁费等。其他现金流出如价值较大的，应单列项目反映。本项目可以有关账户的记录分析填列。

（23）"汇率变动对现金及现金等价物的影响"项目，反映企业外币现金流量及境外子公司的现金流量折算为人民币时，所采用的现金流量发生日的汇率或平均汇率折算的人民币金额与"现金及现金等价物净增加额"中外币现金净增加额按期末汇率折算的人民币金额之间的差额。

2. 现金流量表补充资料的编制

第一部分为："将净利润调节为经营活动的现金流量"各项目。在填列"将净利润调节为经营活动的现金流量"各项目时，可以按下列公式进行调整。

$$经营活动现金流量=净利润±调整项目$$

（1）"资产减值准备"项目，反映企业本期计提的各项资产的减值准备，包括本期计提的坏账准备、存货跌价准备、长期股权投资减值准备、持有至到期投资减值准备、固定资产减值准备等。计提各项准备时，影响损益，使净利润减少但不影响现金流量，应调增。本项目可以根据"资产减值损失"等账户的记录分析填列。

（2）"固定资产折旧、油气资产折耗、生产性生物资产折旧"项目，反映企业本期计提的固定资产折旧、油气资产折耗、生产性生物资产折旧。计提折旧、损耗时，使净利润减少但不影响现金流量，应调增。本项目可以根据"累计折旧"等账户的贷方发生额分析填列。

（3）"无形资产摊销"项目，反映企业本期累计摊入成本费用的无形资产的价值。本项目可以根据"无形资产"账户的贷方发生额分析填列。

（4）"长期待摊费用摊销"项目，反映企业本期累计摊入成本费用的长期待摊费用的价值。本项目可以根据"长期待摊费用"账户的贷方发生额分析填列。

（5）"处置固定资产、无形资产和其他长期资产的损失"项目，反映企业本期由于处置固定资产、无形资产和其他长期资产而发生的净损失。本项目可以根据"营业外收入"、"营业外支出"、"其他业务收入"、"其他业务支出"账户所属有关明细账户的记录分析填列，如为净收益，以"-"号填列。

（6）"固定资产报废损失"项目，反映企业本期固定资产盘亏（减盘盈）后的净损失。本项目可以根据"营业外支出"、"营业外收入"账户所属有关明细账户中固定资产盘亏损失减去固定资产盘盈收益后的差额填列。

（7）"公允价值变动损失"项目，反映企业持有的金融资产、金融负债以及采用公允价值计量模式的投资性房地产的公允价值变动损益。由于公允价值计量与原账面价值的差额计入了当期损益，但不影响现金流量，当公允价值变动损益增加利润时，应调减；当公允价值变动损益减少利润时，应调增。

（8）"财务费用"项目，反映企业本期发生的应属于投资活动或筹资活动的财务费用，如借款利息、外币借款汇兑损益，不包括应收票据贴现利息等属于经营活动的项目。调整"财务费用"项目时，不应将"财务费用"账户的本期全部发生额进行填列，而只将属于投资活动、筹资活动的部分进行调整并将其加回到净利润中去。本项目可以根据"财务费用"账户的本期借方发生额分析填列，如为收益，以"－"号填列。

（9）"投资损失"项目，反映企业本期投资所发生的损失减去收益后的净损益。投资损益影响净利润，属于投资活动，应调出。本项目可以根据利润表"投资收益"项目的数字填列。如为投资收益，以"－"号填列。

（10）"递延所得税资产减少"项目，反映企业资产负债表"递延所得税资产"项目的期初余额与期末余额的差额。若为递延所得税资产增加，以"－"号填列。

（11）"递延所得税负债增加"项目，反映企业资产负债表"递延所得税负债"项目的期末余额与期初余额的差额。若为递延所得税负债减少，以"－"号填列。

（12）"存货的减少"项目，反映企业本期存货的减少（减增加）。当存货减少时，假定全部是销售，增加营业成本，减少净利润，不影响现金流量，应调增；若有非销售减少，应剔除，如在建工程领用存货、存货用于投资活动等情况。当存货增加时，假定全部是付现购进，使现金流量减少，不影响净利润，应调减；若有非购进增加，应剔除，如接受捐赠存货、工程物资转入；若有购进中未付现，在"经营性应付项目"中调整。本项目可以根据资产负债表"存货"项目的期初、期末余额的差额结合存货类明细账分析填列，期末数大于期初数的差额，以"－"号填列。

（13）"经营性应收项目的减少"项目，反映企业本期经营性应收项目的减少（减增加）。经营性应收项目包括应收账款、应收票据、长期应收款、其他应收款和预付账款中与经营活动有关的部分以及应收的增值税销项税额等。经营性应收项目减少时，现金流量增加，不影响净利润，应调增；经营性应收项目增加时，确认收入，净利润增加，不影响现金流量，应调减。如果经营性应收项目减少，但收到的不是现金，应剔除，如收到的是非货币性资产；如果经营性应收项目增加，但不确认收入，应剔除，如处置固定资产未收款。本项目应根据资产负债表上经营性应收项目的期初余额减期末余额并结合经营性应收项目的明细账分析填列，若经营性应收项目的期末余额大于期初余额，以"－"号填列。

（14）"经营性应付项目的增加"项目，反映企业本期经营性应付项目的增加（减：减少）。经营性应付项目包括应付账款、应付票据、应付职工薪酬、应交税费、其他应付款和预收账款中与经营活动有关的部分以及应付的增值税进项税额等。经营性应付项目的增减变动一般属于经营活动，经营性应付项目的增加，说明存货增加，最终导致销售成本增加，净利润减少，但不影响现金流量，应调增；经营性应付项目的减少，说明现金流量减少，但不影响净利润，应调减。所以在调节净利润时，应加上经营性应付项目的增加数，或减去经营性应付项目的减少数。若经营性应付项目的增减变动不属于经营活动，应剔除，如债务重组业务中以固定资产抵债减少的应付账款等业务。本项目根据资产负债表上经营性应付项目的期末数减去期初数并结合相关明细账分析填列，若经营性应付项目的期末余额大于期初余额，以"-"号填列。

（15）"其他"项目，反映影响损益但不包括在以上项目的其他项目。如企业在编制会计差错更正处理当年的现金流量表时，除将会计差错更正对有关科目的影响分别反映于"净利润"有关调节项目外，还应将其对本年留存收益的影响作为"净利润"的调节因素反映在本项目中。

以上内容可归纳为如图 4-3 所示。

图 4-3　将净利润调节为经营活动现金流量

注：将净利润调节为经营活动产生的现金流量净额时，调增、调减项目的确定原则为：影响利润表的项目，使净利润减少，调增，使净利润增加，调减；影响资产负债表的项目（现金除外），在资产负债表项目涉及的会计科目借方记录，调减，在资产负债表项目涉及的会计科目贷方记录，调增。

第二部分为："不涉及现金收支的投资和筹资活动"项目。"不涉及现金收支的投资和筹资活动"项目反映企业一定期间内影响资产或负债但不形成该期现金收支的所有投资和筹资活动的信息。这些投资或筹资活动虽然不涉及现金收支，但对以后各期的现金流量有重大影响。如融资租入设备，记入"长期应付款"账户，当期并不支付设备款及租金，但以后各期必须为此支付现金，从而在一定期间内形成了一项固定的现金支出。

（18）"债务转为资本"项目，反映企业本期转为资本的债务金额。

（19）"一年内到期的可转换公司债券"项目，反映企业一年内到期的可转换公司债券的金额。

（20）"融资租入固定资产"项目，反映企业本期融资租入固定资产记入"长期应付款"账户的金额减去"未确认融资费用"账户余额后的金额。

四、现金流量表的运用

（一）案例资料

湖南创建车床厂由于业务发展的需要，于 2013 年 1 月在岳阳投资开办一家分厂，这两年的现金流量相当充裕，且 2014 年较 2013 年有较大增长，管理层要求财务部门分析其原因，总结经验。该分厂适用的增值税税率为 17%，有关资料如下所述。

1. 资产负债表有关项目 2014 年初、期末余额和部分账户发生额如表 4-3 所示

表4-3 资产负债表部分账户发生额

单位：万元

账户名称	年初余额	本年增加	本年减少	期末余额
货币资金	2 072			4 141
应收账款	1 170			3 510
应收票据	630			300
交易性金融资产	500	600（本年购入）	300（出售）	800
应收股利	80	60		0
存货	2 600			2 000
长期股权投资	800	200（以固定资产投资）	500（出售）	500
应付账款	2 340			1 755
应付职工薪酬	326	345		315
应交税费：				
应交增值税	300	1 020（销项税额）	300（已缴） 340（进项税额）	680
应交所得税	50	60		30
长期借款	800	200	500（归还长期借款）	500
短期借款	600	400		700

2. 利润表有关账户2014年发生额如表4-4所示

表4-4 利润表有关账户2014年发生额

单位：万元

账户名称	借方发生额	贷方发生额
主营业务收入		6 000
主营业务成本	2 000	
投资收益：		
现金股利		60
出售长期股权投资		30
出售交易性金融资产		50

3. 2013年度现金流量表金额如表4-5所示

表4-5 现金流量表

会企03表

编制单位：湖南创建车床厂岳阳分厂　　　　　　　2013年　　　　　　　单位：万元

项　　目	本期金额	上期金额
一、经营活动产生的现金流量		
销售商品、提供劳务收到的现金	3 720	
收到的税费返还		
收到其他与经营活动有关的现金		

续表

项　　目	本期金额	上期金额
经营活动现金流入小计	3 720	
购买商品、接受劳务支付的现金	1 835	
支付给职工及为职工支付的现金	335	
支付的各项税费	296	
支付其他与经营活动有关的现金		
经营活动现金流出小计	2 466	
经营活动产生的现金流量净额	1 254	
二、投资活动产生的现金流量		
收回投资收到的现金	750	
取得投资收益收到的现金	120	
处置固定资产、无形资产和其他长期资产收回的现金净额		
处置子公司及其他营业单位收到的现金净额		
收到其他与投资活动有关的现金		
投资活动现金流入小计	870	
购建固定资产、无形资产和其他长期资产支付的现金	120	
投资支付的现金	700	
取得子公司及其他营业单位支付的现金净额		
支付其他与投资活动有关的现金		
投资活动现金流出小计	820	
投资活动产生的现金流量净额	50	
三、筹资活动产生的现金流量		
吸收投资收到的现金	1 000	
取得借款收到的现金		
收到的其他与筹资活动有关的现金		
筹资活动现金流入小计	1 000	
偿还债务支付的现金	700	
分配股利、利润及偿付利息支付的现金		
支付其他与筹资活动有关的现金		
筹资活动现金流出小计	700	
筹资活动产生的现金流量净额	300	
四、汇率变动对现金及现金等价物的影响		
五、现金及现金等价物净增加额	1 604	
加：期初现金及现金等价物余额	468	
六、期末现金及现金等价物余额	2 072	

4. 其他有关资料如下

出售的交易性金融资产均为非现金等价物；出售交易性金融资产已收到现金；应收、应付款项均以现金结算；应收账款变动数中含有本期计提的坏账准备 100 万元。本期分配股利、利润及偿付利息支付的现金为 100 万元；生产成本、制造费用、管理费用中职工薪酬金额为 345 万元，不考虑该企业本年度发生的其他交易和事项。

（二）现金流量表编制的具体过程

1. 湖南创建车床厂岳阳分厂 2014 年现金流量表主要项目的计算过程如下

（1）销售商品、提供劳务收到的现金=主营业务收入+应交税费（应交增值税——销项税额）+（应收账款年初余额-应收账款期末余额）+（应收票据年初余额-应收票据期末余额）-当期计提的坏账准备

$$=6\,000+1\,020+（1\,170-3\,510）+（630-300）-100$$
$$=4\,910（万元）$$

（2）购买商品、接受劳务支付的现金=主营业务成本+应交税费（应交增值税——进项税额）+（应付账款年初余额-应付账款期末余额）+（存货期末余额-存货年初余额）

$$=2\,000+340+（2\,000-2\,600）+（2\,340-1\,755）$$
$$=2\,325（万元）$$

（3）支付给职工及为职工支付的现金=生产成本、制造费用、管理费用中职工薪酬+（应付职工薪酬年初余额-应付职工薪酬期末余额）

$$=345+（326-315）$$
$$=356（万元）$$

（4）支付的各项税费=实际缴纳的增值税款+支付的所得税款

$$=300+（50+60-30）$$
$$=380（万元）$$

（5）投资支付的现金=交易性金融资产购入金额

$$=600（万元）$$

（注意：长期股权投资是以固定资产投资的，没有支付现金）

（6）收回投资收到的现金=出售交易性金融资产的本金+与交易性金融资产一起收回的投资收益+出售长期股权投资所收到的本金+与长期股权投资一起收回的投资收益

$$=300+30+50+500$$
$$=880（万元）$$

（7）取得投资收益收到的现金=投资收益中本期的现金股利+（应收股利年初余额-应收股利年末余额）

$$=60+（80-0）$$
$$=140（万元）$$

（8）取得借款收到的现金=短期借款增加额+长期借款增加额

$$=400+200$$
$$=600（万元）$$

（9）偿还债务支付的现金=短期借款的减少额+长期借款的减少额

$$=（600+400-700）+500$$

$$=800（万元）$$

2. 湖南创建车床厂岳阳分厂2014年现金流量表的填制结果如表4-6所示

表4-6 现金流量表

会企03表

编制单位：湖南创建车床厂岳阳分厂　　　　　　　2014年　　　　　　　　　　　　单位：万元

项　　目	本期金额	上期金额
一、经营活动产生的现金流量		
销售商品、提供劳务收到的现金	4 910	3 720
收到的税费返还		
收到其他与经营活动有关的现金		
经营活动现金流入小计	4 910	3 720
购买商品、接受劳务支付的现金	2 325	1 835
支付给职工及为职工支付的现金	356	335
支付的各项税费	380	296
支付其他与经营活动有关的现金		
经营活动现金流出小计	3 061	2 466
经营活动产生的现金流量净额	1 849	1 254
二、投资活动产生的现金流量		
收回投资收到的现金	880	750
取得投资收益收到的现金	140	120
处置固定资产、无形资产和其他长期资产收回的现金净额		
处置子公司及其他营业单位收到的现金净额		
收到其他与投资活动有关的现金		
投资活动现金流入小计	1 020	870
购建固定资产、无形资产和其他长期资产支付的现金		120
投资所支付的现金	600	700
取得子公司及其他营业单位支付的现金净额		
支付其他与投资活动有关的现金		
投资活动现金流出小计	600	820
投资活动产生的现金流量净额	420	50
三、筹资活动产生的现金流量		
吸收投资收到的现金		1 000
取得借款收到的现金	600	
收到的其他与筹资活动有关的现金		
筹资活动现金流入小计	600	1 000

项　　目	本期金额	上期金额
偿还债务支付的现金	800	620
分配股利、利润及偿付利息支付的现金	100	80
支付其他与筹资活动有关的现金		
筹资活动现金流出小计	900	700
筹资活动产生的现金流量净额	−300	300
四、汇率变动对现金及现金等价物的影响		
五、现金及现金等价物净增加额	1 969	1 604
加：期初现金及现金等价物余额	2 072	468
六、期末现金及现金等价物余额	4 041	2 072

任务二　阅读现金流量表

通过阅读现金流量表，会计信息使用者可以评估企业在未来会计期间产生净现金流量的能力；评估企业偿还债务及支付企业所有者投资报酬的能力；了解企业的利润与经营活动所产生的净现金流量发生差异的原因；分析会计年度内影响或不影响现金的投资活动和筹资活动。

一、阅读经营活动产生的现金流量

（一）阅读经营活动产生的现金流入量

1. 销售商品和提供劳务收到的现金

本项目反映企业本年销售商品、提供劳务收到的现金，以及以前年度销售商品、提供劳务本年收到的现金（包括应向购买者收取的增值税销项税额）和本年预收的款项，减去本年销售本年退回商品和以前年度销售本年退回商品支付的现金。企业销售材料和代购代销业务收到的现金，也在本项目中反映。本项目是企业现金产生的源泉，其数额不仅取决于当期销售商品、提供劳务取得的收入数额，还取决于企业的信用政策，这两个因素在未来期间都具有很强的持续性，分析人员应重点关注本项目。

表4-6中该项目数据当期为4 910万元，而上年同期为3 720元，表明比上年有较大增长，该企业具有较强的获现能力。

2. 收到的税费返还

本项目反映企业收到返还的所得税、增值税、营业税、消费税、关税和教育费附加等各种税费返还款。该项目体现了企业在税收方面销售政策优惠所获得的已缴税金的回流金额，财务分析人员应当关注企业享受的税收优惠在未来可持续的时间，以及哪些税收项目享受优惠。

表4-6中显示未发生税费返还。

3. 收到的其他与经营活动有关的现金

本项目反映企业收到的罚款收入、经营租赁收到的租金等其他与经营活动有关的现金流入，金额较大的应当单独列示。该内容往往具有一定的偶然性，在分析时不必过多关注，如果该项目金额较大，还应观察剔除该项目后企业经营活动净现金流量的情况。

表 4-6 中该项目没有发生额。

（二）阅读经营活动产生的现金流出量

1. 购买商品和接受劳务所支付的现金

本项目反映企业本年购买商品、接受劳务实际支付的现金（包括增值税进项税额），以及本年支付以前年度购买商品、接受劳务的未付款项和本年预付款项，减去本年发生的购货退回收到的现金。本项目是企业正常生产经营活动中支付现金的主要部分，在未来的持续性较强，应重点关注企业该项目的内容和构成。

表 4-6 中该项目数据当期为 2 325 万元，而上年同期为 1 835 万元，表明比上年有所增长，主要是购进存货支付的现金，结合销售情况看，这种增长是正常的。

2. 支付给职工以及为职工支付的现金

本项目反映企业本年实际支付给职工的工资、资金、各种津贴和补贴等职工薪酬（包括代扣代缴的职工个人所得税），也在一定程度上反映企业生产经营规模的变化。

表 4-6 中该项目数据当期为 356 万元，而上年同期为 335 万元，表明比上年也有所增长。

3. 支付的各项税费

本项目反映企业本年发生并支付、以前各年发生本年支付以及预交的各项税费，包括所得税、增值税、营业税、消费税、印花税、房产税、土地增值税、车船使用税、教育费附加等，分析人员可得到企业真实的税负情况。

表 4-6 中该项目数据当期为 380 万元，而上年同期为 296 万元，表明比上年增长，这与企业销售增长相符合。

4. 支付其他与经营活动有关的现金

本项目反映除了前面提到的项目之外的现金支出，包括企业经营租赁支付的租金、支付的差旅费、业务招待费、保险费、罚款支出等其他与经营活动有关的现金流出，金额较大的应当单独列示。

表 4-6 中该项目没有发生额。

（三）阅读经营活动产生的现金净额

经营活动的总流入量减去经营活动的总流出量，就是经营活动给企业带来的最终结果，即净额。如果净额是正的，则表示这个企业生产经营比较正常，具有"自我造血"功能，且经营活动现金净流量占现金净流量的比率越大，说明企业的现金状况越稳定，支付能力越有保障；如果净额是负的，则意味着企业经营过程的现金流转存在问题，"入不敷出"，只有从外部取得资金才能化解财务危机。

表 4-6 中该项目数据显示当期经营活动带来的现金增量为 1 849 万元，上年同期为 1 254 万元，表明比上年有较大增长，说明企业经营情况较好。

二、阅读投资活动产生的现金流量

（一）阅读投资活动产生的现金流入量

1. 收回投资所收到的现金

本项目反映企业出售、转让或到期收回除现金等价物以外的交易性金融资产、长期股权投资而收到的现金，以及收回持有至到期投资而收到的现金，但不包括持有至到期投资收回的利息。

表4-6中该项目数据显示当期投资收到的现金为880万元，而上年同期为750万元，表明比上年增加130万元，意味着不少投资项目在本期到期，分析时还应注意是否将持有至到期投资在未到期之前出售，如果存在此种情况，应注意企业是否存在现金流量吃紧的问题。

2. 取得投资收益所收到的现金

本项目反映企业投资期间每年在投资收益上获得了多少钱，反映企业当年除现金等价物以外的对其他企业的长期股权投资等分回的现金股利和利息等。

表4-6中该项目数据显示当期投资收益收到的现金为140万元，而上年同期为120万元，说明企业本年的投资较上年收回了更多的收益。

3. 处置固定资产、无形资产和其他长期资产所收到的现金

本项目反映企业出售、报废固定资产、无形资产和其他长期资产所取得的现金（包括因资产毁损而收到的保险赔偿收入），减去为处置这些资产而支付的有关费用后的净额。虽然本项目一般是偶发事件，但分析人员应关注企业处置这些长期资产的目的，以及这些资产在企业总体经营活动中的地位和作用，如果企业处置的是正在使用的固定资产或无形资产，应确定企业是因为调整未来经营方向，缩减当前经营规模，准备转产，还是因为企业当前遇到了现金流危机，需要变现部分长期资产来应急，如果是后者，应高度警惕。

表4-6中该项目没有发生额。

4. 处置子公司及其他营业单位收到的现金净额

本项目反映企业处置子公司及其他营业单位所取得的现金，减去相关处置费用、子公司及其他营业单位持有的现金和现金等价物后的净额。分析时应关注企业处置子公司的目的，并确定这种行为对企业的长远影响。

表4-6中该项目没有发生额，表明该公司近两年均没有发生处置子公司及其他营业单位的经济活动。

5. 收到其他的投资活动有关的现金

本项目反映企业在投资活动方面收到的除上面4项事项以外所取得的现金。

表4-6中该项目没有发生额，表明该公司近两年均没有发生其他方面的投资活动的现金流入。

（二）阅读投资活动产生的现金流出量

1. 购建固定资产、无形资产和其他长期资产所支付的现金

本项目反映企业购买、建造固定资产、取得无形资产和其他长期资产所支付的现金（含增值税款等），以及用现金支付的应由在建工程和无形资产负担的职工薪酬。该项目表示企业对经营规模或者经营方向进行了调整，这对企业未来期间的利润和经营现金流量都会造成影响。另外，不同经营周期的企业在该项目上发生的金额也不同，一般处于初创期和成长期的企业投资较多，本项目发生金额较大，在衰退期的企业很少投资，甚至会变卖长期资产。

表 4-6 中该项目数据当期没有发生，而上年同期为 120 万元，表明企业没有购建新的长期资产，应分析这一变化的原因。

2. 投资所支付的现金

本项目反映企业取得除现金等价物以外的对其他企业的长期股权投资所支付的现金以及支付的佣金、手续费等附加费用。

表 4-6 中该项目数据当期为 600 万元，而上年同期为 700 万元，比上年有所减少，分析时应关注企业在本部分的支出金额是否来自闲置资金，是否存在挪用主营业务资金进行投资的行为。

3. 取得子公司及其他营业单位支付的现金净额

本项目反映企业购买子公司及其他营业单位购买出价中以现金支付的部分，减去子公司及其他营业单位持有的现金和现金等价物后的净额。

表 4-6 中该项目没有发生额。

4. 支付其他与投资活动有关的现金

本项目反映企业除上述 3 个项目外支付的其他与投资活动有关的现金，金额较大的应当单独列示。

表 4-6 中该项目没有发生额，表明该公司近两年均没有发生支付其他与投资活动有关的现金流出。

（三）阅读投资活动产生的现金净额

投资活动的现金流入量减去投资活动的现金流出量，所得到的结果就是投资活动给企业增加的现金量，即净额。如果净额大于零，可得到两种相反的结论：一种是企业投资收益显著，尤其是短期投资回报收现能力较强；另一种是企业因财务危机，同时又难以从外部筹资，而不得不处置一些长期资产，以补偿日常经营活动的现金需求。

表 4-6 中该项目数据当期为 420 万元，而上年同期为 50 万元，有较大增长，从具体构成来看，属于第一种情况。

三、阅读筹资活动产生的现金流量

（一）阅读筹资活动产生的现金流入量

1. 吸收投资收到的现金

本项目反映企业以发行股票、债券等方式筹集资金实际收到的款项，减去直接支付的佣金、手续费、宣传费、咨询费、印刷费等发行费用后的净额。该项目的现金流可以增加企业的信用能力，并有利于企业长期发展。

表4-6中该项目当期没有发生吸收投资的活动，而上年同期为1 000万元，可能是企业本年在经营活动、筹资活动获得了较多的净现金流，而不需要吸收投资或利用其他方式筹集资金。

2. 借款所收到的现金

本项目反映企业举借各种短期、长期借款而收到的现金。

表4-6中该项目数据当期为600万元，而上年同期没有发生额，表明当期有借款行为发生。

3. 收到的其他与筹资活动有关的现金

本项目不属于吸收投资者入资，也不属于借款但属于筹资活动的，就是收到的其他与投资活动有关的现金。

表4-6中该项目数据为空，表明近两年没有其他筹资活动的现金流入。

（二）阅读筹资活动产生的现金流出量

1. 偿还债务所支付的现金

本项目反映企业为偿还债务本金而支付的现金。分析时与"取得借款收到的现金"结合起来，可以观察企业债务使用的方法，例如是否存在借新债还旧债，并由此使用短期资金用于长期投资的行为；同时结合企业经营活动现金流量，可以观察企业日常经营所需流动资金是自己创造，还是一直靠借款维持，如果是后者，则这样借入的现金质量不高。

表4-6中该项目数据当期为800万元，而上年同期为620万元，比上年略有增加，且"取得借款收到的现金"本年增加600万元，应考虑是否存在借新债还旧债的问题。

2. 分配股利或偿付利息所支付的现金

本项目反映企业实际支付的现金股利、支付给其他投资单位的利润或用现金支付的借款利息、债券利息。

表4-6中该项目当期为100万元，而上年同期为80万元，比上年略有增加，结合其他资料，估计是企业向债权人支付了利息，表明该企业具有较好的偿债能力。

3. 支付的其他与筹资活动有关的现金

反映企业除上述2个项目外支付的其他与筹资活动有关的现金，金额较大的应当单独列示。

表4-6中该项目数据当期没有发生其他与筹资活动有关的现金流出。

（三）阅读筹资活动产生的现金净额

用筹资活动的流入量总和减去流出量总和，得到筹资活动产生的现金流量净额。正常情况下，企业的资金需求主要通过自身经营现金流入解决，但当企业处于初创、成长阶段，或者企业遇到经营危机时，仅依靠经营现金流入是不够的，应通过外部筹资满足资金需求。分析时应注意，如果净流量大于零，应注意分析企业的筹资活动是否已经纳入企业的发展规划，是企业管理层以扩大投资和经营活动为目标的主动筹资行为，还是企业因投资活动和经营活动失控而不得已的筹资行为；如果净流量小于零，可能是企业在本会计期间集中发生偿债、支付利润分配等业务，也可能是企业在投资和战略发展方面没有更多作为的一种表现。

表4-6中该项目数据当期为-300万元，而上年同期为300万元，当期比上年减少幅度很大，且为负数，表明主要是为了偿还债务，且没有进一步的筹资行为。

四、阅读现金及现金等价物净增加额

本项目反映总体现金流量的净额，表4-6中当期数据为1 969万元，上年同期为1 604万元，两年均为正数，且2014年较2013年有较大的增加，表明企业经营状况稳定，业绩大幅提升，经营活动所形成现金流量稳步增长，投资规模扩大，而筹资活动有所减少。

任务三　比较分析现金流量表

尽管现金流量表提供了有关现金流量的数据资料，成为债权人判断企业变现能力、偿债能力的重要依据，但仅仅根据表中的数据还不能直接对企业的偿债能力、支付能力做出评价，也不能以此做出信贷决策。报表的使用者应当根据自己的需要，运用各种专门的方法，对现金流量表中的有关数据进行比较、分析和研究，从而在了解企业财务状况的基础上，正确评价企业当前和未来的偿债能力、支付能力，正确评价企业当前及以前各期取得的利润质量，预测企业未来的财务状况，为科学决策提供充分的、有效的依据。因此无论是企业的经营者还是企业的投资者、债权人、政府有关部门以及其他的报表使用者，都十分重视对现金流量表的分析。

一、运用结构分析法分析现金流量表

现金流量结构分析就是对某一类或一类中某个项目占其总体的比重所进行的分析。通过结构分析可以具体了解现金主要来自哪里，主要用于何处，以及净现金流量是如何构成的，并可进一步分析个体（项目）对总体所产生影响、发生变化的原因和变化的趋势，从而有利于对现金流量做出更准确的评价。所以，现金流量结构分析有着重要意义。

现金流量表的结构分析包括现金流入结构、现金流出结构和现金流入流出比分析，下面以湖南创建车床厂岳阳分厂2014年现金流量表年报为例加以说明。

（一）分析现金流量表的现金流入结构

现金流入结构分为总流入结构和单项流入内部结构，反映企业经营活动的现金流入、投资活动的现金流入和筹资活动的现金流入等在全部现金流入中的比重，以及各项业务活动现

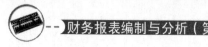

金流入中具体项目的构成情况。通过现金流入结构分析可以明确企业的现金究竟来自何方，增加现金流入应在哪些方面采取措施等。

1. 现金总流入结构比率分析

现金总流入结构比率是指各单项活动现金流入量与总现金流入量的比值。可用公式表示为：

$$现金总流入结构比率=\frac{单项活动现金流入量}{各项活动现金流入量之和}\times100\%$$

$$经营活动现金流入占现金总流入之比=\frac{经营活动现金流入量}{各项活动现金流入量之和}\times100\%$$

$$投资活动现金流入占现金总流入之比=\frac{投资活动现金流入量}{各项活动现金流入量之和}\times100\%$$

$$筹资活动现金流入占现金总流入之比=\frac{筹资活动现金流入量}{各项活动现金流入量之和}\times100\%$$

如果以上各现金总流入结构之比的计算结果相当，说明企业经营、投资和筹资活动的现金流入结构分布均衡；如果其中的某一现金流入之比高，则说明企业从该项活动中获取的现金能力较强。

【例4-10】 以表4-6的现金流量表为资料，计算可得：

湖南创建车床厂岳阳分厂2014年各项活动现金流入量之和=4 910+1 020+600=6 530（万元）

$$经营活动现金流入占现金总流入之比=\frac{4\,910}{6\,530}\times100\%=75.19\%$$

$$投资活动现金流入占现金总流入之比=\frac{1\,020}{6\,530}\times100\%=15.62\%$$

$$筹资活动现金流入占现金总流入之比=\frac{600}{6\,530}\times100\%=9.19\%$$

从计算结果来看，该企业在2014年，经营活动、投资活动和筹资活动的现金流入结构比率分布分别为75.19%、15.62%、9.19%，可见极不均衡。其中，经营活动现金流入比重较高，说明企业主要是通过经营活动来获取现金的。

2. 现金单项流入内部结构比率分析

现金单项流入内部结构比率是指各单项活动不同组成部分的现金流入量与该项活动现金流入量之和的比值。可用公式表示为：

$$现金单项流入内部结构比率=\frac{单项活动不同部分现金流入量}{该项活动现金流入量之和}\times100\%$$

【例4-11】 以表4-6的现金流量表为资料，计算分析经营活动现金单项流入内部结构的比率。

$$销售商品、提供劳务收到的现金占经营活动现金流入之比=\frac{4910}{4910}\times100\%=100\%$$

$$收到的税费返还现金占经营活动现金流入之比 = \frac{0}{4910} \times 100\% = 0$$

$$收到其他与经营活动有关的现金占经营活动现金流入之比 = \frac{0}{4910} \times 100\% = 0$$

从计算结果来看，该企业经营活动现金流入全部是由销售商品、提供劳务创造的，属于正常的经营活动现金流入。

（二）分析现金流量表的现金流出结构

现金流出结构分为总流出结构和单项流出内部结构，反映企业经营活动的现金流出、投资活动的现金流出和筹资活动的现金流出等在全部现金流出中的比重，以及各项业务活动现金流出中具体项目的构成情况。通过现金流出结构分析可以明确反映企业的现金用于哪些方面，减少现金流出应在哪些方面采取措施等。

1. 现金总流出结构比率分析

现金总流出结构比率是指各单项活动现金流出量与总现金流出量的比值。可用公式表示为：

$$现金总流出结构比率 = \frac{单项活动现金流出量}{各项活动现金流出量之和} \times 100\%$$

$$经营活动现金流出占现金总流出之比 = \frac{经营活动现金流出量}{各项活动现金流出量之和} \times 100\%$$

$$投资活动现金流出占现金总流出之比 = \frac{投资活动现金流出量}{各项活动现金流出量之和} \times 100\%$$

$$筹资活动现金流出占现金总流出之比 = \frac{筹资活动现金流出量}{各项活动现金流出量之和} \times 100\%$$

【例 4-12】 以表 4-6 的现金流量表为资料，计算可得：

湖南创建车床厂岳阳分厂 2014 年各项活动现金流出量之和 = 3 061 + 600 + 900 = 4 561（万元）

$$经营活动现金流出占现金总流出之比 = \frac{3\,061}{4\,561} \times 100\% = 67.11\%$$

$$投资活动现金流出占现金总流出之比 = \frac{600}{4\,561} \times 100\% = 13.16\%$$

$$筹资活动现金流出占现金总流出之比 = \frac{900}{4\,561} \times 100\% = 19.73\%$$

从计算结果来看，湖南创建车床厂经营活动现金流出所占的比例情况良好，为 67.11%，与其现金流入所占的 75.19% 的比率进行比较，可看出经营活动对企业的现金流量的贡献处于一个较好水平。投资活动的现金流出比率为 13.16%，主要是公司对外投资的结果。筹资活动的现金流出比率为 19.73%，主要是因为企业偿还了 800 万元的债务，说明公司偿还债务负担较重。

2. 现金单项流出内部结构比率分析

现金单项流出内部结构比率是指各单项活动不同组成部分现金流出量与该单项活动现金流出量之和的比值。用公式可表示为：

$$现金单项流出内部结构比率=\frac{单项活动不同部分现金流出量}{该单项活动现金流出量之和}$$

【例 4-13】 以表4-6的现金流量表为资料，计算分析经营活动单项流出内部结构比率。

$$购买商品、接受劳务支付的现金占经营活动现金流出之比=\frac{2\,325}{3\,061}\times100\%=75.96\%$$

$$支付给职工及为职工支付的现金占经营活动现金流出之比=\frac{356}{3\,061}\times100\%=11.63\%$$

$$支付的各项税费占经营活动现金流出之比=\frac{380}{3\,061}\times100\%=12.41\%$$

$$支付其他与经营活动有关的现金占经营活动现金流出之比=\frac{0}{3\,061}\times100\%=0$$

从以上计算结果来看，公司经营活动的各单项现金流出比率比较合理。购买商品和劳务的现金流出比率为 75.96%，比重相对销售商品、提供劳务收到的现金占经营活动现金流入的比重较小；支付给职工的以及为职工支付的现金流出比率为 11.63%，比重适中；税费的现金流出比率为 12.41%；而公司没有发生其他与经营活动有关的现金流出。

（三）分析现金流量表的现金流入流出比

现金流入流出比分析是指分析现金流入占流出的比例（即流入/流出）。一般来说，经营活动现金流入流出比越大越好，表明企业经营活动现金获取能力强。当企业处在发展扩张时期时，投资活动现金流入流出比数值偏小；而当企业处于衰退或缺少投资机会时，该比值偏大。当筹资活动现金流入流出比小于 1 时，表明企业的现金主要用于还款、回报投资者；若超过 1 时，则表明企业的筹资能力很强。如果将现金流入和现金流出比与历史比较或同业比较，可以得出更加有意义的信息。

【例 4-14】 湖南创建车床厂岳阳分厂 2010—2014 年现金流量表中有关现金流入与流出量资料，如表4-7 所示。

表4-7 现金流入与流出量资料

单位：万元

项　　目		2010 年	2011 年	2012 年	2013 年	2014 年
经营活动现金	流入	2 512	3 025	3 568	3 720	4 910
	流出	2 015	2 718	3 012	2 466	3 061
投资活动现金	流入	390	685	763	870	1 020
	流出	1 320	1 026	825	820	600
筹资活动现金	流入	1 160	1 210	900	1 000	600
	流出	400	692	850	700	900

根据表4-7资料，计算可得现金流入流出比，如表4-8所示。

表4-8 现金流入流出比

项 目	2010年	2011年	2012年	2013年	2014年
经营活动现金流入流出比	1.25	1.11	1.18	1.51	1.60
投资活动现金流入流出比	0.30	0.67	0.92	1.06	1.70
筹资活动现金流入流出比	2.90	1.75	1.06	1.43	0.67

表4-8中的计算结果显示该企业经营活动现金流入流出比在2010—2013年均保持在1.11~1.51，说明公司经营活动创造现金的能力基本均衡，2014年经营活动现金流入流出比为1.60，说明公司经营活动创造现金的能力有小幅度的提高；投资活动现金流入流出比五年内变化较大，从2010年的0.30，到2013年的1.06，说明公司2010—2013年处在发展扩张时期，2014年提高到1.70，说明公司已由发展扩张时期转变为维持正常生产经营时期；筹资活动现金流入流出比值前四年的数据均大于1，表明公司在此期间吸收了大量的投资和取得了贷款，而2014年的比值下降到0.67，说明公司在此期间的现金主要用于还款、回报投资者。

二、运用趋势分析法分析现金流量表

财务报表提供的是反映过去的财务状况和经营成果的会计信息，而会计信息使用人并不会仅仅满足于了解过去的情况，更重要的是可以预测企业未来的发展趋势，即将过去的数据转变成未来的有用信息，而现金流量的趋势分析是一种比较重要的分析方法。

趋势分析通常是采用编制历年财务报表的方法，即将连续多年的报表，至少是最近三年，甚至五年、十年的财务报表并列在一起加以分析，以观察变化趋势。观察连续数期的会计报表，比单看一个报告期的财务报表，能了解到更多的信息和情况，并有利于分析变化的趋势。

进行现金流量表的趋势分析，可采用定基法和环比法计算各个项目的百分比，分析和观察现金变化规律，揭示现金流量的发展变化趋势。定基法是将各年现金流量的增减额与某一固定时期的现金流量水平进行对比，反映企业各期现金流量与固定时期对比的总增长变化情况。环比法又称环比增长速度，是将各年现金流量的逐期增加额，与其前一年的现金流量水平进行对比，反映企业各期现金流量比其前一期增长变化的情况。两种方法相比，定基法主要用于说明企业现金流量在一个比较长的时期内总的发展变化的情况；环比法主要用于说明企业现金流量各期发展变化的情况。

【例4-15】 湖南创建车床厂岳阳分厂2010—2014年的现金流量表详细资料，如表4-9所示。

表4-9 现金流量表资料

单位：万元

项 目	2010年	2011年	2012年	2013年	2014年
一、经营活动产生的现金流量					
销售商品、提供劳务收到的现金	2 512	3 025	3 568	3 720	4 910
收到的税费返还					
收到其他与经营活动有关的现金					
现金流入小计	2 512	3 025	3 568	3 720	4 910

项　目	2010 年	2011 年	2012 年	2013 年	2014 年
购买商品、接受劳务支付的现金	1 535	2 178	2 415	1 835	2 325
支付给职工及为职工支付的现金	270	295	318	335	356
支付的各项税费	210	245	279	296	380
支付其他与经营活动有关的现金					
现金流出小计	2 015	2 718	3 012	2 466	3 061
经营活动产生的现金净流量	497	307	556	1 254	1 849
二、投资活动产生的现金流量					
收回投资收到的现金	310	590	672	750	880
取得投资收益收到的现金	80	95	91	120	140
处置固定、无形资产和其他长期资产收到的现金净额					
收到其他与投资活动有关的现金					
现金流入小计	390	685	763	870	1 020
购建固定、无形资产和其他长期资产支付的现金	1 020	700	436	120	
投资支付的现金	300	326	389	700	600
支付其他与投资活动有关的现金					
现金流出小计	1 320	1 026	825	820	600
投资活动产生的现金流量净额	-930	-341	-62	50	420
三、筹资活动产生的现金净流量					
吸收投资收到的现金	800	800		1 000	
取得借款收到的现金	360	410	900		600
收到其他与筹资活动有关的现金					
现金流入小计	1 160	1 210	900	1 000	600
偿还债务支付的现金	380	640	780	620	800
分配股利、利润或偿付利息支付的现金	20	52	70	80	100
支付其他与筹资活动有关的现金					
现金流出小计	400	692	850	700	900
筹资活动产生的现金流量净额	760	518	50	300	-300
四、汇率变动对现金的影响					
五、现金及现金等价物净增加额	327	484	544	1 604	1 969

（一）采用定基法分析现金流量表

依据表 4-9 资料，以 2010 年为基数，采用定基法进行计算，将计算结果进行整理，如表 4-10 所示。

表4-10　现金流量表趋势分析表（定基法）

项　目	2010年	2011年	2012年	2013年	2014年
一、经营活动产生的现金流量					
销售商品、提供劳务收到的现金	100%	120.42%	142.04%	148.09%	195.46%
收到的税费返还					
收到其他与经营活动有关的现金					
现金流入小计	100%	120.42%	142.04%	148.09%	195.46%
购买商品、接受劳务支付的现金	100%	141.89%	157.33%	119.54%	151.47%
支付给职工及为职工支付的现金	100%	109.26%	117.78%	124.07%	131.85%
支付的各项税费	100%	116.67%	132.86%	140.95%	180.95%
支付其他与经营活动有关的现金					
现金流出小计	100%	134.89%	149.48%	122.38%	151.91%
经营活动产生的现金净流量	100%	61.77%	111.87%	252.31%	372.03%
二、投资活动产生的现金流量					
收回投资收到的现金	100%	190.32%	216.77%	241.94%	283.87%
取得投资收益收到的现金	100%	118.75%	113.75%	150.00%	175.00%
处置固定资产、无形资产和其他长期资产收到的现金净额					
收到其他与投资活动有关的现金					
现金流入小计	100%	175.64%	195.64%	223.08%	261.54%
购建固定资产、无形资产和其他长期资产支付的现金	100%	68.63%	42.75%	11.76%	0
投资支付的现金	100%	108.67%	129.67%	233.33%	200.00%
支付其他与投资活动有关的现金					
现金流出小计	100%	77.73%	62.50%	62.12%	45.45%
投资活动产生的现金流量净额	100%	36.67%	6.67%	−5.38%	−45.16%
三、筹资活动产生的现金净流量					
吸收投资收到的现金	100%	100.00%	0	125.00%	0.00%
取得借款收到的现金	100%	113.89%	250.00%	0	166.67%
收到其他与筹资活动有关的现金					
现金流入小计	100%	104.31%	77.59%	86.21%	51.72%
偿还债务支付的现金	100%	168.42%	205.26%	163.16%	210.53%
分配股利、利润或偿付利息支付的现金	100%	260.00%	350.00%	400.00%	500.00%
支付其他与筹资活动有关的现金					
现金流出小计	100%	173.00%	212.50%	175.00%	225.00%
筹资活动产生的现金流量净额	100%	68.16%	6.58%	39.47%	−39.47%
四、汇率变动对现金的影响	—				
五、现金及现金等价物净增加额	100%	148.01%	166.36%	490.52%	602.14%

表4-10结果表明，在定基法下，该企业现金流量变化情况如下。

1. 经营活动产生的现金流量方面

净流量项目 2011—2014 年分别是 2010 年的 61.77%、111.87%、252.31%和 372.03%，整体来看呈增长的良好趋势，其中以 2013 年和 2014 年最为明显。现金流入项目 2011—2014 年分别是 2010 年的 120.42%、142.04%、148.09%和 195.46%，现金流出项目的情况分别是 134.89%、149.48%、122.38%和 151.91%，可知 2014 年经营活动产生的现金净流量 372.03%的增幅主要是来自于现金流入项目的增加。其中，产生企业主要现金流入的"销售商品、提供劳务收到的现金"的趋势是稳步增长，这是一个良好的势头，对应的"购买商品、接受劳务支付的现金"则也随着收入的增加而平缓增长，说明企业经营活动产生现金流量的能力比较平稳。

2. 投资活动产生的现金流量方面

净流量项目 2011—2014 年分别是 2010 年的 36.67%、6.67%、-5.38%和-45.16%，查其原因主要是企业在前期属于扩张时期，"购建固定资产、无形资产和其他长期资产支付的现金"和"投资支付的现金"方面资金投入量比较大，而后期"收回投资所收到的现金"方面资金回笼逐步增加。

3. 筹资活动产生的现金流量方面

净流量项目 2011—2014 年分别是 2010 年的 68.16%、6.58%4、39.47%和-39.47%，这是一个较好的趋势，从数据可以看出该企业前期处于扩张时期，筹资活动以筹集资金为主，然后企业逐步地过渡到平稳时期，现金流入流出基本持平，定基比的基数是 2010 年的 760 万元，到 2014 年为-300 万元，表明企业前期的筹资能力比较强，而后期主要以偿债和支付股利为主。

（二）采用环比法分析现金流量表

环比法与定基法的分析原理基本一致，但采用环比法进行趋势分析，是以上一年为基础进行分析的，其分析结果与定基法会有差别。因此，在进行现金流量表的趋势分析时，应将两种方法结合起来运用。

依据表 4-6 资料，采用环比法进行计算，将计算结果进行整理，如表 4-11 所示。

表 4-11　现金流量表趋势分析表（环比法）

项　　目	2010 年	2011 年	2012 年	2013 年	2014 年
一、经营活动产生的现金流量					
销售商品、提供劳务收到的现金	100%	120.42%	117.95%	104.26%	131.99%
收到的税费返还					
收到其他与经营活动有关的现金					
现金流入小计	100%	120.42%	117.95%	104.26%	131.99%
购买商品、接受劳务支付的现金	100%	141.89%	110.88%	75.98%	126.70%
支付给职工及为职工支付的现金	100%	109.26%	107.80%	105.35%	106.27%
支付的各项税费	100%	116.67%	113.88%	106.09%	128.38%

续表

项　　目	2010 年	2011 年	2012 年	2013 年	2014 年
支付其他与经营活动有关的现金					
现金流出小计	100%	134.89%	110.82%	81.87%	124.13%
经营活动产生的现金净流量	100%	61.77%	181.11%	225.54%	147.45%
二、投资活动产生的现金流量					
收回投资所收到的现金	100%	190.32%	113.90%	111.61%	117.33%
取得投资收益所收到的现金	100%	118.75%	95.79%	131.87%	116.67%
处置固定资产、无形资产和其他长期资产收到的现金净额					
收到其他与投资活动有关的现金					
现金流入小计	100%	175.64%	111.39%	114.02%	117.24%
购建固定资产、无形资产和其他长期资产支付的现金	100%	68.63%	62.29%	27.52%	0
投资支付的现金	100%	108.67%	119.33%	179.95%	85.71%
支付其他与投资活动有关的现金					
现金流出小计	100%	77.73%	80.41%	99.39%	73.17%
投资活动产生的现金流量净额	100%	36.67%	18.18%	−80.65%	840.00%
三、筹资活动产生的现金净流量					
吸收投资所收到的现金	100%	100.00%	0	0	0
取得借款收到的现金	100%	113.89%	219.51%	0	0
收到其他与筹资活动有关的现金					
现金流入小计	100%	104.31%	74.38%	111.11%	60.00%
偿还债务支付的现金	100%	168.42%	121.88%	79.49%	129.03%
分配股利、利润或偿付利息支付的现金	100%	260.00%	134.62%	114.29%	125.00%
支付其他与筹资活动有关的现金	—				
现金流出小计	100%	173.00%	122.83%	82.35%	128.57%
筹资活动产生的现金流量净额	100%	68.16%	9.65%	600.00%	−100.00%
四、汇率变动对现金的影响	—				
五、现金及现金等价物净增加额	100%	148.01%	112.40%	294.85%	122.76%

表 4-11 结果说明，用于比较顺次的两年变化情况的环比法，从另一个角度来说明了湖南创建车床厂一段时期的现金变化情况如下。

1. 经营活动产生的现金流量方面

除现金流出小计的百分比有所下降外，各年的发展趋势还是良好的，说明企业的经营活动发展速度比较平稳。这一点与前面定基法所做的分析一致。

2. 投资活动产生的现金流量方面

2010—2014 年投资活动产生的现金流量净额在逐年增长，每年环比变化幅度比较大，主要是因为企业从扩张时期的大量支出慢慢过渡到稳定期逐步开始收回投资，主要体现在"购建固定资产、无形资产和其他长期资产支付的现金"项目支出在较大幅度递减。

3. 筹资活动产生的现金流量方面

筹资活动产生的现金净流量各年环比变化很大，整体趋势在递减，说明企业从以筹资为主逐步过渡到开始以偿还债务减轻偿债压力为主。净现金流量的减少主要是由于现金流入在减少而"偿还债务支付的现金"在递增导致的。

以上的分析重点关注了引起企业现金流入与流出的经营活动的主要项目，还有各年现金流量变化较大的项目的情况，企业在近年经营情况良好，整体呈良好趋势。

任务四　运用相关财务指标分析现金流量表

利用现金流量与其他有密切关系的项目数据相比得出的比率，就可以从更加广泛的角度和多个方面对企业的财务状况、效绩和能力做出衡量和评价。通过分析，可进一步揭示现金流量信息，从现金流量的角度对企业的财务状况和经营业绩做出评价，来弥补权责发生制下进行财务状况和经营业绩分析和评价的局限性。现金流量指标分析是现金流量分析的一种重要方式，在财务分析中占有重要的地位。

现金流量表的综合分析主要包括与经营有关的比率分析、与偿债有关的比率分析和与赢利有关的比率分析三类分析。

一、分析现金流量获取现金的能力

（一）现金销售比率

现金销售比率是指现金流量表中"销售商品、提供劳务收到的现金"与利润表中"主营业务收入总额"之比，说明企业的销售收入中有多少能收回现金。其计算公式为：

$$现金销售比率 = \frac{销售商品、提供劳务收到的现金}{主营业务收入总额}$$

该指标反映企业通过销售获取现金的能力，与企业的赊销政策有关。比值大于 1，说明企业产品销售形势好，信用政策合理，能及时收回货款，收现质量好。但如果企业有虚假收入，也会使该指标过低。

（二）销售现金流量率

销售现金流量率是指现金流量表中"经营活动产生的现金流量净额"与当期利润表中"主营业务收入净额"之比，说明企业在一定会计期间，每实现 1 元营业收入能获得多少现金净流量。其计算公式为：

$$销售现金流量率 = \frac{经营活动产生的现金流量净额}{当期主营业务收入净额}$$

（三）现金流量充足率

现金流量充足率是指现金流量表中"经营活动产生的现金流量净额"与长期负债偿还额、资本支出额及股利支付额之比，可综合反映企业的持续经营和获利能力。其计算公式为：

$$现金流量充足率 = \frac{经营活动产生的现金流量净额}{长期负债偿还额 + 资本支出额 + 股利支付额}$$

该指标大于 1 或接近 1 时，说明企业的收益质量较高，持续经营能力强；反之，若低于 1，说明收益质量较差。但是该指标并非越高越好，如该指标显著大于 1，说明企业有大量的闲置现金找不到合适的投资方向，将会影响到未来的获利能力。

二、分析现金流量偿债能力

企业的偿债能力，主要看资产的流动性，即资产的变现速度和变现能力如何来评价。而在资产中，以现金和现金等价物的变现速度最为快捷，变现能力最强，因此，用现金流量来衡量和评价偿债能力，应当是最稳健、最能说明问题的。常见的偿债能力评价指标有资产负债率、流动比率、速动比率，都是对以权责发生制为基础的会计数据进行计算给出评价的。它们不能反映企业伴随有现金流入、流出的财务状况，只能评价企业偿债能力的"数"量，不能评价企业偿债能力的"质"量。

（一）到期债务偿付率

到期债务偿付率也称现金到期债务比，是指现金流量表中"经营活动产生的现金流量净额"与当年到期的债务总额之比，可反映企业的偿债能力的大小。其计算公式为：

$$到期债务偿付率 = \frac{经营活动产生的现金流量净额}{当年到期的债务总额}$$

当年到期的债务总额是指当年到期的长期债务和本期应付票据。

经营活动现金流量是偿还企业债务的真正来源，因此，该指标越高，说明企业偿还到期债务的能力越强。该指标克服了流动比率和速动比率只能反映企业在某一时点上的偿债能力的缺陷，因此具有广泛的适用性。

（二）现金比率

现金比率是指现金及现金等价物的期末余额与流动负债之比，反映企业偿债能力的大小。其计算公式为：

$$现金比率 = \frac{现金及现金等价物的期末余额}{流动负债}$$

该指标是指所有偿债指标，如资产负债率、流动比率、速动比率中最直接的指标，它能准确、真实地反映出现金及现金等价物对流动负债的担保程度。当指标大于 1 或等于 1 时，说明企业短期债务可以得到顺利偿还，比率越高则担保程度越高；反之，说明偿债能力较弱。

（三）现金负债总额比率

现金负债总额比率是指现金流量表中"经营活动产生的现金流量净额"与全部负债之比，反映企业偿债能力的大小。其计算公式为：

$$现金负债总额比率=\frac{经营活动产生的现金流量净额}{负债总额}$$

该指标可以反映企业在某一会计期间 1 元负债用多少经营活动现金流量净额来偿还。会计期间 1 元到期的负债由多少经营现金流量净额来补充。比率越高，说明企业偿还债务的能力越强；反之，偿债能力较差。

（四）债务偿还率

债务偿还率是指负债总额与经营活动产生的现金流量净额之比，用来说明负债的偿还期。其计算公式为：

$$债务偿还率=\frac{负债总额}{经营活动产生的现金流量净额}$$

该指标说明在目前公司营业活动创造现金的水平下，公司需要多长时间才能偿还其所有的债务。

（五）现金利息支付率

现金利息支付率是指现金流量表中"经营活动产生的现金流量净额"与利息费用之比，反映企业支付利息的能力。其计算公式为：

$$现金利息支付率=\frac{经营活动产生的现金流量净额}{利息费用}$$

该指标可以反映企业偿还债务利息的能力。如果该指标小于1，说明企业必须依靠处置长期资产或从外部融资来解决利息的偿还问题，这是财务状况不健康的表现。

三、分析现金流量赢利能力

（一）赢利现金比率

赢利现金比率是指现金流量表中"经营活动产生的现金流量净额"与利润总额之比，反映企业 1 元的利润由多少现金净流量作保障。由于虚增的账面利润不能带来相应的现金流入，所以该指标是评价收益质量的指标中最综合的一个，同时该指标对于防范人为操纵利润而导致信息使用者决策失误具有重要作用。其计算公式为：

$$赢利现金比率=\frac{经营活动产生的现金流量净额}{利润总额}$$

该指标比率越高，说明利润总额与现金流量净额的相关性越强。利润的收现能力强，企业就有足够的现金保证经营周转的顺畅进行；而企业的持续经营能力和获利的稳定性越强，利润质量越高。反之，说明企业利润的收现能力较差，收益质量不高，企业可能因现金不足而面临困境。具体运用时，应从利润总额中扣除投资收益、筹资费用和营业外收支净额，以确保指标口径的一致性。

（二）经营现金流量净利率

经营现金流量净利率是指以现金流量表补充资料中的"净利润"与"经营活动产生的现金流量净额"之比，反映企业年度内 1 元经营活动现金流量带来多少净利润，用来衡量经营活动产生的现金净流量的获利能力。其计算公式为：

$$经营现金流量净利率=\frac{净利润}{经营活动产生的现金流量净额}$$

该指标反映的是以权责发生制原则计算净利润与收付实现制计算的经营活动产生的现金流量之比，可评价企业经营质量的优劣，如果企业有虚假利润等很容易被判别出来。

（三）经营现金流出净利润率

经营现金流出净利润率是指净利润与经营活动现金流出总额之比，反映报告期内 1 元经营活动现金流出所"产生"的净利润。其计算公式为：

$$经营现金流出净利润率=\frac{净利润}{经营活动现金流出总额}$$

该项指标能反映企业的经营活动的现金投入产出率的高低，比率越高，说明企业投入产出能力越强。

（四）现金流量净利率

现金流量净利率是指净利润与现金及现金等价物净增加额之比，反映企业经营质量的优劣。其计算公式为：

$$现金流量净利率=\frac{净利润}{现金及现金等价物净增加额}$$

该项指标能反映企业每实现 1 元的现金净流量总额所获得的净利润额，获得越多，说明企业经营的效果越好。

【例 4-16】　湖南创建车床厂岳阳分厂 2014 年现金流量表数据如表 4-6 所示，其他有关财务信息资料如表 4-12 所示。

表 4-12　相关财务数据资料

单位：万元

项　目	金　额
主营业务收入	6 000
财务费用（利息费用）	184.73
利润总额	1 231.25
净利润	943.49
长期负债偿还额+资本支出额+股利支付额	331.31
流动负债	2 781.23
负债总额	3 123.34

1. 计算现金流量获取现金能力指标

（1）现金销售比率 $= \dfrac{\text{销售商品、提供劳务收到的现金}}{\text{主营业务收入}} = \dfrac{4\,910}{6\,000} = 0.82$

（2）销售现金流量率 $= \dfrac{\text{经营活动产生的现金流量净额}}{\text{当期主营业务收入净额}} = \dfrac{1849}{6\,000} = 0.31$

（3）现金流量充足率 $= \dfrac{\text{经营活动产生的现金流量净额}}{\text{长期负债偿还额+资本支出额+股利支付额}} = \dfrac{1849}{331.31} = 5.58$

2. 计算现金流量偿债能力指标

（1）现金比率 $= \dfrac{\text{现金及现金等价物的期末余额}}{\text{流动负债}} = \dfrac{4\,041}{2\,781.23} = 1.45$

（2）现金负债总额比率 $= \dfrac{\text{经营活动产生的现金流量净额}}{\text{负债总额}} = \dfrac{1849}{3123.34} = 0.59$

（3）债务偿还率 $= \dfrac{\text{负债总额}}{\text{经营活动产生的现金流量净额}} = \dfrac{3123.34}{1849} = 1.69$

（4）现金利息支付率 $= \dfrac{\text{经营活动产生的现金流量净额}}{\text{利息费用}} = \dfrac{1849}{184.73} = 10.01$

3. 计算现金流量赢利能力指标

（1）赢利现金比率 $= \dfrac{\text{经营活动产生的现金流量净额}}{\text{利润总额}} = \dfrac{1849}{1\,231.25} = 1.50$

（2）经营现金流量净利率 $= \dfrac{\text{净利润}}{\text{经营活动产生的现金流量净额}} = \dfrac{943.49}{1849} = 0.51$

（3）经营现金流出净利润率 $= \dfrac{净利润}{经营活动现金流出总额} = \dfrac{943.49}{3\ 061} = 0.31$

（4）现金流量净利率 $= \dfrac{净利润}{现金及现金等价物净增加额} = \dfrac{943.49}{1\ 969} = 0.48$

值得注意的是，对现金流量表进行全面、综合的分析和运用，还要结合资产负债表和利润表。现金流量表反映的只是企业一定期间现金流入和流出的情况，它既不能反映企业的损益状况，也不能反映企业的资产负债状况。对现金流量表进行分析运用时，不能孤立地仅凭一张现金流量表的信息就事论事，而应与资产负债表和利润表结合起来，从而对企业的经营活动情况做出较全面、正确的评价。例如，通过现金流量表，可以了解企业经营活动产生的现金流量净额及产生的主要原因，但无法分析企业的销售规模、销售能力、赢利能力、赊销政策的变化等，若能结合对利润表中的收入、成本及利润项目的分析，又结合资产负债表中应收账款项目变化情况的分析，则可获得上述信息，并可进一步分析企业经营活动产生的现金流量，主要是来源于以前债权的收回，还是本年现销比例的提高，同时又可考察企业收益质量、坏账风险等。又如，从现金流量表中可以得到购建固定资产、无形资产和其他长期资产所支付的现金，却无法了解企业的这些支出是用于更新设备，还是增购资产，若结合资产负债表中固定资产、无形资产等项目的分析，则可做出较正确的判断。

任务五　撰写现金流量表的分析报告

一、现金流量表分析报告的内容

本任务主要介绍提供给企业外部阅读者的分析报告的撰写。现金流量表分析报告中的主要内容包括企业的现金流入结构分析、现金流出结构分析、现金流量的趋势分析、现金流量的指标分析，以及与所在行业其他企业的比较分析等。

二、现金流量表分析报告的结构

撰写现金流量表分析报告，为企业外部阅读者分析评价企业现金流量，找出存在的问题，并判断其发展趋势提供帮助。与其他专项分析报告相似，其结构一般包括以下几个部分。

（1）标题。标题应简明扼要，准确反映报告的主题思想，标题由现金流量表分析的单位、分析的时间范围、分析的内容三方面构成，如《××机床厂××年×月的现金流量表分析报告》。

（2）基本情况。首先，应注明现金流量表的分析期，即分析报告的时间范围；其次，对企业分析期内的现金流量做简要说明，对企业计划执行情况和各项经济指标完成情况做大致介绍，概括地反映分析期内企业经营的基本面貌。

（3）分析评价。通过对现金流量表的构成情况分析，判断现金流量结构是否合理；通过对现金流量表几年数据进行比较，分析变化趋势，找出变化原因；通过对现金流量表的有关指标进行计算分析，得出现金流量质量高低的结论。如果可以找到企业所在行业的其他企业的有关报表，并对有关的相同项目进行比较，就可以评价该企业在行业中所处的地位，判断其管理水平、竞争力等的高低。

（4）建议和要求。现金流量表分析报告应根据分析的具体情况，有针对性地提出一些建议，对企业经营管理中的成绩和经验加以推广，对发现的问题提出一些切实可行的建议，以利于问题的解决。

（5）署名和日期。

 精典案例阅读与分析

案例呈现 1

施乐公司误导现金流量分析

施乐公司（Xerox）一度成为复印机的同义词，曾经在美国等 130 多个国家生产、销售、租赁复印产品和设备。20 世纪 80 年代初，这家历史悠久的老牌企业差点被日本复印机制造商消灭，然而就在 1999—2000 年期间，施乐公司好像起死回生了。可惜好景不长，2002 年 4 月 SEC 指控施乐欺诈投资者，其中一项就是没有披露应收款保理业务，误导了投资者对现金流量的判断。

施乐公司在 1999 年的财务报告中，没有披露金额为 2.88 亿美元的应收款保理业务，这使施乐公司报告期末的现金余额由负数变为正数。在处理这 2.88 亿美元的业务时，施乐公司隐瞒了这些交易对其现金状况的重大影响，使投资者误以为现金流量来源于经营活动。

请思考

（1）什么是应收款保理业务？目前我国是否已开展相关业务？

（2）施乐公司隐瞒应收款保理业务对现金流量有哪些影响？

（3）在分析应收款项时应注意哪些问题？

【分析与启示】

（1）应收款保理业务就是以折价方式出售或抵押应收账款，即将其未来现金流以低于到期时的价值进行即刻变现，从而改善现金状况。我国目前尚不允许应收账款的出售业务。

（2）在现金流量分析中，经营活动产生的现金流量是最重要的现金来源，经营活动现金流量的多少，基本可以反映一个企业的获利能力和现金流动状况。而施乐公司在处理这项业务时，隐瞒了这些交易对其现金状况的重大影响，使投资者误以为现金流量来源于经营活动。施乐公司以折价出售或抵押应收账款，将其未来的现金流以低于到期时的价值进行即刻变现，大大改善了其年末的现金状况。

（3）应收款项是以未来现金流量为计量基础。在分析时应关注应收账款周转率指标，并与同业水平、本企业的历史水平进行比较，进一步分析应收账款的管理水平。影响应收账款周转率下降的原因主要有企业的信用政策、客户故意拖延和客户财务困难等方面。过快的应收账款周转率可能是由紧缩的信用政策引起的，其结果可能会损害企业的市场占有率，因此要保持适当的应收账款周转率。

案例呈现 2

安然公司伪造经营活动产生的现金流量

1999 年 12 月的最后一个星期，安然公司与花旗银行策划了一起制造现金流量的阴谋。由花旗银行向一个与安然公司没有任何关系，投入资本只有 1 500 万美元的 SPE 贷款 4.85 亿美元，再由这个 SPE 购买 5 亿美元的政府债券投资到安然公司控制的一个子公司。作为回报，安然公司承诺按 50%的利率给这个 SPE 支付利息。安然公司随即将这家公司持有的 5 亿美元政府债券出售变现，并在 1999 年度会计记录结账后的两个星期内将这 5 亿美元连同利息约 1 400 万美元偿还给该 SPE，再由它偿还花旗银行的贷款。尽管安然公司为此付出了高昂的代价，但其 1999 年度经营活动产生的现金流量由原来的 7 亿美元增至 12 亿美元。

请思考

（1）经营活动产生的现金流量具体包括哪些内容？

（2）安然公司为何要以高昂的代价伪造经营活动产生的现金流量？

【分析与启示】

（1）经营活动产生的现金流量主要包括：销售商品、提供劳务收到或支付的现金；收到税费返还或支付的各项税费；支付给职工及为职工支付的现金；收到或支付的其他与经营活动有关的现金。

（2）在企业的全部活动中，经营活动是最基本和最主要的活动，是企业取得净收益的主要交易和事项。与此相应，经营活动产生的现金流量就是企业现金流量的主要来源。显然，安然公司伪造经营活动产生的现金流量的目的也就在于提高其现金流动质量，吸引投资者。

案例呈现 3

美国在线时代华纳将法律纠纷收入包装为广告收入

1992 年，一家名为 Moviefone 的网上售票公司拟与英国的一家大型娱乐公司 Wembley 公司的子公司合作建立一个合资企业，开发电影自动售票服务及硬件系统。这起合作因故失败，产生的纠纷被提交仲裁。3 年后，Moviefone 公司在仲裁中获胜。1999 年，美国在线时代华纳收购了 Moviefone 公司，继承了原 Moviefone 公司应向 Wembley 公司收取的 2 280 万美元的仲裁收入及 400 万美元的罚息，并将这笔收入转为 Wembley 公司播放的广告收入。

请思考

（1）如何区分主营业务收入和其他收入？不同的收入对利润和现金流量有何影响？

（2）美国在线时代华纳将法律纠纷收入包装为广告收入的目的是什么？

【分析与启示】

（1）根据公认会计准则，法律纠纷收入与违约金一样，应当属于营业外收入，因为它们不属于正常核心经营活动所创造的现金流入。尽管营业收入和营业外收入都会增加利润，但它们的分量却迥然不同。在分析评价和预测企业的核心赢利能力和现金流量的创造能力时，一般只关注具有可持续性特征的营业收入，而很少关注营业外收入，因为它具有偶然性和不可预测性。在具体区分主营业务收入和营业外收入时，要根据企业的性质来判断，广告收入一直是美国在线时代华纳的主营业务收入，如果混淆营业收入和营业外收入，会影响投资者对该企业赢利能力和现金流量创造能力的判断。

（2）美国在线时代华纳将法律纠纷包装成广告收入的目的，无外乎是美化业绩，突出主业，捏造在线广告蒸蒸日上的假象。相同的做法还有利用合并优势调节在线广告收入、将广告代理全额确认为广告收入、借助循环交易虚构广告收入等。

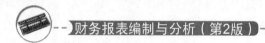
 项目综合实训

【想一想】

1. 现金流量表中的现金与企业库存现金是否一致？
2. 如何运用现金流量对企业偿债能力进行分析？

【做一做】

一、单项选择题

1. 现金流量表是用来反映（　　）的现金流量。

A. 经营活动　　　　　　　　　　　B. 投资活动

C. 筹资活动　　　　　　　　　　　D. 经营活动、投资活动和筹资活动

2. 现金流量表中现金流量的基础是（　　）。

A. 收付实现制　　　B. 权责发生制　　　C. 永续盘存制　　　D. 实地盘存制

3. 编制现金流量表采用间接法，是以本期（　　）为起点，调整不涉及现金的收入、费用、营业外收支以及有关项目的增减变动，据此计算出经营活动的现金流量。

A. 利润总额　　　　B. 净利润　　　　　C. 现金收入　　　　D. 现金支出

4. 企业期初未缴所得税 28 万元，本期发生的所得税 310 万元已全部缴纳，期末未缴所得税 12 万元，则本期支付的所得税税款为（　　）万元。

A. 310　　　　　　B. 28　　　　　　　C. 12　　　　　　　D. 326

5. 下列各项中，会影响现金流量净额变动的是（　　）。

A. 用原材料对外投资　　　　　　　B. 从银行提取现金

C. 用现金支付购买材料款　　　　　D. 用固定资产清偿债务

6. 下列关于现金流量表的编制方法，正确的有（　　）。

A. 只采用直接法　　　　　　　　　B. 只采用间接法

C. 正表采用直接法，补充资料采用间接法　　　D. 正表采用间接法，补充资料采用直接法

7. 下列各项中，属于经营活动产生的现金流量的是（　　）。

A. 销售商品收到的现金　　　　　　B. 发行债券收到的现金

C. 发生筹资费用所支付的现金　　　D. 分得股利所收到的现金

8. 某企业本年计提折旧 10 000 元，应计入制造费用的折旧为 8 000 元，应计入管理费用的折旧为 2 000 元。则现金流量表补充资料中"固定资产折旧"项目应填入（　　）元。

A. 10 000　　　　　B. 8 000　　　　　C. 2 000　　　　　　D. 0

9. 某公司出售一台不需要的设备，收到价款 30 万元，该设备原价 40 万元，已提折旧 15 万元，出售过程中支付该项设备拆卸费用 0.2 万元，运输费用 0.08 万元，设备已由购入单位运走，则出售该项固定资产的现金净额为（　　）万元。

A. 30　　　　　　　B. 25　　　　　　　C. 29　　　　　　　D. 29.72

10. 下列项目中，属于现金等价物的是（　　）。

A. 短期股票投资　　　　　　　　　B. 包装物

C. 3 个月到期的债券投资   D. 库存商品

11. 在现金流量的项目归属问题上，依据中国的会计准则收到的股利应当属于（   ）。

     A. 筹资活动   B. 投资活动   C. 经营活动   D. 盈余公积

12. 吸收权益性投资所收到的现金属于（   ）所产生的现金流量。

     A. 经营活动   B. 投资活动   C. 筹资活动   D. 以上都不是

13. 下列项目，不属于现金流量表中投资活动的是（   ）。

     A. 股票投资   B. 购置固定资产   C. 短期债券投资   D. 购置无形资产

14. 某企业 2014 年实现的净利润为 3 275 万元，本期计提的资产减值准备 890 万元，提取的固定资产折旧 1 368 万元，财务费用 146 万元，存货增加 467 万元，则经营活动产生的净现金流量是（   ）万元。

     A. 3 275   B. 5 212   C. 5 679   D. 6 146

15. 当现金流量适合比率（   ）时，表明企业经营活动所形成的现金流量恰好能够满足企业日常基本需要。

     A. 大于 1   B. 小于 1   C. 等于 1   D. 接近 1

16. 衡量和评价偿债能力最稳健、最能说明问题的是（   ）。

     A. 资产   B. 所有者权益   C. 现金流量   D. 净利润

17. 企业管理者将其持有的现金投资于"现金等价物"项目，其目的在于（   ）。

     A. 控制其他企业

     B. 利用暂时闲置的资金赚取超过持有现金收益

     C. 谋求高于利息流入的风险报酬

     D. 企业长期规划

18. 以下比率属于反映偿债能力时效性的指标是（   ）。

     A. 现金偿还比率   B. 强制性现金支付比率

     C. 现金流量适当比率   D. 现金流入与现金流出比率

19. 以下比率属于反映现金支付充足性的指标是（   ）。

     A. 现金比率   B. 现金流量资本支出比率

     C. 到期债务本期偿付比率   D. 赢利现金比率

20. 现金偿付比率计算公式中的分子是（   ）。

     A. 经营活动产生的现金流量   B. 投资活动产生的现金流量

     C. 经营活动产生的现金净流量   D. 投资活动产生的现金净流量

21. 现金销售比率是指现金流量表中"销售商品、提供劳务收到的现金"与（   ）之比。

     A. 利润表中"其他业务收入总额"   B. 利润表中"营业外收入总额"

     C. 利润表中"主营业务收入总额"   D. 利润表中"投资收益总额"

22. 销售现金流量率是指现金流量表中"经营活动产生的现金流量净额"与（   ）之比。

     A. 当期"长期负债偿还额、资本支出额及股利支付额"之和

     B. 当期利润表中"主营业务收入净额"

     C. 当期发放现金股利

D. 当期利息费用支出

23. 现金流量表中"经营活动产生的现金流量净额"与当年到期的债务总额之比，即（   ），可反映企业的偿债能力的大小。

A. 到期债务偿付率　　　　　　　　　B. 现金负债总额比率

C. 债务偿还期　　　　　　　　　　　D. 现金比率

二、多项选择题

1. 现金流量表的作用可表现在（   ）方面。

A. 评价企业经营业绩　　　　　　　　B. 衡量企业财务资源

C. 衡量财务风险　　　　　　　　　　D. 预测企业未来前景

2. 现金流量表的下列（   ）项目之间存在钩稽关系。

A. 正表中的第五项现金及现金等价物净增加额

B. 正表中的第一项经营活动产生的现金流量净额

C. 正表中的经营活动产生的现金流入量

D. 补充资料中的第一项经营活动产生的现金流量净额

3. 现金流量表以广义现金作为编制基础，具体包括（   ）。

A. 库存现金　　　B. 银行活期存款　　　C. 其他货币资金　　　D. 现金等价物

4. 下列项目中属于经营活动现金流量的有（   ）。

A. 分配股利支付的现金　　　　　　　B. 支付的增值税款

C. 收到的租金　　　　　　　　　　　D. 分得利润收到的现金

5. 现金流量表中的"支付的其他与经营活动有关的现金"项目包括（   ）。

A. 支付的教育费附加　　　　　　　　B. 支付的退休人员工资

C. 支付的广告费　　　　　　　　　　D. 发生的坏账损失

6. 下列项目中，能够使现金流量表中有投资活动现金流入的是（   ）。

A. 工程完工交付使用　　　　　　　　B. 出售设备取得现金

C. 分得现金股利　　　　　　　　　　D. 收回长期债券投资收到现金

7. 下列各项中，属于投资活动产生现金流量的是（   ）。

A. 支付的所得税款

B. 取得债券利息收入所收到的现金

C. 支付给职工及为职工支付的现金

D. 购建固定资产所支付的现金

8. 经营活动的现金流入包括（   ）。

A. 销售商品、提供劳务收到的现金　　B. 收到债券投资利息

C. 分得现金股利　　　　　　　　　　D. 收到的税费返还

9. 筹资活动的现金流出包括（   ）。

A. 债权性投资所支付的现金　　　　　B. 发生筹资费用所支付的现金

C. 分配股利所支付的现金　　　　　　D. 减少注册资本所支付的现金

10. 一项投资被确认为现金等价物必须同时具备几个条件，即（   ）。

A. 流动性强　　　　　　　　　　　　B. 价值变动风险小

C．易于转换为已知金额现金   D．期限短

11．下列经济事项中，不能产生现金流量的有（   ）。

A．出售固定资产

B．企业用现金购买将于 3 个月内到期的国库券

C．投资人投入现金

D．将库存现金送存银行

12．（   ）属于"收回投资所收到的现金"。

A．收回长期股权投资而收到的现金   B．收回长期债权投资的利息

C．收回除现金等价物以外的短期投资   D．收回长期债权投资本金

13．从净利润调整为经营活动现金流量，应调增的项目有（   ）。

A．流动负债减少   B．财务费用

C．投资损失   D．非流动资产增加

14．根据现行会计制度的规定，下列各项中，属于企业经营活动产生的现金流量的有（   ）。

A．收到的出口退税款

B．收到长期股权投资的现金股利

C．转让无形资产所有权取得的收入

D．出租无形资产使用权取得的收入

15．下列交易或事项产生的现金流量中，属于投资活动产生的现金流量的有（   ）。

A．为购建固定资产支付的耕地占用税

B．为购建固定资产支付的已资本化的利息费用

C．因火灾造成固定资产损失而收到的保险赔偿款

D．融资租赁方式租入固定资产所支付的租金

16．现金流量表中"支付给职工及为职工支付的现金"项目应反映的内容有（   ）。

A．企业为离退休人员支付的统筹退休金   B．企业为经营管理人员支付的困难补助

C．支付的在建工程人员的工资   D．支付的行政管理人员的工资

17．现金流量可以用来评价企业（   ）的能力。

A．支付利息   B．利润分配   C．偿付债务   D．生产经营

18．现金流量表的综合分析，就是将现金流量表中的某项财务指标与（   ）的相关项目指标进行对比，从而分析、评价企业的经营业绩、创现能力和偿债能力。

A．资产负债表   B．利润表

C．所有者权益变动表   D．应交增值税明细表

19．在进行现金流量表的综合分析时，与偿债有关的比率分析指标有（   ）。

A．到期债务偿付率、现金比率   B．现金利息支付率、到期债务偿付率

C．现金流量充足率、现金销售比率   D．现金负债总额比率、债务偿还期

20．在进行现金流量表的综合分析时，与赢利有关的比率分析指标有（   ）。

A．赢利现金比率、现金流量充足率

B．赢利现金比率、经营现金流量净利率

C．现金销售比率、现金流量净利率

D. 经营现金流出净利润率、现金流量净利率

三、判断题

1. 现金流量表是指反映企业在某一特定日期现金和现金等价物流入和流出的报表。
（　　）

2. 购入日至到期日在 3 个月以上或更长时间内转换为已知现金金额的短期债券投资，不属于现金等价物的内容。（　　）

3. 现金净流量对不涉及现金收支的投资活动和筹资活动不予以反映。（　　）

4. 投资活动的现金净流量是企业现金流量的最主要来源。（　　）

5. 支付的在建工程人员的工资，在现金流量表中的"购建固定资产、无形资产和其他长期资产所支付的现金"项目中反映。（　　）

6. 借款利息和融资租入固定资产支付的租赁费，在筹资活动产生的现金流量中反映。（　　）

7. 企业取得债券利息收入所收到的现金属于经营活动流入的现金。（　　）

8. 分配股利或利润所支付的现金属于筹资活动流出的现金。（　　）

9. 企业购买商品支付的能够抵扣增值税销项税额的进项税额，在购买商品、接受劳务支付的现金项目中反映。（　　）

10. 企业支付所得税将引起投资活动现金流量的增加。（　　）

11. 利息支出将对筹资活动现金流量和投资活动现金流量产生影响。（　　）

12. 公司如果具备很好的现金流状况，则其现金主要来源于经营活动。（　　）

13. 企业购入 3 个月内到期的国债，会减少企业投资活动产生的现金流量。（　　）

14. 现金流量充足率指标值越高越好，如该指标显著大于 1，说明企业有大量资金找到合适的投资方向，将会带来未来的较高的获利能力。（　　）

15. 到期债务偿付率反映企业在某一会计期间 1 元到期的负债有多少经营活动现金流量净额来补充，指标值越高，说明企业偿还到期债务的能力越强。（　　）

四、实训题

实训 1　编制现金流量表正表

【实训资料】　某商业企业为增值税一般纳税人，适用增值税税率为 17%。2014 年有关资料如下所述。

1. 资产负债表有关账户年初、年末余额和部分账户发生额如表 4-13 所示。

表 4-13　资产负债表部分账户发生额

单位：万元

账户名称	年初余额	本年增加	本年减少	年末余额
应收账款	2 340			4 680
应收票据	585			351
交易性金融资产	300		100（出售）	200
应收股利	20	30		10

续表

账户名称	年初余额	本年增加	本年减少	年末余额
存货	2 500			2 400
长期股权投资	500	200（以固定资产投资）		700
应付账款	1 755			2 340
应交税费				
应交增值税	250		302（已缴） 408（进项税额）	180
应交所得税	30	100		40
短期借款	600	400		700

2. 利润表有关账户本年发生额如表 4-14 所示。

表 4-14　利润表部分账户发生额

单位：万元

账户名称	借方发生额	贷方发生额
主营业务收入		4 000
主营业务成本	2 500	
投资收益		
现金股利		10
出售交易性金融资产		20

3. 其他有关资料如下所述。

交易性金融资产均为非现金等价物；出售交易性金融资产已收到现金；应收、应付款项均以现金结算；应收账款变动数中含有本期计提的坏账准备 100 万元。不考虑该企业本年度发生的其他交易和事项。

【实训任务】 计算以下现金流量表项目（要求列出计算过程）。

（1）销售商品、提供劳务收到的现金（含收到的增值税销项税额）。

（2）购买商品、接受劳务支付的现金（含支付的增值税进项税额）。

（3）支付的各项税费。

（4）收回投资收到的现金。

（5）分得股利或利润收到的现金。

（6）借款收到的现金。

（7）偿还债务支付的现金。

实训 2　编制现金流量表补充资料

【实训资料】 某企业 2014 年 1～6 月发生的有关经济业务如下所述。

1. 1 月 1 日出售一项专利权 A，出售当日取得转让收入 20 万元，已存入银行，该专利权的账面原值为 100 万元，已计提摊销 90 万元，计提减值准备 5 万元。

2. 2 月 1 日支付融资租赁费 30 万元，该资产是在 2006 年 2 月租入的，租赁期为 5 年，

每年的 2 月支付租赁费用。

3. 3 月 2 日以银行存款 100 万元取得一项长期股权投资，款项已付。

4. 4 月 5 日处置企业持有的一项交易性金融资产，获得的价款为 200 万元，该项交易性金融资产的账户余额为 120 万元，其中包含公允价值变动收益 20 万元。

5. 6 月 30 日计提前半年的短期借款利息 3 万元，尚未支付。

6. 6 月 30 日计提工人工资 60 万元，其中，包含在建工程人员的工资 10 万元，其余的均为生产工人的工资。

7. 6 月 30 日计提固定资产折旧费用 20 万元，其中：10 万元应计入制造费用，10 万元应计入管理费用；计提无形资产的摊销额为 10 万元。

8. 2014 年 1～6 月实现净利润 8 000 万元。

9. 其他相关资料如下：

存货的期初余额 30 万元，期末余额 50 万元；

应收账款期初余额 100 万元，期末余额 200 万元；

应收票据期初余额 56 万元，期末余额 50 万元；

应付账款期初余额 100 万元，期末余额 150 万元；

应付票据期初余额 90 万元，期末余额 65 万元；

应付职工薪酬期初余额 8 万元，期末余额 10 万元；

应交所得税期初余额 12 万元，期末余额 6 万元。

【实训任务】

（1）编制事项 1～7 的有关会计分录。

（2）填写现金流量表补充资料部分的经营活动现金流量（见表 4-15）。

表 4-15　现金流量表补充资料

2014 年 6 月　　　　　　　　　　　　　　　　　　　　单位：万元

将净利润调节为经营活动现金流量	金　额
净利润	
加：固定资产折旧	
无形资产摊销	
处置无形资产的收益	
公允价值变动损失（减：收益）	
财务费用	
投资损失（减：收益）	
存货减少（减：增加）	
经营性应收项目的减少（减：增加）	
经营性应付项目的增加	
经营活动产生的现金流量净额	

实训 3 分析现金流量表的趋势

【实训资料】 某公司现金流量的趋势分析表如表 4-16 和表 4-17 所示。

表 4-16 现金流量趋势分析表（定基比法）

单位：万元

项　　目	2012 年	2013 年	2014 年
经营活动产生的现金流量净额	100	152.38	161.91
投资活动产生的现金流量净额	-100	-118.42	-126.32
筹资活动产生的现金流量净额	-100	-135.17	-158.62
现金及现金等价物净增加额	-100	-5.71	-28.57

表 4-17 现金流量趋势分析表（环比方法）

单位：万元

项　　目	2012 年	2013 年	2014 年
经营活动产生的现金流量净额	100	152.38	106.25
投资活动产生的现金流量净额	-100	-118.42	-106.67
筹资活动产生的现金流量净额	-100	-135.17	-117.35
现金及现金等价物净增加额	-100	-5.71	-500

【实训任务】 根据表 4-16 和表 4-17 的资料对该公司进行分析评价。

实训 4 计算现金流量指标

【实训资料】 东方公司 2014 年经营活动现金流量净额为 762 万元，资产负债表和利润表有关资料：流动负债为 2 025 万元，长期负债为 4 978 万元，主营业务收入为 9 000 万元，总资产为 70 200 万元，当期固定资产投资额为 536 万元，存货增加 200 万元（其他经营性流动项目不变），实现净利润 8 008 万元（其中非经营损益 1 000 万元、非付现费用 1 500 万元），分配优先股股利 456 万元，发放现金股利 782 万元，该公司发行在外的普通股股数 50 800 万股。

【实训任务】 根据实训资料计算下列财务比率，现金流量与当期债务比、债务保障率、每元销售现金净流入、现金回收率、每股经营现金流量、现金流量适合比率、现金股利保障倍数。

实训 5 撰写现金流量表分析报告

某钢铁股份有限公司
2014 年财务报表（现金流量表）分析报告

一、公司简介
略。（参照项目二的实训 5）

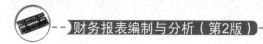

二、基本情况

略。（参照项目二的实训 5）

三、现金流量表的结构分析

1. 现金流入结构分析

根据 2012—2014 年现金流量表资料（见表 4-18）进行结构分析，并将表 4-19 填写完整。

表 4-18 现金流量表资料

单位：万元

项　　目	2012 年	2013 年	2014 年
一、经营活动产生的现金流量			
销售商品、提供劳务收到的现金	4 511 103	6 534 180	6 449 200
收到的税费返还	297	0	0
收到其他与经营活动有关的现金	218 379	100 332	56 000
现金流入小计	4 729 779	6 634 512	6 505 200
购买商品、接受劳务支付的现金	2 924 571	4 730 697	350 000
支付给职工及为职工支付的现金	242 142	279 405	790 000
支付的各项税费	296 487	342 399	606 700
支付其他与经营活动有关的现金	756 231	773 967	190 000
现金流出小计	4 219 431	6 126 468	1 936 700
经营活动产生的现金净流量	510 348	508 044	4 568 500
二、投资活动产生的现金流量			
收回投资收到的现金	270 000	186	0
取得投资收益收到的现金	504	34 869	40 000
处置固定、无形资产和其他长期资产收到的现金净额	1 254	2 265	15 100
收到其他与投资活动有关的现金	132	0	0
现金流入小计	271 890	37 320	55 100
购建固定、无形资产和其他长期资产支付的现金	97 593	60 012	324 000
投资支付的现金	330 972	3 135	300 000
支付其他与投资活动有关的现金			
现金流出小计	428 565	63 147	624 000
投资活动产生的现金流量净额	−156 675	−25 827	−568 900
三、筹资活动产生的现金净流量			
吸收投资收到的现金	0	0	1 190 000
取得借款收到的现金	181 800	49 500	950 000

项　目	2012 年	2013 年	2014 年
收到其他与筹资活动有关的现金	0	1 440	0
现金流入小计	181 800	50 940	2 140 000
偿还债务支付的现金	370 410	55 710	750 000
分配股利、利润或偿付利息支付的现金	196 314	260 400	60 000
支付其他与筹资活动有关的现金	0	696	0
现金流出小计	566 724	316 806	810 000
筹资活动产生的现金流量净额	-384 924	-265 866	1 330 000
四、汇率变动对现金的影响	—	120	—
五、现金及现金等价物净增加额	-31 251	216 471	5 329 600

表4-19　2012—2014 年三年的现金收入结构表

单位：%

项　目	2014 年	2013 年	2012 年
经营活动的现金收入			
投资活动的现金收入			
筹资活动的现金收入			
现金收入合计	100	100	100

通过该公司的现金收入结构表进行分析。

……

2. 现金流出结构分析

根据 2012—2014 年现金流量表资料（见表 4-18），进行现金流出结构分析，并填写表4-20。

表4-20　2012—2014 年三年的现金支出结构表

单位：%

项　目	2014 年	2013 年	2012 年
经营活动的现金支出			
投资活动的现金支出			
筹资活动的现金支出			
现金支出合计	100	100	100

通过该公司的现金支出结构表进行分析。

……

四、现金流量表的趋势分析

某钢铁股份有限公司 2012—2014 年的现金流量表详细资料，如表4-18所示。

1. 依据表4-20资料，以 2012 年为基数，采用定基法进行计算，将结果填入表4-21。

表4-21　现金流量表趋势分析表（定基法）

单位：

项　　目	2012 年	2013 年	2014 年
一、经营活动产生的现金流量			
销售商品、提供劳务收到的现金			
收到的税费返还			
收到其他与经营活动有关的现金			
现金流入小计			
购买商品、接受劳务支付的现金			
支付给职工及为职工支付的现金			
支付的各项税费			
支付其他与经营活动有关的现金			
现金流出小计			
经营活动产生的现金净流量			
二、投资活动产生的现金流量			
收回投资收到的现金			
取得投资收益收到的现金			
处置固定资产、无形资产和其他长期资产收到的现金净额			
收到其他与投资活动有关的现金			
现金流入小计			
购建固定资产、无形资产和其他长期资产支付的现金			
投资支付的现金			
支付其他与投资活动有关的现金			
现金流出小计			
投资活动产生的现金流量净额			
三、筹资活动产生的现金净流量			
吸收投资收到的现金			
取得借款收到的现金			
收到其他与筹资活动有关的现金			
现金流入小计			
偿还债务支付的现金			
分配股利、利润或偿付利息支付的现金			
支付其他与筹资活动有关的现金			
现金流出小计			
筹资活动产生的现金流量净额			
四、汇率变动对现金的影响			
五、现金及现金等价物净增加额			

表 4-21 结果表明,在定基法下,现金流量变化情况如下所述。

(1)经营活动产生的现金流量方面。

……

(2)投资活动产生的现金流量方面。

……

(3)筹资活动产生的现金流量方面。

……

2. 依据表 4-20 资料,采用环比法进行计算,将结果填入表 4-22。

表 4-22 现金流量表趋势分析表(环比法)

单位:

项　目	2012 年	2013 年	2014 年
一、经营活动产生的现金流量			
销售商品、提供劳务收到的现金			
收到的税费返还			
收到其他与经营活动有关的现金			
现金流入小计			
购买商品、接受劳务支付的现金			
支付给职工及为职工支付的现金			
支付的各项税费			
支付其他与经营活动有关的现金			
现金流出小计			
经营活动产生的现金净流量			
二、投资活动产生的现金流量			
收回投资所收到的现金			
取得投资收益所收到的现金			
处置固定资产、无形资产和其他长期资产收到的现金净额			
收到其他与投资活动有关的现金			
现金流入小计			
购建固定资产、无形资产和其他长期资产支付的现金			
投资支付的现金			
支付其他与投资活动有关的现金			
现金流出小计			
投资活动产生的现金流量净额			
三、筹资活动产生的现金净流量			
吸收投资所收到的现金			
取得借款收到的现金			
收到其他与筹资活动有关的现金			
现金流入小计			
偿还债务支付的现金			

续表

项　　目	2012 年	2013 年	2014 年
分配股利、利润或偿付利息支付的现金			
支付其他与筹资活动有关的现金			
现金流出小计			
筹资活动产生的现金流量净额			
四、汇率变动对现金的影响			
五、现金及现金等价物净增加额			

表 4-22 结果说明，在环比法下，现金流量变化情况如下所述。

（1）经营活动产生的现金流量方面。

……

（2）投资活动产生的现金流量方面。

……

（3）筹资活动产生的现金流量方面。

……

五、现金流量表的指标分析

……

六、存在的问题与建议

……

项目五　　成本报表的编制与分析

知识目标

1. 掌握产品生产成本表的编制与分析；
2. 掌握主要产品单位成本表的编制与分析；
3. 了解各种费用明细表的编制与分析。

技能目标

1. 会编制产品生产成本表，主要产品单位成本表、各种费用明细表；
2. 能计算与运用财务分析方法分析企业的内部财务状况。

项目导入

某厂 2014 年 12 月全部产品成本资料如表 5-1 所示。

表 5-1　产品成本资料

项　　目		可比产品		不可比产品
		甲产品	乙产品	（丙产品）
产量（件）	本月	168	210	16.8
	本年累计	1 680	2 100	168
单位产品生产成本（元）	上年实际	336	672	0
	本年计划	329	644	840
	本月实际	308	651	826
	本年累计	302.4	655.2	834.4

　　刚上任的会计杜雷计算的可比产品成本降低率为 6.44%，本年计划成本降低率为 3.85%，他计算得正确吗？

任务一　认识成本报表

　　成本是反映企业生产技术和经营管理工作水平的一项重要质量指标，是衡量企业经营管理水平的重要尺度。成本报表是用以反映企业生产费用与产品成本的构成及其升降变动情况，以考核各项费用与生产成本计划执行结果的会计报表，是会计报表体系的重要组成部分。市场经济环境下，企业的生产经营情况、产品成本水平等成本信息都属于对外保密资料，因此成本报表不宜对外报送，只是作为向企业经营管理者提供有关成本费用信息，进行成本分析与评价的一种内部报表。编制和分析成本报表是企业成本会计工作的一项重要内容。

一、成本报表的特点

编制成本报表，依据的主要是报告期的成本账簿资料、本期成本计划及费用预算等资料、以前年度的会计报表资料和企业有关的统计资料和其他资料等。成本报表从实质上看，它是企业内部成本管理的报表。企业内部成本报表特点主要有以下几点。

1. 编报的目的主要服务于内部

计划经济模式下的成本报表和市场经济模式下的成本报表编报服务对象和目的都是有差别的。在计划经济模式下，成本报表与其他财务报表一样都是向外向上编报，以为上级服务为主。在市场经济模式下，成本报表主要为企业内部管理服务，满足企业管理者、成本责任者对成本信息的需求，有利于观察、分析、考核成本的动态，有利于控制成本计划目标的实现，也有利于预测工作。

2. 内部成本报表的内容灵活

外报表的内容由国家统一规定并强调完整性。内部成本报表主要是围绕着成本管理需要反映的内容，没有明确规定一个统一的内容和范围，不强调成本报表内容的完整性和必需性，往往是从管理出发对某一问题或某一侧面进行重点反映，揭示差异，找出原因，分清责任。因此，内部成本报表的成本指标可以是多样化的，以适应不同使用者和不同管理目的对成本信息的需求，使内部成本报表真正为企业成本管理服务。

3. 内部成本报表格式与内容相适应

对外报表的格式与内容一样，都由国家统一规定，企业不能随意改动。而内部成本报表的格式是随着反映的具体内容可以自己设计，允许不同内容可以有不同格式，同一内容在不同时期也可有不同格式。总之，只要有利于为企业成本管理服务，可以拟订不同报表格式进行反映。

4. 内部成本报表编报不定时

对外报表一般都是定期的编制和报送，并规定在一定时间内必须报送。而内部成本报表主要是为企业内部成本管理服务的，所以，内部成本报表可以根据内部管理的需要适时地、不定期地进行编制，使成本报表及时反映和反馈成本信息，揭示存在的问题，促使有关部门和人员及时采取措施，改进工作，提高服务效率，控制有关费用的发生，达到节约的目的。

5. 内部成本报表按生产经营组织体系上报

对外报表一般是按时间编报，目前主要是报送财政、银行和主管部门，而内部成本报表是根据企业生产经营组织体系逐级上报，或者是为解决某一特定问题，在权责范围内进行传递，使有关部门和成本责任者及时掌握成本计划执行的情况，揭示差异，查找原因和责任，评价内部环节和人员的业绩。

二、成本报表的种类

成本报表作为企业内部的报表，其格式、编报时间等都是由企业根据自身的特点和企业管理的具体要求而定的，具有种类多、编报快、涉及面广，与企业生产工艺过程联系紧密等特点，不同企业、同一企业在不同时期设置的成本报表都可能不同。按报表反映的内容不同可进行如下分类。

1. 反映成本计划目标执行情况的报表

反映成本情况的报表有产品生产成本表或产品生产成本及销售成本表、主要产品生产成本表、责任成本表、质量成本表等。这类报表侧重于揭示企业为生产一定种类和数量产品所花费的成本是否达到了预定的目标，通过分析比较，找出差距，明确薄弱环节，为进一步采取有效措施、挖掘降低成本的内部潜力提供有效的资料。

2. 反映费用支出情况的报表

反映费用情况的财务报表有费用明细表、营业费用明细表、管理费用明细表等。通过它们可以了解到企业在一定期间内费用支出总额及其构成，并可以了解费用支出的合理性以及支出变动的趋势，这有利于企业和主管部门正确制定费用预算，控制费用支出，考核费用支出指标的合理性，明确有关部门和人员的经济责任，防止随意扩大费用开支范围。

3. 反映生产经营情况的报表

反映生产经营情况的报表有生产情况表、材料耗用表、材料差异分析表、制造费用明细表等。这类报表属于专题报表，主要反映生产中影响产品生产成本的某些特定的重要问题，一般依据实际需要灵活设置。

任务二 编制与分析产品生产成本表

产品生产成本表是反映企业在一定时期内生产的全部产品总成本的报表。该报表应按月定期编制，是企业经营管理者每月必须阅读和分析的报表。设置这张报表的目的是反映企业一定时期内生产的全部产品的成本情况，这里的全部产品包括可比产品和不可比产品两部分。可比产品是指企业在上一年度正式生产过，具有上年成本资料的产品；不可比产品是指企业在上一年度没有正式生产过，没有上年成本资料的产品。

一、编制产品生产成本表

以湖南创建机床厂为例，产品生产成本表的一般格式如表5-2所示。

（1）"产品名称"栏按企业规定的产品品种列示。

（2）"实际产量"栏根据实际成本计算单等资料所记录的本月和从年初起到本月末止的各种产品实际产量填列。

（3）"单位成本"栏应按上年度或以前年度报表资料、本期成本计划资料和本期实际成本资料分别计算填列。

表5-2　产品生产成本表

单位：万元

产品名称	计量单位	实际产量		单位成本				本月总成本			本年累计总成本		
		本月	本年累计	上年实际平均	本月计划	本月实际	本年累计实际平均	按上年实际平均单位成本计算	按本年计划单位成本计算	本月实际	按上年实际平均单位成本计算	按本年计划单位成本计算	本年实际
		①	②	③	④	⑤	⑥	⑦=①×③	⑧=①×④	⑨=①×⑤	⑩=②×③	⑪=②×④	⑫=②×⑥
可比产品合计								89 600	87 080	87 304	1 110 200	1 079 120	1 082 676
其中：甲	件	120	1 500	420	413	415.8	417.2	50 400	49 560	49 896	630 000	619 500	625 800
乙	件	80	980	490	469	467.6	466.2	39 200	37 520	37 408	480 200	459 620	456 876
不可比产品合计									42 980	43 876		495 950	501 060
其中：丙	件	220	2 600	0	154	156.8	155.4	0	33 880	34 496	0	400 400	404 040
丁	件	100	1 050	0	91	93.8	92.4	0	9 100	9 380	0	95 550	97 020
全部产品合计								89 600	130 060	131 180	1 110 200	1 575 070	1 583 736

（4）"本月总成本"栏按本月实际产量分别乘以上年实际平均单位成本、本月计划单位成本和本月实际单位成本的乘积填列。

（5）"本年累计总成本"栏按自年初到本月末止的本年累计产量分别乘以上年实际平均单位成本、本年计划单位成本和本年累计实际平均单位成本的乘积填列。

（6）"补充资料"，表后可以增加补充资料，根据计划、统计和会计等有关资料计算后填列。

二、分析产品生产成本表

分析产品生产成本表的重点是可比产品的分析。在企业年初制定的成本计划中，对可比产品都规定了成本降低任务，因此，产品生产成本表的分析首先应分析可比产品成本降低计划的完成情况。分析的方法是首先计算出可比产品成本的本期实际降低额和降低率，然后与计划降低额和计划降低率进行比较。

1. 计算可比产品成本实际降低额、降低率

$$可比产品成本降低额 = 可比产品按上年实际平均单位成本计算的本年累计总成本 - 本年累计实际总成本$$

$$可比产品成本降低率=\frac{可比产品成本降低额}{可比产品按上年实际平均单位成本计算的本年累计总成本}×100\%$$

代入表 5-2 中的相关数据，可比产品成本降低额为：1 110 200-1 082 676=27 524（元）

可比产品成本降低率为：$\frac{27\ 524}{1\ 110\ 200}×100\%=2.5\%$

2. 计算实际与计划的差异（本年计划降低额 56 000 元；本年计划降低率 4%）

$$计划成本降低额=\Sigma\ [\ 计划产量×(上年实际单位成本-本年计划单位成本)\ ]$$

$$计划成本降低率=\frac{计划成本降低额}{\Sigma\ (计划产量×上年实际单位成本)}×100\%$$

$$降低额的差异=实际降低额-计划降低额$$

$$降低率的差异=实际降低率-计划降低率$$

代入表 5-2 中的相关数据，降低额的差异为：27 524-56 000=-28 476（元）

降低率的差异为：2.5%-4%=-1.5%

3. 分析产生差异的原因

分析产生差异的原因时，主要分析三个因素，即产品单位成本变动、产品品种结构变动和产品产量变动。这三个因素对可比产品成本降低额和降低率有不同的影响，其中，产品单位成本变动、产品品种结构变动既影响降低额，又影响降低率；产品产量变动只影响降低额，不影响降低率（这是因为，可比产品成本的实际降低额和降低率都是根据实际产量计算的，计算成本降低率时，分子和分母都使用相同的产量）。因此，影响可比产品成本降低额变动的因素有三个，即产品单位成本变动、产品品种结构变动和产品产量变动；影响可比产品成本降低率变动的因素有两个，即产品单位成本变动和产品品种结构变动。在分析产生差异的原因时，应分别从这些因素入手进行分析。

（1）产品单位成本变动的影响。

① 对降低额的影响：1 079 120-1 082 676=-3 556（元）。

上式的计算结果说明，由于单位成本升高，使可比产品实际成本比计划成本上升了 3 556 元，也就是说，在未完成降低额计划的 28 476 元中，因为产品单位成本变动所导致的部分占了 3 556 元。

② 对降低率的影响：$\frac{-3\ 556}{1\ 110\ 200}×100\%=-0.32\%$。

上式的计算结果说明，由于单位成本升高，使可比产品成本降低率差了 0.32%，故未完成成本降低任务。

（2）产品品种结构变动的影响。

① 对降低率的影响：1.5%-0.32%=1.18%。

产品产量的变动只影响降低额，不影响降低率，因此，影响降低率的因素只有产品单位成本变动和产品品种结构变动两个。未达到计划降低率的数额是 1.5%，其中产品单位成本变动影响的部分占了 0.32%，因此，1.18% 就是产品品种结构变动对降低率的影响。

② 对降低额的影响：1 110 200×1.18%=13 100.36（元）。

上式的计算结果说明，由于产品品种结构发生变动，使可比产品实际成本比计划成本上升了 13 100.36 元；也就是说，在未完成降低额计划的 28 476 元中，因为产品品种结构变动所导致的部分占了 13 100.36 元。

（3）产品产量变动的影响。

28 476−3 556−13 100.36=11 819.64（元）

产品产量变动只影响可比产品成本降低额，不影响降低率。上式的计算结果说明，由于产品产量发生变动，使可比产品实际成本比计划成本上升了 11 819.64 元；也就是说，在未完成降低额计划的 28 476 元中，因为产品产量变动影响的部分占了 11 819.64 元。

通过上述分析可以看出，该企业本年度可比产品成本没有完成降低任务，单位成本变动、产品品种结构变动、产品产量变动都产生了影响，但其中影响比较大的因素是产品品种结构变动。应进一步分析变动的原因是市场变化的需要、产业结构调整的需要，还是在生产计划制订上、均衡生产上存在问题，以便进一步强化管理。

上述分析还可以采用另外的计算方法，列示如下，以供参考。

（1）产品产量变动的影响。

$$\begin{matrix}产量变动对成本\\降低额的影响\end{matrix}=\left[\sum\left(\begin{matrix}实际\\产量\end{matrix}-\begin{matrix}计划\\产量\end{matrix}\right)\times\begin{matrix}上年实际\\单位成本\end{matrix}\right]\times\begin{matrix}计划成本\\降低率\end{matrix}$$

（2）产品品种结构变动的影响。

$$\begin{matrix}品种结构变动对\\成本降低额的影响\end{matrix}=\left[\sum\left(\begin{matrix}实际\\产量\end{matrix}-\begin{matrix}上年实际\\单位成本\end{matrix}\right)-\sum\left(\begin{matrix}实际\\产量\end{matrix}\times\begin{matrix}计划单位\\成\quad本\end{matrix}-\sum\left(\begin{matrix}实际\\产量\end{matrix}\times\begin{matrix}上年实际\\单位成本\end{matrix}\right)\right)\right]\times$$

$$计划成本降低率$$

$$品种结构变动对成本降低率的影响=\frac{降低额的影响数}{\sum\left(\begin{matrix}实际\\产量\end{matrix}\times\begin{matrix}上年实际\\单位成本\end{matrix}\right)}\times100\%$$

（3）产品单位成本变动的影响。

$$\begin{matrix}产品单位成本变动对\\成本降低额的影响\end{matrix}=\sum\left[\begin{matrix}实际\\产量\end{matrix}\times\left(\begin{matrix}计划单位\\成\quad本\end{matrix}-\begin{matrix}实际单位\\成\quad本\end{matrix}\right)\right]$$

$$产品单位成本变动对成本降低率的影响=\frac{单位成本变动对成本降低额的影响数}{\sum\left(\begin{matrix}实际\\产量\end{matrix}\times\begin{matrix}上年实际\\单位成本\end{matrix}\right)}\times100\%$$

除上述分析外，在对产品生产成本表进行分析时，还要注意分析企业对可比产品、不可比产品的分类是否准确，有无在可比产品与不可比产品之间故意升高或降低不可比产品成本，借以人为调整可比产品成本的弄虚作假现象。

任务三 编制与分析主要产品单位成本表

主要产品单位成本表是反映工业企业在一定时期内生产的各种主要产品单位成本情况的报表。该表按主要产品分别编制，每种主要产品编制一张。设置这张报表的目的是要进一步反映企业一定时期内生产的各种主要产品的成本构成情况。通常情况下，对企业产品成本影响较大的是企业生产的主要产品（产量大、产值高、生产稳定），要进一步分析企业产品成本升降的原因，必须对企业的主要产品成本构成情况进行分析，即按成本项目进行分析，找出影响成本升降的主要因素，有针对性地进行控制和管理。

一、编制主要产品单位成本表

以湖南创建机床厂为例，编制主要产品单位成本表的一般格式如表 5-3 所示。

表 5-3 主要产品单位成本表

产品名称：××× 产品销售单价：××元

产品规格：××× 本月实际产量：××件

计量单位：件 2014 年××月××日 本年累计实际产量：××件

成本项目	历史最好水平	上年实际平均	本年计划	本月实际	本年累计实际平均
直接材料	4 200	5 670	5 600	5 740	5 740
直接人工	1 960	2 660	2 520	2 485	2 450
制造费用	1 750	3 150	3 220	3 276	3 290
生产成本	7 910	11 480	11 340	11 501	11 480
主要技术经济指标：					
主要材料 A（用量）	—	—	336 千克	315 千克	287 千克
主要材料 B（用量）	—	—	200 千克	130 千克	110 千克

补充资料：直接材料本年计划单价 16.67 元，本年累计实际平均单价 20 元；单位产品生产工时本年计划 1 120 小时，本年累计实际平均 980 小时；小时工资率本年计划 2.25 元，本年累计实际平均 2.5 元；制造费用小时费用率本年计划 2.875 元，本年累计实际平均 3.357 元。

其中：

（1）基本部分的产品名称、规格、计量单位、产量，根据有关产品成本计算单填列。

（2）各成本项目的历史最好水平的数字，根据企业的成本历史资料填列。

（3）各成本项目的上年实际平均单位成本的数字，根据上年度的成本资料填列。

（4）各成本项目的本年计划单位成本的数字，根据本年计划资料填列。

（5）各成本项目的本月实际单位成本的数字，根据实际成本资料填列。

（6）各成本项目的本年累计实际平均单位成本的数字，根据本年各项目总成本除以累计产量后的商数填列。

二、分析主要产品单位成本表

主要产品单位成本表中列示了企业主要产品成本的历史最好水平、上年实际平均、本年计划和本期实际等资料，在对各项成本项目进行分析时，可以视分析的目的，选择其中某项为基数，将本期实际与基数进行对比，分析的重点是各个项目本期实际与对比基数的差异（差异分为量差和价差两个方面）。进行这样分析的目的是，找出影响成本的主要因素。现以表5-3中本年实际与本年计划的对比为例来说明分析内容与方法。

1. 计算差异

（1）直接材料差异。

本期实际与本期计划的差异额：5 740-5 600=140（元）

量差分析——消耗量变化的影响：（287-336）×16.67=-816.83（元）

价差分析——单价变化的影响：287×（20-16.67）=955.71（元）

（2）直接人工差异。

本期实际与本期计划的差异额：2 450-2 520=-70（元）

量差分析——工时变化的影响：（980-1 120）×2.25=-315（元）

价差分析——小时工资率变化的影响：980×（2.5-2.25）=245（元）

（3）制造费用差异。

本期实际与本期计划的差异额：3 290-3 220=70（元）

量差分析——工时变化的影响：（980-1 120）×2.875=-402.5（元）

价差分析——小时工资率变化的影响：980×（3.357-2.875）=472.36（元）

2. 对差异进行分析

（1）影响成本的主要因素。

① 直接材料。通过上述计算可以看出，单位产品的直接材料费用超支140元，其原因是：由于实际消耗量降低，单位成本中的直接材料费实际比计划节约816.83元；而由于直接材料的单价升高，单位成本中的直接材料费实际比计划超支955.71元，两者综合作用的结果是，单位产品中的直接材料费用超支140元。很明显，直接材料费用的超支，是由于单价升高导致的，直接材料的单价是影响成本的一个主要因素。

② 直接人工。通过上述计算可以看出，单位产品的直接人工费用节约70元，其原因是：由于单位产品生产工时降低，单位成本中的直接人工费实际比计划节约315元；而由于小时工资率升高，单位成本中的直接人工费实际比计划超支245元，两者综合作用的结果是，单位产品中的直接人工费用节约70元。人工费用虽然节约了70元，但是，可以很明显地看到，直接人工费用中，由于生产工时降低带来的节约，几乎被小时工资率的升高抵消了。应将小时工资率的控制作为重点。

③ 制造费用。通过上述计算可以看出，单位产品的制造费用超支70元，其原因是：由于单位产品生产工时降低，单位成本中的制造费用实际比计划节约402.5元；而由于小时费用率升高，单位成本中的制造费用实际比计划超支472.36元，两者综合作用的结果是，单位产品中的制造费用超支1元。很明显，制造费用的超支，是由于小时费用率升高导致的，小时费用率是影响成本的一个主要因素。

（2）各因素的责任人。

① 直接材料的责任人。上面的分析说明，直接材料的控制重点是单价，材料的单价就是材料的采购成本。采购成本控制的责任人不是生产车间，而是采购部门。因此，应将管理的重点放在采购部门，对材料的采购成本进行分析。材料费用的分析是成本分析的重点，材料费用的管理也是企业资金管理的重点。

首先，分析采购成本的确定是否正确，按照《企业会计制度》的规定，允许计入材料采购成本的有：材料买价、运杂费（包括运输费、装卸费、保险费、包装费、仓储费等，不包括运输费可抵扣的增值税进项税额）；运输途中的合理损耗；入库前的整理挑选费（包括整理挑选中发生的工、费支出和必要的损耗，并减去回收的下脚废料价值）；购入物资负担的税金（如关税等）和其他费用。不允许计入材料采购成本的有：采购人员的差旅费、运输途中的不合理损耗、入库后的整理挑选费、购入材料的增值税（进项税）。

其次，分析采购计划的制订是否符合最佳经济效益原则，在采购地点、采购品种、规格、采购数量、运输方式的确定上，有无损失浪费、不合理的现象存在。还要分析在材料采购的管理上，有无内部控制制度。通过分析，找出管理的薄弱环节，落实目标责任制。

② 直接人工的责任人。上面的分析说明，直接人工的控制重点是小时工资率。影响小时工资率的因素较为复杂。这里有客观因素，也有主观因素。客观因素有时往往是企业不可控制的，比如，按照国家工资制度改革的要求，职工增加了工资，导致产品成本中的工资费用上升。因此，应分析具体情况，如果属于用工不合理、岗位设置不合理或者人员配备不合理（企业应避免盲目追求"高学历"的倾向，合理用工，否则，既会造成人力资源的浪费，又会导致工资费用上升），则应会同生产部门、人事部门共同解决。

③ 制造费用的责任人。上面的分析说明，制造费用的控制重点是小时费用率。影响小时费用率的因素也较为复杂。一般应配合制造费用明细表按事实上的顺序进行分析。首先分析费用开支的项目是否合理；其次分析各项目的支出是否有审查制度，是否失控；最后分析影响制造费用的重点项目是什么。制造费用控制的责任人就是基本生产车间的管理人员。

以上是运用本期实际与本期计划进行比较分析，还可以运用这种方法将本期实际与历史最好水平、上年实际或国内外同行业同类企业进行对比分析。

任务四　编制与分析各种费用明细表

费用报表包括管理费用明细表、财务费用明细表和营业费用明细表。管理费用、财务费用和营业费用不计入产品生产成本，直接计入当期损益，称为"期间费用"，这三项费用的高低，不影响产品生产成本，直接影响当期利润。它们的共同点是，三者都是按照"重要性原则"将许多项费用综合起来核算的。因此，在分析上存在许多共性。为便于分析，首先将各费用明细表分析中共性的部分归纳起来介绍。

一、费用明细表的分析目的

设置各种费用明细表的目的有以下几点。

（1）按照各费用的组成项目反映费用的构成内容，以便于分析各项费用的开支是否合理。

（2）按照各费用的组成项目反映各项费用的上年同期实际数、本年计划数、本月实际数和本年累计实际平均数，可以进一步分析各项费用计划的执行结果，与前期对比的发展趋势。

（3）按照各费用项目的构成反映各费用各个项目的变化，以便于分析各项费用超支或节约的原因，以及对产品成本和本期利润产生的影响。

二、费用明细表的分析方法

对各项费用明细表的分析主要采用对比分析法和构成比率分析法。

首先，应采用对比分析法，视分析的目的，选择表中的某项数字为基数，将本期实际与基数进行对比，确定各个项目本期实际与对比基数的差异。分析时，可以将各项费用的本期数与计划数进行对比，分析计划的执行结果；可以将各项费用的本期实际数与上期实际数进行对比，了解其增减变化，分析发展趋势。

其次，应采用构成比率分析法，以各项费用的总额为基数，分别用各项费用的各个项目与总额进行计算，求出所占比例，以找出影响费用总额的重点项目，确定管理的重点环节。

在对各项费用分析时，应注意以下问题。

（1）凡是在有关制度中规定了费用开支比例和提取标准的费用项目应首先进行分析，看该项目是否符合有关制度的规定。例如，管理费用中的业务招待费，是以年销售营业净额为基数，按一定比例确定支出数额的。管理费用在税前扣除部分不能超过年度销售（营业）收入的5‰，且不得超过实际发生数的60%，在对业务招待费项目进行分析时，就可以按有关规定来衡量其支出是否合理。

（2）不能仅从某项费用绝对数的增减来评价费用的控制情况，要联系与之相关的生产经营业务量的增减变化来评价。例如，销售费用中的宣传、广告费，本期比上期增加了5 000元，不能简单地认为费用没有很好地加以控制，应结合主营业务收入的增减来加以评判，如果该项费用的增长速度小于收入的增长速度，则费用的增加是正常的，也是必要的。

（3）由于各项费用包括的项目都比较多，分析不能泛泛地进行，应该选择费用比重较大、超支或节约数额较大的项目有重点地进行分析。

三、编制与分析管理费用明细表

管理费用是企业行政管理部门为组织和管理生产经营活动而发生的各项费用。根据《企业会计制度》的规定，可以计入管理费用核算的包括行政管理部门的职工工资和福利费、折旧费、修理费、物料消耗、低值易耗品摊销、办公费、差旅费、工会经费、待业保险费、劳动保险费、董事会费（包括董事会成员津贴、会议费和差旅费等）、聘请中介机构费、咨询费（含顾问费）、诉讼费、业务招待费、房产税、车船使用税、土地使用税、印花税、技术转让费、矿产资源补偿费、无形资产摊销、职工教育经费、研究与开发费、排污费、存货盘亏或盘盈（不包括应计入营业外支出的存货损失）、计提的坏账准备和存货跌价准备等。管理费用与产品生产没有直接关系，因此不计入产品生产成本，而是按发生的期间进行归集，将当期的实际发生数直接计入当期损益。管理费用的高低，不影响产品成本，直接影响当期利润。

管理费用明细表就是反映企业在一定时期内发生的管理费用及其构成情况的报表。该表应该按月编制。

（一）编制管理费用明细表

以湖南创建机床厂为例，管理费用明细表的一般格式如表 5-4 所示。

表 5-4　管理费用明细表

编制单位：湖南创建机床厂　　　　　　　2014 年××月　　　　　　　　单位：元

项　　目	本年计划数	上年同期实际数	本月实际数	本年累计实际数
职工薪酬	231 000	27 790	20 440	246 806
折旧费	165 823	13 669.6	14 078.4	169 320.2
办公费	109 200	9 454.2	8 737.4	105 912.8
差旅费	102 900	10 098.2	8 377.6	104 134.8
运输费	126 000	9 576	11 180.4	133 957.6
保险费	49 000	3 542	4 060	49 000
租赁费	40 040	5 880	2 979.2	40 040
修理费	63 000	4 956	5 594.4	67 655
咨询费	0	0	0	14 000
诉讼费	0	0	0	0
排污费	5 600	0	0	7 000
绿化费	25 200	0	0	25 200
物料消耗	16 520	1 222.2	1 332.8	16 156
低值易耗品摊销	14 000	1 612.8	1 349.6	14 700
无形资产摊销	11 900	1 113	1 148	13 720
研究开发费	0	4 200	0	0
技术转让费	0	0	0	0
业务招待费	15 400	7 436.8	4 830	17 220
工会经费	4 200	361.2	364	4 330.2
职工教育经费	3 150	271.6	273	3 248
待业保险费	0	0	0	0
劳动保险费	7 700	630	687.4	8 246
税费	11 200	1 206.8	987	11 846.8
房产税	（略）	（略）	（略）	（略）
车船使用税	（略）	（略）	（略）	（略）
土地使用税	（略）	（略）	（略）	（略）
印花税	（略）	（略）	（略）	（略）
材料、产成品盘亏和毁损净损失	（略）	（略）	（略）	（略）
其他	（略）	（略）	（略）	（略）
合计	1 001 833	103 020.40	86 419.20	1 052 493.40

（二）分析管理费用明细表

管理费用明细表分析的基本方法和目的基本上与制造费用相同。在对各项目进行分析时，可以视分析的目的，选择其中某项资料为基数，将本期实际数与基数进行对比，找出管理费用的有关差异，并运用构成比率分析法分析影响管理费用的主要因素。需要特殊强调的是：管理费用发生在行政管理部门的，费用的发生与产品生产无直接联系，费用项目多，大部分费用是固定费用，应编制预算加以控制。在分析时，首先应对费用按性质进行分类，分析哪些费用的发生是正常的，哪些是不正常的，哪些是管理上的原因，哪些不是管理上的原因，有针对性地进行管理和控制。管理费用各项目按性质一般可以分为如下几类。

（1）管理性费用。如工资及福利费、办公费、差旅费、修理费、业务招待费等。这类费用的高低一般反映企业的管理水平，应从管理上找原因。

（2）发展性费用。如研究开发费、职工教育经费、绿化费等。这类费用的高低与企业的未来发展相关，不能简单地与管理水平挂钩，应将费用支出与带来的效益相比较进行分析。

（3）保护性费用。如保险费、待业保险费、劳动保险费等。这类费用的高低与企业防范生产经营风险和劳动保护条件的改善相关，可以避免未来的损失，因此也不能简单地与管理水平挂钩，还是应将费用支出与带来的效益相比较进行分析。

（4）不良性费用。如材料与产成品盘亏和毁损的净损失、产品"三包"损失等。这类费用的发生与管理有直接的关系，必须从管理上找原因。

四、编制与分析财务费用明细表

财务费用是企业为筹集生产经营所需资金而发生的各项费用。根据《企业会计制度》的规定，可以计入财务费用核算的包括利息支出（减利息收入）、汇兑损失（减汇兑收益）以及相关的手续费等。财务费用与产品生产也没有直接关系，不计入产品生产成本，按发生的期间进行归集，将当期的实际发生数直接计入当期损益。它与管理费用一样，费用的高低，不影响产品成本，直接影响当期利润。

财务费用明细表就是反映企业在一定时期内发生的财务费用及其构成情况的报表。该表应该按月编制。

（一）编制财务费用明细表

以湖南创建机床厂为例，编制财务费用明细表的一般格式如表 5-5 所示。

表 5-5　财务费用明细表

编制单位：湖南创建机床厂　　　　　　　　2014 年××月　　　　　　　　　单位：元

项　　目	本年计划数	上年同期实际数	本月实际数	本年累计实际数
利息支出（减利息收入）	31 000	3 750	4 740	89 050
汇兑损失（减汇兑收益）	0	0	0	0
金融机构手续费	7 500	905	542.5	12 052.5
其他	0	0	0	0
合计	38 500	4 655	5 282.5	101 102.5

（二）分析财务费用明细表

财务费用是为筹集企业生产经营所需资金而发生的各项费用，其高低直接取决于企业的负债，特别是银行借款。因此在分析财务费用时，必须结合企业的借款来进行。首先应分析借款结构（长短期借款比例）、借款利率、借款期限，与生产经营需要是否相符，看能否通过调整借款结构控制财务费用；其次应分析筹资成本、筹集资金带来的效益，看能否通过改变筹资渠道控制财务费用。

五、编制与分析销售费用明细表

销售费用是企业在商品销售过程中发生的各项费用。根据《企业会计制度》的规定，可以计入销售费用核算的包括运输费、装卸费、包装费、保险费、展览费和广告费，以及为销售本企业商品而专设的销售机构（含销售网点、售后服务网点等）的职工工资及福利费、类似工资性质的费用、业务费等经营费用。商品流通企业在购买商品过程中发生的运输费、装卸费、包装费、保险费、运输途中的合理损耗和入库前的整理挑选费等，也列入销售费用核算。销售费用与产品生产也没有直接关系，不计入产品生产成本，按发生的期间进行归集，将当期的实际发生数直接计入当期损益。它的高低也不影响产品成本，直接影响当期利润。

销售费用明细表就是反映企业在一定时期内发生的销售费用及其构成情况的报表。该表应该按月编制。

（一）编制销售费用明细表

以湖南创建机床厂为例，销售费用明细表的一般格式如表5-6所示。

表5-6　销售费用明细表

编制单位：湖南创建机床厂　　　　　　　　2014年××月　　　　　　　　单位：元

项　　目	本年计划数	上年同期实际数	本月实际数	本年累计实际数
职工薪酬	43 120	3 752	4 162.2	51 892.4
业务费	16 800	1 330	1 380.4	18 928
运输费	59 598	4 501	4 965.8	56 254.8
装卸费	32 060	2 800	2 682.4	27 402.2
包装费	56 420	4 676	5 378.8	66 151.4
保险费	13 720	1 152.2	1 309	14 140
展览费	0	0	0	0
广告费	70 000	5 320	5 600	95 200
差旅费	19 600	1 680	1 642.2	26 098.8
租赁费	0	0	0	0
低值易耗品摊销	8 316	697.2	634.2	7 610.4
专设销售机构办公费	12 258.4	1 029	1 254.4	12 899.6
委托代销手续费	0	0	0	0

续表

项　　目	本年计划数	上年同期实际数	本月实际数	本年累计实际数
销售服务费	0	0	0	0
折旧费	13 798.4	1 148	1 251.6	14 788.2
其他	0	0	0	0
合计	345 690.8	28 085.4	30 261	391 365.8

（二）分析销售费用明细表

销售费用明细表分析的基本方法和目的基本上与上述费用的分析方法相同。在对各项目进行分析时，可以视分析的目的，选择其中某项资料为基数，将本期实际数与基数进行对比，找出销售费用的有关差异，并运用构成比率分析法分析影响销售费用的主要因素。需要特殊强调的有如下两点内容。

（1）销售费用发生在销售过程中，费用项目较多，且大部分费用是变动的，即随着销售量的变化而变化。在分析时，应将销售费用的增减变动与销售量的增减变动结合起来考核，分析这些费用的发生和变动是否合理、正常。

（2）销售费用中有相当一部分费用的效益要在未来反映出来，如展览费、广告费等。对这类费用的分析应当连续几个时期进行，将销售费用与销售收入进行对比，如果销售收入的增长大于销售费用的增长，即使销售费用的绝对数是上升的，也属于正常情况；反之，则应强化费用的控制和管理。

任务五　撰写成本分析报告

一、成本分析报告的概念

成本分析是成本管理的重要组成部分，是寻求降低成本途径的重要手段。成本分析报告是企业在生产经营活动中，对构成产品（商品）成本的诸因素进行量化分析，即按一定的方法，利用成本计划、成本核算和其他有关资料，揭示成本计划完成情况，查明成本升降的原因，寻求降低成本的途径和方法，以求控制实际成本支出，实现用最少的消耗取得最大经济效益的研究分析报告。

成本分析报告的种类按时间可分为月度成本分析、季度成本分析和年度成本分析。通过成本分析找准成本升或者降的主要原因，为企业领导决策、指挥提供依据，还可以提高企业的管理水平，从而为降低成本、提高企业的经济效益打下坚实的基础。

二、成本分析报告的结构

成本分析报告的格式一般由标题、基本情况、数据表格、文字分析说明、提出建议几部分组成。

1. 标题

标题由成本分析的单位、分析的时间范围、分析内容三方面构成。如《××机床厂××

年×月的成本分析报告》。

2. 基本情况

分析报告开头一般都要写一段导入语，以此来说明这次情况分析的目的、对象、范围、经过情况、收获、基本经验等，这些方面应有侧重点，不必面面俱到。或侧重于情况分析的目的、时间、方法、对象、经过的说明，或侧重于主观情况，或侧重于收获、基本经验，或对领导所关注的和情况分析所要迫切解决的问题做重点说明。这部分内容应精练，概括性强，扣住中心内容，使读者对调查分析内容获得总体认识，或提出领导所关注的和调查分析所要迫切解决的问题，引人注目，唤起读者重视。

3. 数据表格

成本分析报告数据表格的一般内容有产品生产成本表、产品单位成本表、制造费用明细表、管理费用明细表、财务费用明细表等。各成本报表之间的关系可用公式表达为：

$$完全成本 = 生产成本 + 期间费用$$
$$生产成本 = 直接材料 + 直接人工 + 制造费用$$
$$期间费用 = 管理费用 + 销售费用 + 财务费用$$
$$直接材料 = 原材料 + 辅助材料 + 燃料 + 动力$$

即

$$完全成本 = [(原材料+辅助材料+燃料+动力)+直接人工+制造费用] + (管理费用+销售费用+财务费用)$$

4. 文字分析说明

文字分析说明重在以表格数据为基础，查明导致成本升高的主要因素。影响产品成本的因素包括：建厂时带来的固有因素；宏观经济因素；企业经营管理因素；生产技术因素。这几类因素是不能截然分开的，一般来说，内部因素应该是分析的重点。分析时，一方面要分析上述各个成本项目与本月预算的增减变化，还要分析与上年同期的增减变化情况，对于有数量的成本项目，还要具体分析数量变化的影响、价格变化的影响和单耗变化的影响。此外，成本预算是一个重要环节，成本分析主要是对在实际发生的生产成本与预算成本之间的差异上产生影响的各因素的分析；要搞好成本预算，必须要了解生产工艺，与生产部、技术部、工艺部、开发部各负责人进行沟通，最终按主材（主要材料）、辅材、人工（工时工资）、动力（直接生产用水电气）、制造费用（各项折旧、车间管理费、摊销计入成本的费用）分类列出各项明细用量、单价、金额，即形成预算（工艺理论）成本，最后根据统计后的实际生产成本进行对比分析。

5. 提出建议

成本分析报告是从影响成本诸要素的分析入手，找出影响总成本升或降的主要原因，并针对原因提出控制成本（降低成本）的措施，以供领导决策参考。

 精典案例阅读与分析

案例呈现

利用存货，调整销售成本

C公司采用定额成本法计算产品成本时，将产品定额成本差异在期末在产品和产成品之间

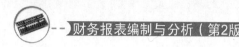

分摊，本期销售产品却不分摊；发出存货的计价方法由原来的加权平均法改为先进先出法，使C公司的销售毛利率由2012年的17.6%上升到2013年的18.9%，主营业务利润增加了2 474万元。

请思考

C公司的做法为什么能使利润增加？

【分析与启示】

C公司采用定额成本法计算产品成本时，将产品定额成本差异在期末在产品和产成品之间分摊，本期销售产品却不分摊，以降低本期销售成本，从而达到虚增本期利润的目的。

存货的计价方法由原来的加权平均法改为先进先出法，有可能对期末存货价格的确认有较大的影响，进而降低本期发生存货的成本，即销售成本，使利润增加。还有些企业通过故意虚列存货或隐瞒存货的短缺或毁损，从而达到虚增本期利润的目的。

 项目综合实训

【想一想】

1．简述成本及费用报表分析的意义。

2．产品成本表分析的方法是什么？通过产品成本报表分析可以达到什么分析目的？

3．简述可比产品成本分析方法的特点。

【做一做】

一、单项选择题

1．成本报表是向企业经营管理者提供成本信息，以进行成本分析和成本决策的（ ）会计报表。

A．外部管理　　　　B．内部管理　　　　C．年度　　　　D．静态

2．本年实际产量按上年实际平均单位成本计算的生产总成本，减去本年累计实际总成本等于（ ）。

A．计划成本降低额　B．实际成本降低额　C．实际成本降低率　D．没有经济意义

3．产品成本报表可以考核（ ）。

A．全部产品成本和各种主要产品成本计划的执行结果

B．制造费用、管理费用计划的执行情况

C．主要产品单位成本计划的执行结果

D．主要产品技术经济指标执行情况

4．下列报表中，不列入成本报表体系的有（ ）。

A．制造费用预算执行情况表　　　　B．生产情况表

C．考勤情况表　　　　　　　　　　D．在产品成本明细表

5．成本报表是服务于企业内部经营管理目的的报表，它（ ）。

A．受外界的影响　　　　　　　　　B．不受外界的影响

C．不一定受外界的影响　　　　　　D．与外界因素有关系

6. 对可比产品成本降低率计划的完成有影响的是（　　）。

A．产量和单位成本　　　　　　　　B．产量和品种结构

C．品种结构和单位成本　　　　　　D．产量、品种结构和单位成本

7. 产量变动影响产品单位成本主要表现在（　　）。

A．直接材料项目　　B．直接人工项目　　C．变动性制造费用　　D．固定性制造费用

8. 可比产品成本降低额与降低率之间的关系是（　　）。

A．成反比　　　　　　B．成正比　　　　　　C．同方向变动　　　　D．无直接关系

9. 企业成本报表（　　）。

A．是对外报送的报表

B．是对内编报的报表

C．有关部门规定哪些指标对外公布，哪些指标不对外公布

D．根据债权人和投资人的要求，确定哪些指标对外公布，哪些指标不对外公布

10. 经济技术指标变动对产品成本的影响主要表现在对（　　）指标的影响。

A．产品总成本　　　　　　　　　　B．产品单位成本

C．产品产量　　　　　　　　　　　D．产品总成本和产品产量

11. 主要产品单位成本的计划完成情况分析，通常首先采用（　　）进行分析。

A．对比分析法　　　B．趋势分析法　　　C．比率分析法　　　D．连环替代法

12. 企业成本报表的种类、项目、格式和编制方法（　　）。

A．由国家统一规定　　　　　　　　B．由企业自行制定

C．由企业主管部门统一规定　　　　D．由企业主管部门与企业共同制定

13. 采用连环替代法，可以揭示（　　）。

A．产生差异的因素　　　　　　　　B．实际数与计划数之间的差异

C．产生差异的因素和各因素的影响程度　　D．产生差异的因素和各因素的变动原因

14. 可比产品是指（　　）。

A．企业过去曾经正式生产过，有完整的成本资料可以进行比较的产品

B．企业过去曾经生产过的产品

C．有完整的定额成本资料可以进行比较的产品

D．在行业中正式生产过，有完整的成本资料可以进行比较的产品

15. 下列关于主要产品单位成本表的说法，错误的是（　　）。

A．主要产品单位成本表反映了企业在报告期内生产的各种主要产品单位成本的构成情况

B．主要产品单位成本表应按主要产品分别编制

C．主要产品单位成本表是对产品生产成本表的补充说明

D．主要产品单位成本表是反映企业在报告期内全部产品单位成本构成情况的报表

16. 生产单一品种情况下，影响可比产品成本降低额变动的因素仅是下列的（　　）。

A．产品产量　　　　　　　　　　　B．产品单位成本

C．产品产量和产品单位成本　　　　D．产品产量、单位成本和品种结构

17. （　　）是进行成本分析的主要依据。

A．成本制度　　　　B．成本预测　　　　C．成本报表　　　　D．企业会计准则

二、多项选择题

1. 通过成本报表，可以（   ）。
A. 考核和分析企业成本、费用的计划执行情况
B. 揭示企业在生产、技术、经营管理水平上存在的问题
C. 为企业确定价格服务
D. 为企业进行成本、费用、利润的预测提供重要数据

2. 影响可比产品降低额变动的因素有（   ）。
A. 产量　　　　　　B. 产品价格　　　　　C. 产品单位成本　　　D. 品种结构

3. 影响单位产品原材料消耗数量变动的因素有（   ）。
A. 材料价格的变化
B. 材料质量的变化
C. 生产中产生废料数量和废料回收利用情况的变化
D. 产品及其零部件结构的变化

4. 成本报表设置的要求是（   ）。
A. 报表的专题性　　B. 没有要求　　　　C. 报表格式的针对性 D. 编报的及时性

5. 成本报表按反映成本计划执行情况分为（   ）。
A. 产品成本报表　　　　　　　　　　　B. 主要产品单位成本表
C. 制造费用明细表　　　　　　　　　　D. 管理费用明细表

6. 成本报表内容的编制要求（   ）。
A. 数据真实可靠　　B. 格式统一规范　　C. 内容完整清晰　　D. 编报迅速及时

7. 主要产品成本报表反映的指标有（   ）。
A. 历史最好水平　　B. 上年实际平均　　C. 本年计划
D. 本年实际　　　　E. 本年累计实际

8. 制造费用明细表是按费用项目反映企业一定时期的制造费用，表中的栏目指标有（   ）。
A. 本年计划　　　　B. 上年实际　　　　C. 本年实际　　　　　D. 上年累计

9. 工业企业成本报表一般包括（   ）。
A. 产品生产成本表　　　　　　　　　　B. 主要产品单位成本表
C. 制造费用明细表　　　　　　　　　　D. 各种期间费用明细表

10. 主要产品单位成本表反映的单位成本包括（   ）。
A. 本月实际　　　　　　　　　　　　　B. 历史最好水平
C. 本年计划　　　　　　　　　　　　　D. 上年实际平均

11. 生产多品种情况下，影响可比产品成本降低额变动的因素有（   ）。
A. 产品产量　　　　B. 产品单位成本　　C. 产品价格　　　　　D. 产品品种结构

12. 期间费用明细表，一般按照期间费用项目分别反映费用项目的（   ）。
A. 计划数　　　　　　　　　　　　　　B. 上年同期实际数
C. 本月实际数　　　　　　　　　　　　D. 本年累计实际数

13. 连环替代的顺序性表现在（   ）。

A．先替代数量指标，后替代质量指标　　　B．先替换基本因素，后替换从属因素

C．先替换实物量指标，后替换价值量指标　D．先替代质量指标，后替代数量指标

14．成本报表分析的主要内容包括（　　）。

A．成本计划完成情况分析　　　　　　　　B．主要产品单位生产成本分析

C．费用预算执行情况的分析　　　　　　　D．成本效益分析

15．下列费用项目中，属于生产性费用的有（　　）。

A．生产车间的折旧费、修理费　　　　　　B．劳动保护费

C．生产车间的机物料消耗　　　　　　　　D．职工教育经费

三、判断题

1．成本报表属于内部报表，不对外公开，因此成本报表的种类、格式、项目指标的设计和编制方法、编报日期等由企业自行决定。　　　　　　　　　　　　　　　　（　　）

2．运用连环替代法时要正确确定各因素的排列顺序，在分析相同问题时要按照同一排列顺序进行替换，否则会得出不同的计算结果。　　　　　　　　　　　　　　　（　　）

3．影响可比产品成本降低计划完成情况的主要因素是产品单位成本和产品品种构成。（　　）

4．成本报表提供的实际产品成本和费用支出资料，不仅可以满足企业内部的需要，而且还可以满足国家宏观调控的需要。　　　　　　　　　　　　　　　　　　　　（　　）

5．产品成本报表，是反映企业在报告期内所产生全部产品的总成本和各种主要产品单位成本及总成本的报表。利用产品成本报表，可以对企业成本工作进行一般评价。　　（　　）

四、实训题

实训1　分析主要产品的单位成本

【实训资料】　海东企业生产甲产品，有关资料如表5-7和表5-8所示。

表5-7　主要产品单位成本表

单位：元

成本项目	上年实际平均	本年计划	本年实际
原材料	1 862	1 890	2 047
工资及福利费	150	168	164
制造费用	248	212	209
合计	2 260	2 270	2 420

表5-8　单位甲产品耗用原材料的资料表

单位：元

项　　目	上年实际平均	本年计划	本期实际
原材料消耗量（千克）	950	900	890
原材料单价（元）	1.96	2.10	2.30

【实训任务】

（1）根据上述资料，分析甲产品单位生产成本的计划完成情况。

（2）分析影响原材料费用变动的因素和各因素对材料费用变动的影响程度。

实训2 分析可比产品成本降低率计划完成情况

【实训资料】

（1）可比产品成本计划降低率为8%。

（2）产品成本报表有关可比产品部分资料如表5-9所示。

（3）本期材料涨价影响可比产品成本实际比计划升高1 200元。

表5-9 产品成本报表

可比产品	产量/件		单位成本/元			总成本/元		
	计划	实际	上年实际平均	本年计划	本期实际	按上年实际平均单位成本计算	按本年计划单位成本计算	本期实际
甲	16	26	400	370	350			
乙	22	20	200	190	195			
合计								

【实训任务】

（1）计算并填列产品成本报表中总成本各栏数字。

（2）检查可比产品成本降低率计划完成情况，分析其升降原因，并做出评价。

实训3 分析费用

【实训资料】 华南公司有关销售收入和销售费用的明细资料如表5-10所示。

表5-10 华南公司有关销售费用明细表

单位：元

序 号	项 目	2014 年	2013 年
1	工资	2 930 445	1 010 377
2	差旅费	3 876 044	1 805 062
3	运输费	4 540 432	6 139 288
4	包装费	1 530 240	168 243
5	销售佣金	2 900 000	—
6	仓储费	732 000	810 410
7	广告费	2 410 386	446 876
8	展览费	467 504	1 140 878
9	会议费	1 087 414	63 688
10	其他	959 120	370 420
11	销售费用合计	2 143 3585	11 955 242
12	销售收入合计	1 345 687 440	997 868 434

【实训任务】 评价企业销售情况：

从销售费用构成来看，2014 年（ ）和（ ）占的比重最大。另外，工资、销售佣金和广告费用所占比重比较大。从动态上看，2014 年运输费用大幅度降低，下降了（ ）%；而广告费、工资比重则有所上升；2014 年发生销售佣金的支出，且在销售费用结构中占

（　　）。从百元销售收入销售费用来看，2014 年为 1.59 元，比 2013 年 1.2 元增长了 0.39 元，其中，除了（　　）、（　　）和（　　）有所下降外，其他项目都有增加，尤其是（　　）增长的最多，其对扩大销售收入的作用如何，还需要进一步分析。

实训 4　撰写成本分析报告

【实训资料】　F 公司 2014 年 12 月成本分析报告（如下所示）。

【实训任务】　将省略号部分的计算与文字补充完整。

F 公司 2014 年 12 月成本分析报告

（一）基本情况

F 公司主要从事机床生产和销售，2014 年 12 月实现利润 60.5 万元，与 2014 年 11 月的 54 万元相比有所提高，实现的利润主要来自内部经营业务，从利润表可见该公司收入较为可观，现从成本的角度做如下分析。

（二）产品生产成本表的分析

产品生产成本表如表 5-11 所示。

表 5-11　F 公司产品生产成本表

单位：元

产品名称	计量单位	实际产量		单位成本				本月总成本			本年累计总成本		
		本月	本年累计	上年实际平均	本月计划	本月实际	本年累计实际平均	按上年实际平均单位成本计算	按本年计划单位成本计算	本月实际	按上年实际平均单位成本计算	按本年计划单位成本计算	本年实际
		①	②	③	④	⑤	⑥	⑦=①×③	⑧=①×④	⑨=①×⑤	⑩=②×③	⑪=②×④	⑫=②×⑥
可比产品合计								19 400	19 100	18 850	270 000	266 000	269 400
其中：甲	件	50	500	84	82	83	81	4 200	4 100	4 150	42 000	41 000	40 500
乙	件	20	300	760	750	735	763	15 200	15 000	14 700	228 000	225 000	228 900
不可比产品合计								2 110	2 119			23 550	23 780
其中：丙	件	8	70	0	125	128	126	0	1 000	1 024	0	8 750	8 820
丁	件	3	40	0	370	365	374	0	1 100	1 095	0	14 800	14 960
全部产品合计								19 400	21 210	20 969	1 110 200	289 550	293 180

1．计算可比产品成本实际降低额、降低率。

……

2．计算实际与计划的差异。

……

3．分析产生差异的原因。

……

（三）产品单位成本表的分析

产品单位成本表如表5-12所示。

表5-12　F公司主要产品单位成本表

产品名称：乙

产品规格：×××

计量单位：件　　　　　　　　　　　2014年12月31日

产品销售单价：860元

本月实际产量：18件

本年累计实际产量：200件

本年累计实际产量：300件

成本项目	历史最好水平	上年实际平均	本年计划	本月实际	本年累计实际平均
直接材料	470	480	480	475	482
燃料及动力	37	52	48	40	53
直接人工	81	86	82	75	78
制造费用	140	142	140	145	150
单位产品成本	728	760	750	735	763
主要技术经济指标					
主要材料A用量（千克）	19	21	20	18	18
主要材料B用量（千克）	32	33	32	30	34

1．计算差异

（1）直接材料差异。

……

（2）直接人工差异。

……

（3）制造费用差异。

……

2．对差异进行分析

（1）影响成本的主要因素。

① 直接材料。

……

② 直接人工。

……

③ 制造费用。

……

（2）各因素的责任人。

……

（四）费用明细表的分析

1．管理费用明细表的分析

F公司管理费用明细表资料如表5-13所示。

表 5-13 管理费用明细表

编制单位：F公司　　　　　　　　　　　　2014 年 12 月　　　　　　　　　　　　单位：元

项　　目	本年计划数	上年同期实际数	本月实际数	本年累计实际数
职工薪酬	420 000	32 000	36 000	450 000
折旧费	45 000	4 000	4 000	44 000
办公费	80 000	6 000	7 000	85 000
业务招待费	40 000	3 000	5 000	60 000
会议费	60 000	6 000	4 000	48 000
差旅费	40 000	3 000	3 000	37 000
物料消耗	36 000	2 500	3 600	48 000
低值易耗品摊销	24 000	2 100	1 800	23 000
中介机构费	50 000	4 000	4 000	50 000
税金	30 000	2 000	2 500	29 000
研究费	120 000	8 000	12 000	125 000
修理费	80 000	6 500	6 000	78 000
专利转让费	36 000	2 800	3 000	36 000
其他	45 000	4 000	3 600	44 000
合计	1 106 000	85 900	95 500	1 157 000

（1）管理性费用的分析。

从职工薪酬、办公费、差旅费、修理费、业务招待费等这类费用来看。

……

（2）发展性费用。

从研究开发费、职工教育经费、绿化费等这类费用来看。

……

（3）保护性费用。

从保险费、待业保险费、劳动保险费等这类费用来看。

……

（4）不良性费用。

从材料与产成品盘亏和毁损的净损失、产品"三包"损失这类费用来看。

……

2. 财务费用明细表的分析

F公司财务费用明细表资料如表 5-14 所示。

表 5-14 财务费用明细表

编制单位：F公司　　　　　　　　　　　　2014 年 12 月　　　　　　　　　　　　单位：元

项　　目	本年计划数	上年同期实际数	本月实际数	本年累计实际数
利息支出（减利息收入）	17 000	1 500	1 300	16 500
汇兑损失（减汇兑收益）	6 000	600	700	7 745
金融机构手续费	1 000	100	200	1 200

续表

项　　目	本年计划数	上年同期实际数	本月实际数	本年累计实际数
其他	1 200	120	110	1 300
合计	25 200	2 320	2 310	26 745

从财务费用明细表来分析，影响财务费用的主要因素有：

……

3. 销售费用明细表的分析

F 公司销售费用明细表如表 5-15 所示。

表 5-15　销售费用明细表

编制单位：F 公司　　　　　　　　　　　　　2014 年 12 月　　　　　　　　　　　　　单位：元

项　　目	本年计划数	上年同期实际数	本月实际数	本年累计实际数
职工薪酬	150 000	13 000	13 500	16 500
业务费	85 000	6 500	6 000	72 000
运输费	36 000	11 000	13 000	38 000
装卸费	24 000	2 000	18 000	23 500
包装费	42 000	3 600	4 000	41 000
保险费	30 000	2 200	2 400	32 000
展览费	40 000	3 000	3 200	42 000
广告费	40 000	3 000	3 000	36 000
产品质量保证费	32 000	2 000	3 000	31 000
低值易耗品摊销	24 000	1 800	2 000	24 000
专设销售机构办公费	21 000	2 000	1 800	20 000
折旧费	45 000	3 500	3 600	44 000
其他	30 000	3 000	2 000	28 000
合计	599 000	56 600	75 500	596 500

从销售费用明细表来分析，影响销售费用的主要因素有：

……

（五）存在的主要问题及建议

……

项目六　　财务报表综合分析

 知识目标

1. 描述杜邦分析法的基本原理、绩效评价的历史沿革；
2. 描述沃尔评分法的基本原理和自身缺陷；
3. 解释综合绩效评价的特点与原则、绩效评价标准、综合绩效评价结果与评价报告。

 技能目标

1. 进行杜邦分析图的绘制、财务评价指标的计算；
2. 具有运用沃尔评分法、财务绩效定量指标计分方法的能力。

 项目导入

　　拥有企业价值评价悠久历史的美国，最为著名的是《财富》（Fortune）和《商业周刊》（Business Week）杂志每年的上市公司价值评价。《财富》杂志主要根据年销售总额大小对上市公司进行排名，《商业周刊》最知名的"《商业周刊》最佳50家上市公司"也仅仅根据一年和近三年平均的总收益、销售总额增长率、利润增长率，以及净利润和净资产收益率5个指标进行排名。上述排名抓住了赢利能力这个核心指标，具有简便的优点，同时伴随着难以真实反映企业价值的缺陷，例如2001年度最为轰动的"安然丑闻"发生之后，涉嫌巨额造假的安然公司却赫然列于"《商业周刊》最佳50家上市公司"榜。

　　随着中国证券市场的发展，国内也开始了上市公司经营业绩的综合评价。从1996年开始，中国诚信证券评估有限公司与《中国证券报》先后开展了我国上市公司业绩的综合评价研究，并定期公布于《中国证券报》。它们着眼于上市公司的赢利能力、发展速度和财务状况三个方面，选取了净资产收益率、资产总额增长率、利润总额增长率、负债比率、流动比率和全部资本化比率6个财务指标进行比较。而《上市公司》杂志对"沪市50强上市公司"的评选，也只是采用主营业务收入、净利润、总资产和市值4个指标。这些业绩评价系统都仅仅关注企业综合财务质量的某一个或几个方面能力，虽然具有简单、易于操作的优点，但是得到的结果难免会产生较大的误导作用。

——摘自 http://www.people.com.cn（人民网）

　　当分别对公司的偿债能力、获利能力、运营能力、发展能力进行评价分析之后，仍需要对公司做出一个整体的评价。这时，要做的是将各指标进行相互关联分析，选择恰当的标准进行综合性评价。所谓综合指标分析就是将偿债能力、运营能力、获利能力和发展能力指标等诸方面纳入一个有机的整体之中，全面地对企业经营状况、财务状况进行解剖与分析。

　　综合分析的意义在于能够全面、正确地评价企业的财务状况和经营成果，因为局部不能代替整体，某项指标的好坏不能说明整个企业经济效益的高低。除此之外，综合分析的结果在进行企业不同时期比较分析和不同企业之间比较分析时消除了时间上和空间上的差异，使之更具有可比性，有利于总结经验、吸取教训、发现差距、赶超先进。进而，从整体上、本质上反映和把握企业生产经营的财务状况和经营成果。

企业综合绩效分析方法有很多，传统方法主要有杜邦分析法、沃尔评分法和综合绩效评价等。

任务一　应用杜邦分析法综合分析

一、杜邦分析法的概念与基本原理

杜邦分析法是利用几种主要的财务比率之间的关系来综合地分析企业的财务状况。这种分析方法首先由美国杜邦公司使用，故称之为杜邦分析层。

杜邦分析法是以净资产收益率为核心指标，将企业的偿债能力、资产运营能力、赢利能力有机地结合起来，层层分解至企业最基本生产要素的使用、成本与费用的构成和企业风险，从而满足通过财务分析进行绩效评价的需要，重点揭示营业净利率、总资产周转率、权益乘数等财务指标之间的关系，从而系统、直观地反映出企业的财务状况和经营成果的总体面貌，让经营者在经营目标发生异动时能及时查明原因并加以修正，同时为投资者、债权人及政府评价企业提供依据。其分解式如下：

净资产收益率＝总资产净利率×权益乘数＝销售净利率×总资产周转率×权益乘数

值得注意的是，为保证分子分母计算口径一致，资产负债表项目采用平均值，即（年初数+年末数）÷2。

依据对净资产收益率的分解所揭示出的各种主要财务比率之间的关系，可以绘制成杜邦分析图（见图6-1）。

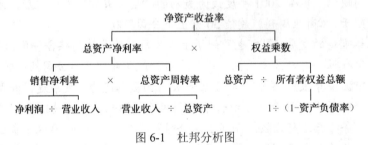

图6-1　杜邦分析图

从杜邦分析法可以了解到以下财务信息。

（1）杜邦分析法是以综合性最强、最有代表性的财务指标净资产收益率为第一层次，它是杜邦分析法的核心，重点揭示出资本的获利能力及其前因后果。它实质上是企业权益资本的运用效果，是企业经营者、所有者及债权人等利益相关者都十分关心的指标。

（2）将净资产收益率分解为总资产净利率与权益乘数两个密切相关的因素，以此作为第二层次，重点揭示资产的获利能力和财务杠杆效益。总资产净利率反映的是整个企业运用资产获取经济利益流入的获利能力。权益乘数为资产与所有者权益之比，反映的是企业用权益资本"撬动"资产的倍率关系，反映负债经营能力的强弱，比率大说明企业筹资策略激进，能获得较大的财务杠杆效益。

（3）第三层次是对销售净利率、总资产周转率、权益乘数的逐个分解，揭示了企业净资产收益率与企业赢利能力、营运能力、偿债能力之间的关系。销售净利率反映了销售产品或提供服务的赢利能力，追求的是厚利，并反映了企业的经营风险；总资产周转率反映企业的营运能力，追求的是多销，说明了资产管理水平，而两者的综合，体现了企业的经营策略是薄利多销，还是厚利少销；权益乘数越高，资产负债率也越高，说明企业在获取较大的财务杠杆效益的同时，也承担了较大的偿债压力（财务风险），体现企业的承担财务风险获取财务杠杆效益的能力。

实际上，只有对以上公式做进一步的分解，才能对企业的财务状况、经营成果做更深层次的分析。如净利润的分解可以涉及利润表的营业收入、营业成本、期间费用、所得税费用等；总资产可分解为涉及资产负债表的流动资产、非流动资产等。

二、杜邦分析法的应用

【例 6-1】 根据湖南创建机床厂 2013、2014 年资产负债表和损益表资料，可得下列财务指标，如表 6-1 所示。

表 6-1 湖南创建机床厂财务报表主要数据

单位：万元

年度	净利润	营业收入	营业成本	平均资产总额	平均负债总额
2013	9 290 805	154 521 867	125 234 737	150 895 115	56 632 334
2014	11 964 456	195 756 919	158 306 191	160 895 115	57 632 334

运用杜邦分析法分析如下内容。

1. 计算主要财务比率

根据表 6-1 资料，各相关指标的计算方法与结果如表 6-2 所示。

表 6-2 湖南创建机床厂主要财务比率表

财务指标	2013 年	2014 年	计算说明
净资产收益率	9.86%	11.59%	净利润÷（资产总额-负债总额）×100%
权益乘数	1.60	1.56	资产总额÷（资产总额-负债总额）×100%
资产负债率	37.53%	35.82%	负债总额÷资产总额×100%
总资产净利率	6.16%	7.44%	净利润÷资产总额×100%
销售净利率	6.01%	6.11%	净利润÷营业收入×100%
总资产周转率	1.02 次	1.22 次	营业收入÷资产总额×100%
销售毛利率	18.95%	19.13%	（营业收入-营业成本）÷营业收入×100%

需要说明的是，由于净资产收益率、总资产净利率、销售净利率和总资产周转率都是时期指标，而权益乘数和资产负债率是时点指标，因此，为了使这些指标具有可比性，表 6-2 中的权益乘数和资产负债率均应采用平均值，但受限于前期资料，这里用的是时点数。

2. 绘制杜邦分析图

湖南创建机床厂 2014 年杜邦分析图如图 6-2 所示（2013 年的分析图从略）。

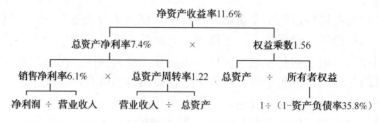

图 6-2　湖南创建机床厂的杜邦计算分析图

3. 净资产收益率的分解分析

（1）净资产收益率变动原因。该厂的净资产收益率由 9.86% 增加到 11.59%，表明该厂赢利能力在增强。将净资产收益率分解为销售净利率、总资产周转率和权益乘数，采用差额因素分析法分析其变动原因如下（由于四舍五入，计算结果有尾差）：

因为，　　　　净资产收益率＝销售净利率×总资产周转率×权益乘数

则：

① 销售净利率上升对净资产收益率的影响=（6.11%-6.01%）×1.02×1.60=0.1632%

② 总资产周转率上升对净资产收益率的影响=6.11%×（1.22-1.02）×1.60=1.9552%

③ 权益乘数下降对净资产收益率的影响=6.11×1.22×（1.56-1.60）=-0.2982%

（2）销售净利率只上升了 0.1%，营业收入只上升了 26.69%，而营业成本上升了 116.4%，这使得销售毛利率几乎没有变化。正常情况下，企业由于固定成本的存在，会产生收入比成本增加更快的经营杠杆效益，而该厂没有获得这种杠杆效益，可能是由于市场竞争使得产品价格大幅下降，也可能是生产成本急剧上升等原因所致。主营业务的变动反映的是企业的核心竞争水平的变化，这说明企业的产品赢利能力在下降，企业面临较大的经营风险。

（3）总资产周转率 2014 年增加了 0.2 次，表明该厂 2014 年利用其总资产产生销售收入的效率在增加，即营运能力在增强。企业营运能力的提高有助于净资产收益率的上升。

（4）权益乘数变动原因。该厂的资产负债率下降了 1.71%，使得权益乘数下降，从而赢利能力下降。权益乘数及资产负债率指标值越小，偿还债务能力越强，财务风险程度越低，这是面临较大经营风险公司的必然选择，同时也反映了它们对企业利润水平的负面影响。

4. 分析结论

如果仅从净资产收益率指标看，该厂的赢利能力在增强，但实际上该厂面临极大的经营风险，如不采取措施，可能对企业的持续经营能力产生重大的不利影响。因为，该厂 2014 年营运能力提高、偿债能力增强，但产品赢利能力却下降了。产品赢利能力下降表明企业面临较大的经营风险，必须牺牲财务杠杆效益以降低财务风险，同时由于产品赢利能力下降，也将影响到企业未来经营能力的进一步增强。所以，企业应进一步从市场、生产等方面分析经营风险产生的原因，以便采取相应的对策。

三、杜邦分析法的局限性

从企业绩效评价的角度来看，杜邦分析法只包括财务方面的信息，不能全面反映企业的实力，有很大的局限性，在实际运用中需要加以注意，必须结合企业的其他信息加以分析。主要表现在以下几方面。

（1）对短期财务结果过分重视，有可能助长公司管理层的短期行为，忽略企业长期的价值创造。

（2）财务指标反映的是企业过去的经营业绩，衡量工业时代的企业能够满足要求。但在目前的信息时代，顾客、供应商、雇员、技术创新等因素对企业经营业绩的影响越来越大，而杜邦分析法在这些方面是无能为力的。

（3）在目前的市场环境中，企业的无形知识资产对提高企业长期竞争力至关重要，杜邦分析法却不能解决无形资产的估值问题。

任务二　应用沃尔评分法综合分析

一、沃尔评分法的概念与作用

1928年，亚历山大·沃尔出版的《信用晴雨表研究》和《财务报表比率分析》提出了信用能力指数的概念，他选择了7个财务比率，即流动比率、产权比率、固定资产比率、存货周转率、应收账款周转率、固定资产周转率和自有资金周转率，分别给定各指标的比重，然后确定标准比率（以行业平均数为基础），将实际比率与标准比率相比，得出相对比率，将此相对比率与各指标比重相乘，确定各项指标的得分及总体指标的累计得分，从而对企业的信用水平做出评价。由于有了财务指标的评价标准，沃尔评分法有利于报表分析者评价其在市场竞争中的优劣地位。

二、沃尔评分法的应用

现代社会与沃尔所处的时代相比，已经发生很大的变化。沃尔最初提出的七项指标已经难以完全适用当前企业评价的需要。现在通常认为，在选择评价指标时，应包括偿债能力、运营能力、获利能力和发展能力等方面的指标。除此之外，还应当选取一些非财务指标作为参考。

沃尔评分法的基本步骤包括如下几点。

（1）选择评价指标并分配指标权重。我们可以参考财政部《企业效绩评价操作细则（修订）》中的企业效绩评价指标体系建立评价指标和各评价指标的权数。

（2）确定各项评价指标的标准值。财务指标的标准值一般可以以行业平均数、企业历史先进数、国家有关标准或者国际公认数为基准来加以确定。表中的标准是根据《企业绩效评价标准值（2009）》大型工业企业优秀值填列的。

（3）计算企业在一定时期各项比率指标的实际值。相关数据根据ABC公司基本财务比率计算结果取得。

（4）对各项评价指标计分并计算综合分数。各项评价指标的计分按下列公式进行：

各项评价指标的得分=各项指标的权重×（指标的实际值÷指标的标准值）

综合分数=Σ各项评价指标的得分

（5）形成评价结果。在最终评价时，如果综合得分大于100，则说明企业的财务状况比较好；反之，则说明企业的财务状况低于同行业平均水平或者本企业历史先进水平等评价指标。

【例6-2】 有关资料如表6-3所示。

表6-3 某公司的沃尔评分法表

评价内容	权数	基本指标 指标	评价步骤				
			权数 ①	标准值 ②	实际值 ③	关系比率 ④=③÷②	实际得分 ⑤=④×①
一、财务效益状况	38	净资产收益率	25	14.20%	29.98%	2.11	52.79
		总资产报酬率	13	13.10%	21.55%	1.64	21.38
二、资产营运状况	18	总资产周转率	9	1.5	1.05	0.70	6.28
		流动资产周转率	9	4.5	1.98	0.44	3.95
三、偿债能力状况	20	资产负债率	12	43.50%	54.37%	1.25	15.00
		已获利息倍数	8	7.2	5.43	0.75	6.03
四、发展能力状况	24	销售（营业）增长率	12	26.70%	61.11%	2.29	27.47
		资本积累率	12	23.10%	35.82%	1.55	18.61
合　计	100		100				151.51

由于公司的综合得分为151.51分，大于100分，说明其财务状况的整体水平优于评价标准。

三、沃尔评分法的局限性

在使用沃尔评分法进行综合分析时，我们应注意到方法本身的局限性及其对评价结果的影响。

首先，由于各项评价指标的得分=各项指标的权重×（指标的实际值÷指标的标准值），就意味着当某项指标实际值大于标准值时，该指标的得分就会很高。因此，在指标选择上，应注意评价指标的同向性，对于不同向的指标应进行同向化处理或是选择其他替代指标，例如资产负债率就可以用其倒数的值来代替。

其次，当某一个指标值严重异常时，会对总评分产生不合逻辑的重大影响。例如，当某一单项指标的实际值畸高时，会导致最后总分大幅度增加，掩盖了情况不良的指标，从而出现"一美遮百丑"的现象。因此，在实务运用时，可以设定各指标得分值的上限或下限，如按标准值的1.5倍定分数上限，0.5倍定分数下限，其计算结果如表6-4所示。

表6-4 某公司的沃尔评分表

评价内容	权数	基本指标 指　标	评价步骤					
			权数 ①	标准值 ②	实际值 ③	关系比率④=③÷② 实际比率	调整比率	实际得分 ⑤=④×①
一、财务效益状况	38	净资产收益率	25	14.20%	29.98%	2.11	1.50	37.50
		总资产报酬率	13	13.10%	21.55%	1.64	1.50	19.50
二、资产营运状况	18	总资产周转率	9	1.5	1.05	0.70	0.70	6.30
		流动资产周转率	9	4.5	1.98	0.44	0.50	4.50
三、偿债能力状况	20	资产负债率	12	43.50%	54.37%	1.25	1.25	15.00
		已获利息倍数	8	7.2	5.43	0.75	0.75	6.00

评价内容	权数	基本指标		评价步骤				
		指　标	权数	标准值	实际值	关系比率④=③÷②		实际得分
			①	②	③	实际比率	调整比率	⑤=④×①
四、发展能力状况	24	销售（营业）增长率	12	26.70%	61.11%	2.29	1.50	18.00
		资本积累率	12	23.10%	35.82%	1.55	1.50	18.00
合　　计	100		100					124.80

总之，沃尔评分法是评价企业总体财务状况的一种比较可取的方法，这一方法的关键在于指标的选定、权数的分配以及标准值的确定等。

任务三　应用企业综合绩效评价综合分析

综合绩效评价是综合分析的一种，一般是站在企业所有者（投资人）的角度进行的分析。它是运用数理统计和运筹学的方法，通过建立综合评价指标体系，对照相应的评价标准，采用定量分析与定性分析相结合的形式，对企业一定经营期间的赢利能力、资产质量、债务风险以及经营增长等经营业绩和努力程度等各方面进行的综合评价。

科学地评价企业绩效，可以为出资人行使经营者的选择权提供重要依据；可以有效地加强对企业经营者的监管和约束；可以为有效激励企业经营者提供可靠依据；还可以为政府有关部门、债权人、企业职工等利益相关方提供有效的信息支持。

企业综合绩效评价包括财务绩效定量评价和管理绩效定性评价两部分。

一、财务绩效定量评价的应用

（一）财务绩效定量评价的指标

财务绩效定量评价是指对企业一定时期的赢利能力、资产质量、债务风险和经营增长四个方面进行定量对比分析和评判。

财务业绩定量评价指标依据各项指标的功能作用可分为基本指标和修正指标。其中，基本指标反映企业一定期间财务业绩的主要方面，并得出企业财务业绩定量评价的基本结果。修正指标是根据财务指标的差异性和互补性，对基本指标的评价结果作进一步的补充和矫正。

（1）企业赢利能力分析与评判主要通过资本及资产报酬水平、成本费用控制水平和经营现金流量状况等方面的财务指标，综合反映企业的投入产出水平以及赢利质量和现金保障状况。一般用净资产收益率、总资产报酬率两个基本指标和销售（营业）利润率、盈余现金保障倍数、成本费用利润率、资本收益率四个修正指标进行评价。

（2）企业资产质量分析与评判主要通过资产周转速度、资产运行状态、资产结构以及资产有效性等方面的财务指标，综合反映企业所占用经济资源的利用效率、资产管理水平与资产的安全性。一般用总资产周转率、应收账款周转率两个基本指标和不良资产比率、流动资产周转率、资产现金回收率三个修正指标进行评价。

（3）企业债务风险分析与评判主要通过债务负担水平、资产负债结构、或有负债情况、现金偿债能力等方面的财务指标，综合反映企业的债务水平、偿债能力及其面临的债务风险。一般用资产负债率、已获利息倍数两个基本指标和速动比率、现金流动负债比率、带息负债比率、或有负债比率四个修正指标进行评价。

（4）企业经营增长分析与评判主要通过销售增长、资本积累、效益变化以及技术投入等方面的财务指标，综合反映企业的经营增长水平及发展后劲。一般用销售（营业）增长率、资本保值增值率两个基本指标和销售（营业）利润增长率、总资产增长率、技术投入比率三个修正指标进行评价。

（二）财务绩效定量评价的标准

财务绩效定量评价的标准包括国内行业标准和国际行业标准。

1. 国内行业标准

国内行业标准是由国务院国资委根据国内企业年度财务和经营管理统计数据，在剔除有关企业不合理数据的基础上，结合国民经济近期发展水平，运用数理统计方法，分年度、分行业、分企业规模统一测算并发布的。

行业分类以国民经济 10 大门类为基础，分为三个层次，共 140 类。第一层次按国民经济部门划分为农林牧渔业、工业、建筑业、交通运输仓储业、邮电通信业、批发和零售业、商业经纪与代理业、餐饮业、房地产业、社会服务业共 10 大门类；第二层次按国民经济行业类别划分为 37 类；第三层次按国民经济具体产业划分为 93 类。企业规模一般分为大型、中型、小型三种类型。

财务绩效定量评价的国内标准划分为优秀（A）、良好（B）、平均（C）、较低（D）、较差（E）五个档次。8 个基本指标和 14 个修正指标均分行业（140 类），分企业规模，按五个档次公布其标准值。对应五档评价标准的标准系数分别为 1.0、0.8、0.6、0.4、0.2，较差（E）以下为 0。

2. 国际行业标准

国际行业标准是根据居于行业国际领先地位的大型企业相关财务指标实际值，或者根据同类型企业相关财务指标的先进值，在剔除会计核算差异后统一测算并发布的。国际行业标准只公布其先进平均值。

（三）财务绩效定量评价的程序

1. 提取评价基础数据

企业综合绩效评价的基础数据资料主要包括企业提供的评价年度财务会计决算报表及审计报告、关于经营管理情况的说明等资料。应以经社会中介机构或内部审计机构审计并经评价组织机构核实确认的企业年度财务报表为基础提取评价基础数据。

2. 基础数据调整

为确保评价基础数据的真实、完整、合理，在实施评价前应当对评价期间的基础数据进行核实，按照重要性和可比性原则进行适当调整。

3．评价计分

根据调整后的评价基础数据，对照相关年度的行业评价标准值，利用绩效评价软件或手工进行评价计分。

4．形成评价结果

对任期财务绩效评价需要计算任期内平均财务绩效评价分数，并计算绩效改进度。对年度财务绩效评价除了计算年度绩效改进度外，还需要对定量评价得分进行深入分析，诊断企业经营管理存在的薄弱环节，对所评价的企业进行分类排序，在一定范围内发布评价结果。

（四）财务绩效定量评价指标的计分方法

1．基本指标计分方法

财务绩效定量评价基本指标的计分是按照功效系数法计分原理，将评价指标实际值对照行业评价标准值，按照规定的计分公式计算各项基本指标得分。其计算公式为：

$$某项基本指标得分=本档基础分+调整分$$
$$=本档基础分+功效系数×（上档基础分-本档基础分）$$

其中，

$$某档基础分=指标权数×该档标准系数$$

2．修正指标计分方法

财务绩效定量评价修正指标的计分是在基本指标计分结果的基础上，运用功效系数法原理，分别计算赢利能力、资产质量、债务风险和经营增长四个部分的综合修正系数，再据此计算出修正后的总分数。其计算公式为：

$$某部分修正后得分=该部分基本指标得分×该部分各修正指标加权修正系数之和$$

$$某修正指标加权修正系数=\frac{修正指标权数}{该部分权数}×该指标单项修正系数$$

式中，某修正指标单项修正系数计算规定如下所述。

（1）单项修正系数控制修正幅度为0.7～1.3。

（2）某修正指标实际值达到优秀值以上的计算公式为：

$$单项修正系数=1.2+本档标准系数-\frac{该部分基本指标得分}{该部分权数}$$

（3）某修正指标实际值处于较差值以下的计算公式为：

$$单项修正系数=1.0-\frac{该部分基本指标得分}{该部分权数}$$

（4）其他情况的计算公式为：

$$单项修正系数=1.0+\left（本档标准系数+功效系数×0.2-\frac{该部分基本指标得分}{该部分权数}\right）$$

（5）如果资产负债率≥100%，则指标得 0 分；其他情况按照规定的公式计分。

（6）如果盈余现金保障倍数分子为正数，分母为负数，则单项修正系数确定为 1.1；若分子为负数，分母为正数，单项修正系数确定为 0.9；如果分子分母同为负数，则单项修正系数确定为 0.8。

（7）如果不良资产比率≥100%或分母为负数，则单项修正系数确定为 0.8。

（8）对于销售（营业）利润增长率指标，如果上年主营业务利润为负数，本年为正数，则单项修正系数确定为 1.1；如果上年主营业务利润为零，本年为正数，或者上年为负数，本年为零，则单项修正系数确定为 1.0。

（9）如果个别指标难以确定行业标准，则该指标单项修正系数确定为 1.0。

二、管理绩效定性评价的运用

（一）管理绩效定性评价的指标与内容

企业管理绩效定性评价主要反映企业在一定经营期间所采取的各项管理措施及其管理成效。评价指标包括战略管理、发展创新、经营决策、风险控制、基础管理、人力资源、行业影响、社会贡献八个方面。企业管理绩效定性评价指标（简称评议指标）应根据评价工作需要做进一步细化，能够量化的应当采用量化指标进行反映。评议指标可用于对基本指标和修正指标评价形成的评价结果进行定性分析验证，以进一步修正定量评价结果，使企业绩效评价结论更加全面、准确。评议指标也可用于评价企业资产经营及管理状况等多方面非计量因素，是对计量指标的进一步补充。通过对评议指标多项定性因素的分析判断，对计量指标评价结果进行全面的校验、修正和完善，以便形成企业绩效定量与定性评价相结合的综合评价结论。

企业财务绩效定量评价指标和管理绩效定性评价指标构成企业综合绩效评价指标体系。企业综合绩效评价指标权重实行百分制，指标权重依据评价指标的重要性和各指标的引导功能，通过征求、咨询专家意见和组织必要的测试，由国务院国资委统一确定并公布。

财务绩效定量评价指标权重确定为 70%，管理绩效定性评价指标权重确定为 30%。在实际评价过程中，财务绩效定量评价指标和管理绩效定性评价指标的权数均按百分制设定，分别计算分项指标的分值，然后按 7:3 折算企业总得分。各指标的权重如表 6-5 所示。

表 6-5　企业综合绩效评价指标及权重表

评价指标	定量评价（70%）				定性评价（30%）	
	基本指标		修正指标			
评价内容	指标名称	权数	指标名称	权数	指标名称	权数
赢利能力状况	净资产收益率	20	销售（营业）利润率	10	战略管理	18
			盈余现金保障倍数	9	发展创新	15
	总资产报酬率	14	成本费用利润率	8	经营决策	16
			资本收益率	7	风险控制	13
资产质量状况	总资产周转率	10	不良资产比率	9	基础管理	14
			流动资产周转率	7	人力资源	8
	应收账款周转率	12	资产现金回收率	6	行业影响	8
					社会贡献	8

续表

评价指标	定量评价（70%）				定性评价（30%）	
	基本指标		修正指标			
评价内容	指标名称	权数	指标名称	权数	指标名称	权数
债务风险状况	资产负债率	12	速动比率	6		
			现金流动负债比率	6		
	已获利息倍数	10	带息负债比率	5		
			或有负债比率	5		
经营增长状况	销售（营业）增长率	12	销售（营业）利润增长率	10		
	资本保值增值率	10	总资产增长率	7		
			技术投入比率	5		

（二）管理绩效定性评价的标准

管理绩效定性评价标准分为优（A）、良（B）、中（C）、低（D）、差（E）五个档次。对应五档评价标准的标准系数分别为1.0、0.8、0.6、0.4、0.2，较差（E）以下为0。

管理绩效定性评价标准具有行业普遍性和一般性，在进行评价时，应当根据不同行业的经营特点，灵活把握个别指标的标准尺度。对于定性评价标准中没有列示，但对被评价企业经营绩效产生重要影响的因素，在评价时也应予以考虑。

（三）管理绩效定性评价的程序

（1）收集整理管理绩效评价资料。为了深入了解被评价企业的管理绩效状况，应当通过问卷调查、访谈等方式，充分收集并认真整理管理绩效评价的有关资料。

（2）聘请咨询专家。根据所评价企业的行业情况，聘请不少于7名的管理绩效评价咨询专家，组成专家咨询组，并将被评价企业的有关资料提前送达咨询专家。

（3）召开专家评议会。组织咨询专家对企业的管理绩效指标进行评议打分。

（4）形成定性评价结论。汇总管理绩效定性评价指标得分，形成定性评价结论。

（四）管理绩效定性评价指标的计分方法

管理绩效定性评价指标的计分一般通过专家评议打分形式完成，聘请的专家应不少于7名。评议专家应当在充分了解企业管理绩效状况的基础上，对照评价参考标准，采取综合分析判断法，对企业管理绩效指标做出分析评议，评判各项指标所处的水平档次，并直接给出评价分数。其计算公式为：

$$管理绩效定性评价指标分数 = \sum 单项指标分数$$

$$单项指标分数 = \frac{\sum 每位专家给定的单项指标分数}{专家人数}$$

三、撰写企业综合绩效评价结果与评价报告

（一）企业综合绩效评价结果

企业综合绩效评价结果以评价得分、评价类型和评价级别表示。

1. 确定综合绩效评价分数

企业综合绩效评价分数用百分制表示，是在得出财务绩效定量评价分数和管理绩效定性评价分数后，按照规定的权重，耦合形成综合绩效评价分数。其计算公式为：

企业综合绩效评价分数=财务绩效定量评价分数×70%+管理绩效定性评价分数×30%

在得出综合评价分数以后，还应当计算年度之间的绩效改进度，以反映企业年度之间经营绩效的变化状况。其计算公式为：

$$绩效改进度=\frac{本期绩效评价分数}{基期绩效评价分数}$$

当绩效改进度大于 1 时，说明企业经营绩效上升；当绩效改进度小于 1 时，说明企业经营绩效下滑。

对经济效益上升幅度显著、经营规模（管理难度）较大，有重大科技创新等的企业，应当给予适当加分，以充分反映不同企业努力程度和管理难度，激励企业加强科技创新。以上加分因素合计不得超过 15 分，超过 15 分按 15 分计算。对加分前评价结果已经达到优秀水平的企业，按以下公式计算实际加分值：

实际加分值=（1-X%）×6.6Y

式中：X 表示评价得分，Y 表示加分因素合计得分。

对被评价企业所评价期间（年度）发生当期责任的重大资产损失、重大安全生产与质量事故、存在巨额表外资产、存在巨额逾期债务等的企业，应当予以扣分。

2. 确定综合绩效评价类型与评价级别

评价类型是根据评价分数对企业综合绩效所划分的水平档次，用文字和字母表示，分为优（A）、良（B）、中（C）、低（D）、差（E）五种类型。以 85、70、50、40 分作为各类型判定的分数线。

评价级别是对每种类型再划分级次，以体现同一评价类型的不同差异，以在字母后标注"+、-"号的方式表示。

企业综合绩效评价类型与级别按以下方法确定。

（1）评价得分达到 85 分以上（含 85 分）的评价类型为优（A），在此基础上划分为三个级别，分别为：A++≥95 分；95 分>A+≥90 分；90 分>A≥85 分。

（2）评价得分达到 70 分以上（含 70 分）不足 85 分的评价类型为良（B），在此基础上划分为三个级别，分别为：85 分>B+≥80 分；80 分>B≥75 分；75 分>B-≥85 分。

（3）评价得分达到 50 分以上（含 50 分）不足 70 分的评价类型为中（C），在此基础上划分为两个级别，分别为：70 分>C≥60 分；60 分>C-≥50 分。

（4）评价得分在 40 分以上（含 40 分）不足 50 分的评价类型为低（D）。

（5）评价得分在 40 分以下的评价类型为差（E）。

（二）企业综合绩效评价报告结构和内容

企业综合绩效评价报告是根据评价结果，编制用来反映被评价企业综合绩效状况的文本文件，由报告正文和附件两部分构成。

企业综合绩效评价报告正文包括评价目的、评价依据与评价方法、评价过程、评价结果及评价结论、重要事项说明等内容。报告正文应当文字简洁、重点突出、层次清晰、易于理解。企业综合绩效评价报告附件包括企业经营绩效分析报告、评价结果计分表、问卷调查结果分析、专家咨询报告、评价基础数据及调整情况，其中，企业经营绩效分析报告是根据综合绩效评价结果对企业经营绩效状况进行深入分析的文件，包括评价对象概述、评价结果与主要绩效、存在的问题与不足、有关管理建议等。

 精典案例阅读与分析

达尔曼财务舞弊的识别

西安达尔曼实业股份有限公司于 1993 年以定向募集方式设立，主要从事珠宝、玉器的加工和销售。2005 年 3 月 25 日，ST 达尔曼成为中国第一个因无法披露定期报告而遭退市的上市公司。从上市到退市，在长达 8 年的时间里，达尔曼极尽造假之能事，通过一系列精心策划的系统性舞弊手段，制造出具有欺骗性的发展轨迹，从股市和银行骗取资金高达 30 多亿元，给投资者和债权人造成严重损失。

从达尔曼公司报表数据看：（1）1997—2003 年间，销售收入合计 18 亿元；净利润合计 4.12 亿元；资产总额比上市时增长 5 倍，达到 22 亿元；净资产增长 4 倍，达到 12 亿元。在 2003 年之前，公司各项财务数据呈现均衡增长。1996—2002 年的平均主营业务毛利率高达 45%，平均主营业务净利率达 38%，利润率持续高于同行业的公司。（2）达尔曼的现金流量看起来非常充足。从达尔曼的合并报表看，公司 2001 年以前的货币资金余额一直在 2 亿元左右，2001 年及以后的货币资金余额都超过 6.5 亿元，而公司的平均年主营业务收入约为 2.5 亿元，现金存量规模明显超过业务所需周转资金。尽管如此，公司却向银行高额举债，银行借款规模逐年增长，2002 年和 2003 年的期末银行借款分别达到 5.7 亿元和 6.7 亿元。（3）达尔曼的应收账款周转率和存货周转率从 1999 年开始大幅下降，二者年周转率都已低于 2。（4）2001 年达尔曼对前五家客户的销售占了公司全部收入的 91.66%，仅前两家就占了 67%，并且客户群在不同年度频繁变动。（5）2003 年年报显示，公司首次出现净利润亏损，主营业务收入由 2002 年的 3.16 亿元下降到 2.14 亿元，亏损达 1.4 亿元，每股收益为-0.49 元；同时，公司的重大违规担保事项浮出水面，涉及 3.45 亿元人民币、133.5 万美元；还有重大质押事项，涉及人民币 5.18 亿元；1996—2004 年，公司原董事长许宗林等人以支付货款、虚构工程项目和对外投资等多种手段，将十几亿元的上市公司资金腾挪转移，其中有将近 6 亿元的资金被转移至国外隐匿；公司财务主管和外部审计师频繁更换，证监会在 2001、2002 年对达尔曼的毛利率畸高、关联交易、信息披露等问题多次提出质疑并要求整改。

请思考

达尔曼的系统性财务舞弊具有很强的隐蔽性和欺骗性，我们应如何识别？

【分析与启示】

通过分析达尔曼的财务报表数据，我们可以从该公司的赢利能力、现金流量、资产周转能力、销售客户及关联方，以及非财务性的信息进行财务舞弊的识别。

1. 从赢利能力指标分析。进行财务舞弊的公司出于虚构利润需要，财务报表上通常会显示不寻常的高赢利能力，达尔曼1996—2002年的平均主营业务毛利率高达45%，平均主营业务净利率达38%，对于这种持续的畸高利润率，报表使用者应当予以高度警惕。

2. 从现金流量指标分析。现金为"王"，现金流量信息一直被认为比利润更可靠、更真实，投资者比较关注的是经营活动净现金流量，但对现金流也造假的公司，这一招就失灵了。达尔曼通过"壳公司"大量融资，使其现金流量看起来非常充足，经营活动净现金流量绝大多数年度都是正数，但其投资活动净现金流量持续为负，这在逻辑上不合理。对造假公司来说，为了维持造假资金循环，会采用各种办法将资金转出去或虚列账面现金，因此，投资者除关注经营活动现金流量外，还应当关注其他现金指标的合理性。

3. 从营业周转指标分析。虚构业绩的公司，往往存在虚构往来和存货的现象，在连续造假时，公司应收款项相应地持续膨胀，导致周转速度显著降低。达尔曼的应收账款周转率和存货周转率从1999年开始大幅下降，二者年周转率已低于2，意味着公司从货物购进到货款回笼需要一年以上时间，营运效率极低，这样的公司却能持续创造经营佳绩实在令人怀疑。

4. 从销售客户情况、销售集中度和关联交易分析。2001年达尔曼对前五家客户的销售占了公司全部收入的91.66%，仅前两家就占了67%，虚构业绩往往是通过与（实质上的）关联公司进行交易，这样公司的销售集中度会异常得高。此外，一般来说公司正常的经营需要保持稳定的客户群，达尔曼的客户群在不同年度频繁变动，又无合理解释，是一种危险的信号。

5. 关注公司其他非财务性的警讯。投资者还应关注非财务性的警讯：公司治理结构完善程度，董事和高管的背景、任职情况、更换情况，遭受监管机构谴责和处罚情况，诉讼和担保情况，财务主管和外部审计师是否频繁变更等。达尔曼的公司治理结构形同虚设，存在严重的内部人控制，许宗林在达尔曼唯我独尊，人员任免、项目决策、资金调动、对外担保等重要事项全由其一人控制、暗箱操作。2003年年报显示，董事会对审计意见涉及的违规信息披露、大量担保、虚假投资等重大事项到2003年才第一次获知，并深感震惊。此外，公司财务主管和外部审计师频繁更换，证监会在2001、2002年对达尔曼的毛利率畸高、关联交易、信息披露等问题多次提出质疑并要求整改，这些都可能是公司存在重大舞弊的警讯。

 项目综合实训

【想一想】

1. 财务报表综合分析的特点和内容有哪些？
2. 简述杜邦分析的分析要点。
3. 简述综合评分法的发展。

【练一练】

一、单项选择题

1. 某公司 2014 年销售收入 100 万元，净利润为 5 万元，股东权益报酬率为 15%，总资产周转率为 2，则该公司的年平均权益乘数是（　　）。

A．1.5　　　　B．2　　　　C．2.5　　　　D．1.8

2. 杜邦分析法主要反映的财务比率关系不包括（　　）。

A．股东权益报酬率与资产报酬率及权益乘数之间的关系

B．资产报酬率与销售净利率及总资产周转率之间的关系

C．销售净利率与净利润及销售收入之间的关系

D．应收账款周转率与销售成本及应收账款余额之间的关系

3. 杜邦分析法以股东权益报酬率为龙头，以总资产利润率为核心，重点揭示企业的（　　）。

A．偿债能力及其前因后果　　　　B．营运能力

C．获利能力及其前因后果　　　　D．财务状况

4. 根据我国 1999 年 6 月颁布的《国有资本金绩效评价规则》中评价指标体系的规定，下列指标中属于评价财务效益状况的基本指标是（　　）。

A．资产负债表　　B．净资产收益率　　C．价值增长率　　D．总资产周转率

5. 杜邦分析法的中心指标是（　　）。

A．资产报酬率　　B．净资产收益率　　C．可持续增长率　　D．销售利润率

6. 综合分析的最基本目的是（　　）。

A．了解过去　　　　　　　　B．评价现在

C．预测未来　　　　　　　　D．利用有用的信息，减少决策的不确定性

7. 从全方位的角度对企业财务报表进行分析的分析主体是（　　）。

A．投资者　　　B．债权人　　　C．经营者　　　D．中介机构

8. 在杜邦分析中，假设其他条件不变，下列说法错误的是（　　）。

A．权益乘数大则财务风险大

B．权益乘数大则权益净利率大

C．权益乘数等于资产权益率的倒数

D．权益乘数大则资产净利率大

9. 如果总资产利润率为 20%，销售利润率为 10%，则资产周转率为（　　）。

A．3.36　　　　B．2　　　　C．3.6　　　　D．0.28

10. 如果资产负债率为 25%，则权益乘数为（　　）。

A．75%　　　　B．1.33　　　　C．4　　　　D．0.19

11. 不直接影响企业净资产报酬率的指标是（　　）。

A．权益乘数　　　B．销售净利率　　　C．资产周转率　　　D．留存收益比例

二、多项选择题

1. 杜邦分析法的主要作用是（　　）。
A. 寻找影响净资产报酬率的原因
B. 解释有关比率变动
C. 判断企业财务状况的好坏
D. 揭示有关财务比率之间的关系
E. 预测企业未来财务状况

2. 杜邦分析法中包含的主要指标有（　　）。
A. 销售利润率
B. 资产周转率
C. 权益乘数
D. 股东（所有者）权益报酬率
E. 流动资产周转率

3. 提高股东权益报酬率的根本途径在于（　　）。
A. 扩大销售，改善经营结构
B. 节约成本费用开支
C. 合理资源配置
D. 加速资金周转
E. 优化资本结构

4. 权益乘数在数值上等于（　　）。
A. 1÷（1-产权比率）
B. 1÷（1-资产负债率）
C. 1+产权比率
D. 资产/所有者权益
E. 资产/净资产

三、实训题

实训 1　杜邦分析法的应用

【实训资料】某公司 2014 年销售额 62 500 万元，比 2013 年提高了 28%，有关的财务比率如表 6-6 所示。

表 6-6　某公司部分财务比率汇总

	2013 年同行业	2013 年本公司	2014 年本公司
应收账款回收期	35 天	36 天	36 天
存货周转率	2.5	2.59	2.11
销售毛利率	38%	40%	40%
销售营业利润率	10%	9.6 %	10.63%
销售利息率	3.73 %	2.4 %	3.82%
销售净利率	6.27 %	7.2 %	6.81%
固定资产周转率	1.4	2.02	1.82
资产负债率	58%	50%	61.3%
已获利息倍数	2.68	4	2.78
资产周转率	1.14	1.11	1.07

【实训任务】

（1）运用杜邦分析法，比较 2013 年公司与同行业平均净资产收益率的变化并说明原因。

（2）运用杜邦分析法，比较 2014 年与 2013 年本公司平均净资产收益率的变化并说明原因。

实训 2　杜邦分析法的应用

【实训资料】已知某企业 2013、2014 年有关资料如表 6-7 所示。

表 6-7　某企业部分财务报表数据

单位：万元

项目	2013 年	2014 年
销售收入	280	350
其中：赊销收入	76	80
全部成本	235	288
其中：销售成本	108	120
管理费用	87	98
财务费用	29	55
销售费用	11	15
利润总额	45	62
减：所得税	15	21
税后净利润	30	41
资产总额	128	198
其中：固定资产	59	78
现金	21	39
应收账款（平均）	8	14
存货	40	67
负债总额	55	88

【实训任务】运用杜邦分析法对该企业的净资产收益率及其增减变动原因进行分析。

参考文献

[1] 朱学军. 公司财务分析. 北京：清华大学出版社，2008.

[2] 李莉. 财务报表阅读与分析. 北京：清华大学出版社，2011.

[3] 邸丽，易志清. 成本会计. 天津：南开大学出版社，2010.

[4] 江希和，向有才. 成本会计教程. 北京：清华大学出版社，2008.

[5] 邹敏. 会计报表编制与分析. 北京：人民交通出版社，2008.

[6] 刘杰. 会计报表分析. 北京：中国人民大学出版社，2002.

[7] http://wenku.baidu.com/view/394410482b160b4e767fcf24.html